文化政策研究

Cultural Policy Research Vol.11

日本文化政策学会

The Japan Association for Cultural Policy Research

Cultural Policy Research
The Japan Association for Cultural Policy Research

文化政策研究 第11号・2017

日本文化政策学会

CONTENTS

[特別企画　新基本法]

基本法改正と文化政策の今後 ……………………………………………… 片山泰輔 006

[論　文]

国内の文化多様性に向き合うフランス文化政策の議論と実践 ……………… 長嶋由紀子 023
　―「差異への権利」を中心に―

権利侵害を肯定しない旅行者たちのアニメツーリズム ……………… 花房真理子，熊坂賢次 041
　―富山県南砺市を事例に―

文化と宗教の位相の変移 ………………………………………………… 松本郁子 063
　―カナダ　マッセイ報告書がもたらしたもの―

1959年から1965年までのシンガポールの文化政策 ……………………… 南田明美 081
　―マラヤ文化の形成めぐる事例を中心に―

[研究ノート]

1940年を中心とした日本における文化政策論の背景と特質 ……………… 大蔵真由美 107

地域に展開する企業メセナの役割と特徴 ………………………………… 竹口弘晃 120
　―地域文化資源に着目した実践を事例として―

[政策評論]

文化政策における「文化」概念の問題 ……………………………………… 干場辰夫 137

[事例報告]

ブラジルの連邦メセナ法：ルアネー法 …………………………………… 花田勝暁 153
　―その仕組みと問題点―

学会紹介 ……………………………………… 164
投稿規定 ……………………………………… 171
編集後記 ……………………………………… 173

Cultural Policy Research Vol.11, 2017

The Japan Association for Cultural Policy Research

C O N T E N T S

Special Section on New Basic Act

The Future of Cultural Policy in Japan and
2017 Basic Act on Culture and the Arts ·· KATAYAMA Taisuke 006

Articles

French Cultural Policy Practices for Cultural Diversity on Intra-national Level:
A Historical Study on *"droit à la différence"* ·································· NAGASHIMA Yukiko 023

Anime Tourism by Travelers Trying to Avoid Copyright Infringement:
A Case Study in Nanto City, Toyama Prefecture, Japan ·········· HANABUSA Mariko, KUMASAKA Kenji 041

The Changing Relationship Between Culture and Religion:
The Impact of the Massey Report in Canada ·································· MATSUMOTO Ikuko 063

Cultural Policy in Singapore from 1959 to 1965:
A Case Study in Building 'Malayan Culture' ································· MINAMIDA Akemi 081

Research Notes

A Study on the Background and Characteristics of Cultural Policy Theories
in the Japan: Centered on 1940 ··· OKURA Mayumi 107

The Roles and Features of Corporate Mecenat in the Community:
Case Studies of Social Practices Focusing on the Cultural Resources ·············· TAKEGUCHI Hiroaki 120

Reviews

The Issues of Concept of "Culture" in Cultural Policy ································ HOSHIBA Tatsuo 137

Reports

Mechanism And Problems of Law Rouanet:
A Law to Incentivate Cultural Projects in Brazil ································· HANADA Katsuaki 153

Activities of JACPR ································· 164
Editorial Policy ····································· 171
Editor's Note ······································· 173

特別企画

新基本法

Special Section on New Basic Act

片山泰輔

[特別企画　新基本法]

基本法改正と文化政策の今後
The Future of Cultural Policy in Japan and
2017 Basic Act on Culture and the Arts

日本文化政策学会副会長

片山　泰輔
KATAYAMA Taisuke

はじめに

　2017年6月，文化芸術振興基本法（2001年制定）が改正され，名称が文化芸術基本法と改称されるとともに，新たな規定が盛り込まれた．当初の文化芸術振興基本法により，国に対して策定が義務付けられていた「文化芸術の振興に関する基本的な方針（以下「基本方針」）」にかわって新たに義務付けられた「文化芸術推進基本計画」については，すでに文化審議会での審議を経て，2018年度から2022年度を計画期間とする第1期の計画が策定され，2018年3月6日に閣議決定されている．このように，新基本法のもとでの政策運営はすでにスタートしているところであるが，本稿では，戦後の日本の文化政策を振り返ることで2001年に制定された文化芸術振興基本法の意義を確認するとともに，今回の基本法改正の特徴や概観し，今後の文化政策に関する展望を行いたい．

1.　文化芸術振興基本法以前の文化政策
1-1.　文化財保護と社会教育

　第二次世界大戦後の日本における文化政策の流れを振り返ると，まずは占領下の1950年という早い段階において文化財保護法が制定されたことは重要な意味を持つ．国に設置された文化財保護委員会を中心に，都道府県教育委員会，市町村教育委員会という上意下達型の指示系統を確立し，各地の文化財を保護するための政策を執行する仕組みを作り上げたのである．そして，無形文化財の概念も新たに導入され，1966年には国立劇場が開設される．伝統芸能等も含めた文化財保護政策は日本の文化政策の中核となり中心となって現在に至っており，今なお文化庁予算の約6割は文化財保護に向けられたものとなっている．

　一方，現代芸術の創造や国民の文化享受，という点に関しては法的基盤が十分とは言えない状態のまま，教育政策の一部である社会教育の枠組みの中で政策が推進されてきた．まずは1945年の文部省組織改編の中で，社会教育局に芸術課が置かれ，国が戦後はじめてオーケストラ等の民間芸術文化団体に補助金を交付するようになったのも1961年の文部省社会教育団体補助金であった．一方，地方公共団体の政策については，1947年の教育基本法にもとづいて1949年に制定された社会教育法に基づくことになる．同法のもとで，地方公共団体は公民館，図書館，博物館（美術館を含む）を設置し，教育委員会が所管してきた．

　その後，国においては1968年に文化財保護委員会と文部省文化局が統合され，文部省の外局として文化庁が設置され，芸術文化団体や地方公共団体向けの補助金や芸術家在外研修制度等が推進される．地

方公共団体においては，1963年の地方自治法改正によって設けられた公の施設の規定にもとづき，いわゆる多目的施設型の文化ホール等の開設が相次ぐことになる．

1-2.「ゆとりと豊かさ」のための文化政策とその限界

　1980年代半ばになると，貿易摩擦を背景に，労働時間短縮や週休2日制が進み，アメリカを脅かすまでの経済大国になった日本の国民が，余暇時間を楽しみ，「ゆとりと豊かさ」を実感できる社会経済構造にしていこうという取り組みが活発化していく．国内各地に長期滞在型大型リゾート開発が進められたのはその象徴であるが，空前の余暇レジャーブームが訪れ，地方公共団体は美術館や劇場，音楽ホールなど，豪華な文化施設の建設を積極化することになり，貸館・買い取り中心から，自主制作を含む自主事業を重視する動きが公立文化施設に広がることになる．

　さらに，1990年代に入ると，これまでの保存と普及を中心とした文化政策から，創造を重視する動きが活発化する．官民出資の芸術文化振興基金が設置され，その助成金交付の基本方針には，「芸術文化の新たな局面を切り開く先駆的・実験的な創造活動」の支援が謳われることになる．そして1996年には我が国の舞台芸術水準の向上を図るための大型補助金プログラム「アーツプラン21」が開始され，その翌年には無形文化財保護ではなく，国自らが現代芸術の創造を行うための新国立劇場が開館することになる．このように，1990年代になると，これまで文化財保護中心で進められてきた文化政策において，芸術文化の創造に向けた政策がにわかに規模を拡大していった．

　ところが，この間，芸術文化振興の裏付けとなる法的基盤については，なんら新たな動きはなく，時代の要請を受け，余暇レジャーブームの中，施設整備や事業予算の拡充が進んでいったのであった．バブル景気の中，日本は豊かになったのだから，芸術文化をもっと楽しもうという発想の下での理念なき拡大であった．こうした中，大きな転機となったのが1995年の阪神淡路大震災である．震災直後，阪神地域の地方公共団体はそろって文化関連の事業を自粛する方針を打ち出した．文化や芸術は不要不急のものであり，大震災のような非常時においては，後回しとすることが当然とされたのである．ところが，避難所等においては，多くの芸術家や芸能人が自主的に訪れ，家や家族を失い傷ついた人々を癒し，励ます活動が活発に行われていた．また，阪神地域以外においては，チャリティーコンサート等が盛んに開かれ，支援の絆が形成されていた．文化や芸術は震災復興が終わって余裕ができてから楽しめば良いものなのではなく，人々が傷ついたとき，あるいはそこから立ち上がろうとしているような緊急時にこそ大きな力を発揮するものなのではないか，ということを日本人が強く反省させられることとなった．こうした中，1990年代後半になると，文化や芸術はカネとヒマのある人々のための教養・趣味・娯楽，すなわち私益にとどまるものではなく，基本的な人権であり，そして不特定多数の人々の幸福につながる公益であることが活発に議論されるようになる．

2. 文化芸術振興基本法の意義

　2001年12月，議員立法により，文化芸術振興基本法が制定された．第二次世界大戦後，文化財保護法を除くと，十分な法的根拠をもたないまま，半世紀以上にわたって拡大を続けてきた日本の文化政策において，ようやくその法的基盤が確立することになったのである．基本法制定の意義は，これまでの日本の文化政策おいて不明確だった文化や芸術の位置づけを明確にしたことである．具体的には，文化や芸術は単にカネとヒマのある人々のための教養・趣味・娯楽にとどまるものではなく，不特定多数の人々に便益をもたらす公益であるという点と，文化や芸術が人々の生まれながらの権利であるという文化権

を明確化した点である．前者については前文に記され，後者については文化芸術の振興にあたっての基本理念を記した第2条に規定されている．

2-1. 公益としての文化芸術

　前文では，「文化芸術は，人々の創造性をはぐくみ，その表現力を高める」としているが，創造性や表現力が高まることは，社会の様々な分野の発展に寄与し，結果として不特定多数の幸福につながるものと捉えられる．科学研究の発展が人々に恩恵をもたらす様々なモノやサービスの開発につながるのとも類似した公益である．アパレル商品の付加価値の大部分がデザインにあることや，コンテンツ産業の経済的重要性や，人々を惹きつけることができる都市の魅力が何かを考えれば，文化や芸術の創造性が不特定多数の人々の幸福に結びつく公益であることは明らかであろう．

　前文では引き続き，「人々の心のつながりや相互に理解し尊重し合う土壌を提供し，多様性を受け入れることができる心豊かな社会を形成するものであり，世界の平和に寄与する」としている．世界には民族，言語，宗教をはじめ，様々な文化をもった人々が生活している．同じ国民であっても様々な価値観や信条，あるいは障害の有無や異なるライフスタイルを持った人々がいる．文化や芸術を通じ，他者の文化や価値観を理解し共生していく基盤をつくることは，地域社会においても，国際社会においても人々が幸せに暮らすために不可欠のこととなっている．今日，世界中で頻発しているテロや紛争も，文化的な理解の不足が一因となっているものも少なくない．人々が安心して平和に暮らせる社会の実現に寄与するという点で文化や芸術はまさに公益として位置付けられる．

　さらに，前文では文化芸術は，「それぞれの国やそれぞれの時代における国民共通のよりどころとして重要な意味を持ち，国際化が進展する中にあって，自己認識の基点となり」としている．文化や芸術は単に愛好家の趣味や好みにとどまるものではなく，その国や地域に住む人々にとっての，国民的アイデンティティや地域アイデンティティの源になるということを指摘している．全国の地方公共団体が生き残りをかけて地域アイデンティティの形成に必死に取り組んでいることからもわかるとおり，文化や芸術の重要な公益的側面である．

　前文に指摘されている公益は，経済学的にみれば公共財ということになる．経済学の理論は，公共財であれば必ず公的費用負担が必要であると言っているわけではない．人々がどのような選好を持っているのかによって，政府が行うべき対応は異なってくる．しかし，今日の日本や世界の状況を考えたとき，多少の私的財を犠牲にしても，これらの公共財から得られる効用を得たいと考えている人々は少なくないものと推察される．

2-2. 人権としての文化芸術

　そして，基本法によって明文化された，もう1つの重要な公益の柱は，文化権の保障である．文化芸術の振興にあたっての基本理念を定めた第2条には，「文化芸術の振興に当たっては，文化芸術を創造し，享受することが人々の生まれながらの権利であることにかんがみ，国民がその居住する地域にかかわらず等しく，文化芸術を鑑賞し，これに参加し，又はこれを創造することができるような環境の整備が図られなければならない」ことが規定された．「生まれながらの権利」という表現は非常に強力なものである．前節でみた公共財としての公益については，もし人々の選好が「公益」よりも「私益」に向いていたとしたら，政府は何もしなくて良いということになるのに対し，「生まれながらの権利」ということになると，それが保障されていない場合には，政府はなんらかの行動をとらなければならなくなる．経済学的には

所得再分配の政策ということになる．日本をはじめ多くの先進国においては財政支出のかなりの部分が所得再分配に向けられているが，基本法第2条は，文化や芸術が平等化政策の一環として組み込まれることに根拠をあたえる条文となっている．

2-3. 政策推進体制

以上みてきたとおり，基本法においては，文化や芸術がカネとヒマのある人々のための私益にとどまるものではなく，不特定多数の人々の幸福に寄与する公益であり，そして人々が生まれながら持っている人権である，ということが明確化されることになった．もう少し早くこの法律が制定されていれば，1995年の阪神淡路大震災のときの地方公共団体の対応のようなことにならなかったであろう．実際，2011年の東日本大震災のときの国や地方公共団体の対応は1995年とは大きく異なっていた．

文化や芸術や公益であり人権である，ということを踏まえると当然ながら国や地方公共団体の役割が問われることになる．第3条では，「国は，前条の基本理念（以下「基本理念」という．）にのっとり，文化芸術の振興に関する施策を総合的に策定し，及び実施する責務を有する」とし，国の責務が規定された．そして，第4条では，「地方公共団体は，基本理念にのっとり，文化芸術の振興に関し，国との連携を図りつつ，自主的かつ主体的に，その地域の特性に応じた施策を策定し，及び実施する責務を有する」とし，地方公共団体の責務が規定された．地方分権一括法が施行された直後でもあり，地方公共団体については，これ以上の具体的な規定はなされなかったが，国に対しては，第7条において，「政府は，文化芸術の振興に関する施策の総合的な推進を図るため，文化芸術の振興に関する基本的な方針（以下「基本方針」という．）を定めなければならない」との規定がなされた．これによって，以後，基本方針が2002年（第Ⅰ次），2007年（第2次），2011年（第3次），2015年（第4次）と4回にわたって策定されるようになった．基本方針は文化審議会での審議を経て策定され，最後は閣議決定される．21世紀になって日本はようやく体系的な政策を実施する枠組みを持つことができるようになったわけであり，基本法が制定されたことの大きな意義の1つである．

3. 基本法改正と今後の文化政策の展望

21世紀に入ってからの日本の文化政策の枠組みを大きく変えた文化芸術振興基本法が，2017年6月に改正され，法律の名称も文化芸術基本法となった．改正点は多岐にわたるが，本稿では今後の日本の文化政策の展開を考える場合に重要と考えられる3つのポイントにしぼって検討したい．すなわち，文化権に関する規定の強化，政策分野横断的な対応，文化芸術推進基本計画の3点である．

3-1. 文化権規定の強化

まず文化権については，前文において，「我が国の文化芸術の振興を図るためには，文化芸術の礎たる表現の自由の重要性を深く認識し，文化芸術活動を行う者の自主性を尊重することを旨としつつ，文化芸術を国民の身近なものとし，それを尊重し大切にするよう包括的に施策を推進していくことが不可欠である」のように，新たに下線部が加筆され，表現の自由の重要性が明記されるようになった．さらに，基本理念を規定した第2条においては，「文化芸術に関する施策の推進に当たっては，文化芸術を創造し，享受することが人々の生まれながらの権利であることに鑑み，国民がその年齢，障害の有無，経済的な状況又は居住する地域にかかわらず等しく，文化芸術を鑑賞し，これに参加し，又はこれを創造することができるような環境の整備が図られなければならない」のように，新たに下線部が加筆された．国民の

文化権の保障を妨げる要因として，従来は居住する地域のみが指摘されていたのに対し，年齢，障害の有無，経済的な状況が書き加えられたのである．このような加筆の背景には，2020年のオリンピック・パラリンピック東京大会をひかえ，共生社会に向けた取り組みの重要性が強く意識されるようになったことがあるものと言える．基本法における文化権の規定の記述は，地方公共団体が条例を制定する際に参考にされることが多い．国の基本法における文化権の規定の強化は今後新たに条例制定に取り組む地方公共団体や，改正に取り組む地方公共団体に影響を与えることは確実と思われる．

3-2. 政策分野横断的な対応

　政策分野横断的な対応については，第2条の基本理念に新たな項が加えられた．「文化芸術に関する施策の推進に当たっては，文化芸術により生み出される様々な価値を文化芸術の継承，発展及び創造に活用することが重要であることに鑑み，文化芸術の固有の意義と価値を尊重しつつ，観光，まちづくり，国際交流，福祉，教育，産業その他の各関連分野における施策との有機的な連携が図られるよう配慮されなければならない」と，前半では文化芸術の固有の意義と価値の尊重を掲げることで，いわゆる「文化の手段化」に対する批判をかわしつつ，後半では，観光，まちづくり，国際交流，福祉，教育，産業等の施策との有機的な連携が謳われている．そして，こうした取り組みを推進するために，新設の第36条において，「政府は，文化芸術に関する施策の総合的，一体的かつ効果的な推進を図るため，文化芸術推進会議を設け，文部科学省及び内閣府，総務省，外務省，厚生労働省，農林水産省，経済産業省，国土交通省その他の関係行政機関相互の連絡調整を行うものとする」と規定している．文化芸術推進会議は後述の文化芸術推進計画の策定においても，連絡調整の機能を果たすこととされている（第7条）．省庁間の連携については，今回の法改正以前からも徐々に進展してきており，第4次基本計画策定に関する文化審議会文化政策部会においても，外務省，経済産業省，総務省，観光庁等の文化関連施策の担当者がオブザーバー参加して情報交換が行われてきており，こうした動きを公式化したものと捉えることができる．政策分野間連携については，どの政策，あるいはどの省庁の名前が挙がるのか，という点に注目が集まりがちであるが，もう1つ留意すべき重要な論点がある．それは，「有機的連携」という表現である．「有機」の反対語は「無機」であるが，有機的連携と無機的連携は何がどう違うのであろうか．まず，無機的な連携について考えてみると以下のような事例があげられよう．すなわち，芸術祭を行って多くの来場者を得ることで宿泊業やみやげ物店の売り上げが増大する，といった連携である．この場合，芸術祭の代わりに産業見本市を行って多くの来場者得ることでもほとんど同じ効果を得ることができる．つまり芸術祭は文化以外の施策と代替可能ということになる．経済波及効果の中でもいわゆる前方連鎖と呼ばれる効果については，代替可能な連携，つまり無機的な連携となっている場合が多いであろう．これに対し，ある都市が美術振興に力をいれ，優れた美術展を多数開催した結果，その地域のデザイナーの美的能力が高まり，その都市で生産される工業製品の付加価値額が拡大した，というような連携の場合はどうであろうか．この場合は，美術振興政策の成果はデザイナーや製造業の中に組み込まれてしまっており，これを切り離すことはできない．つまり有機的な連携が実現した状態と言えるであろう．同じようなことがQOLをより高めることができる福祉施策のサービスの中に文化が入ったり，魅力的な街の要素に文化が組み込まれたりといった連携は切り離すことのできない有機的な連携ということができる．文化の力によって，他の政策分野の質を向上させる，ということこそが求められているのであり，これらは単なる「文化の手段化」とはまったく異なる次元のものである．

3-3. 文化芸術推進基本計画

2001年の文化芸術振興基本法が制定されたことの意義として定期的な基本方針の策定があることは前述のとおりであるが，今回の改正により，「文化芸術の振興に関する基本的な方針」は，「文化芸術推進基本計画」に改められることになった．「方針」が「計画」になることで何が変わるのかというのは難しいところだが，「方針」時代よりもより具体的な計画がたてられ，その成果についての検証が行われるようになることは期待されよう．2017年6月の基本法改正を受け，即座に文化審議会での検討が開始された．そしてその年度内のうちに2018から2022年度を計画期間とする第1期の計画が策定され，2018年3月6日に閣議決定されている．同計画の内容については本稿の守備範囲を超えるので触れないが，今後の計画の執行とその成果の検証が注目される．

今回の基本法改正においては，国が策定する基本方針が基本計画に変更されたこと以上に大きな影響を与える可能性を持つのが，「地方文化芸術推進基本計画」の策定が地方公共団体の努力義務とされたことである．2001年の文化芸術振興基本法においては，第4条に地方公共団体の責務については明記されたが，地方公共団体が何をすべきかについては特段の規定は行われなかった．それでも，文化政策に積極的な地方公共団体においては，条例の制定は，計画・ビジョン等の策定が行われてきたが，このような団体は全体からみればまだまだ少数派である．2017年に発表された「平成27年度　地方における文化行政の状況について」によれば，2015（平成27）年度においては，都道府県のうちの38団体，政令指定都市のうちの17団体，中核市の31団体がなんらかの計画等を策定しているが，政令市・中核市を除く市区町村においては1,670団体中178団体が策定しているのにすぎない．こうした中，努力義務とはいえ，文化芸術基本法に地方公共団体における計画策定が規定されたことは，これまで計画を策定してこなかった大多数の団体に影響を与えることは間違いない．

地方公共団体が計画策定に向けて取り組みを開始する際には，当然ながら国の基本法を参照することになる．そうなれば本稿で述べてきたような文化権の保障に関する問題や，政策分野横断的な対応等について考慮することが期待できる．多くの地方公共団体が財政的な困難を抱える中，20世紀に建設してきた文化施設の大規模改修や建て替えの問題に立ち向かっている．また，指定管理者制度の運用において，設置の目的を見失い，単なる経費削減のためにこの制度を誤用してしまう団体も多くみられる．こうした中，基本法を参照しつつ文化政策の計画を策定することは，地方公共団体が設置する文化施設の意義を改めて考えることにもつながろう．

■ 文化芸術基本法（新旧対照）

文化芸術基本法 （平成十三年法律第百四十八号） 改正　平成二十九年六月二十三日	文化芸術振興基本法 （平成十三年十二月七日法律第百四十八号）
目次 　前文 　第一章　総則（第一条―第六条） 　第二章　文化芸術推進基本計画等（第七条・第七条の二） 　第三章　文化芸術に関する基本的施策（第八条―第三十五条） 　第四章　文化芸術の推進に係る体制の整備（第三十六条・第三十七条） 　　附則	目次 　前文 　第一章　総則（第一条―第六条） 　第二章　基本方針（第七条） 　第三章　文化芸術の振興に関する基本的施策（第八条―第三十五条） 　　附則
前文 　文化芸術を創造し，享受し，文化的な環境の中で生きる喜びを見出すことは，人々の変わらない願いである．また，文化芸術は，人々の創造性をはぐくみ，その表現力を高めるとともに，人々の心のつながりや相互に理解し尊重し合う土壌を提供し，多様性を受け入れることができる心豊かな社会を形成するものであり，世界の平和に寄与するものである．更に，文化芸術は，それ自体が固有の意義と価値を有するとともに，それぞれの国やそれぞれの時代における国民共通のよりどころとして重要な意味を持ち，国際化が進展する中にあって，自己認識の基点となり，文化的な伝統を尊重する心を育てるものである．	前文 　文化芸術を創造し，享受し，文化的な環境の中で生きる喜びを見出すことは，人々の変わらない願いである．また，文化芸術は，人々の創造性をはぐくみ，その表現力を高めるとともに，人々の心のつながりや相互に理解し尊重し合う土壌を提供し，多様性を受け入れることができる心豊かな社会を形成するものであり，世界の平和に寄与するものである．更に，文化芸術は，それ自体が固有の意義と価値を有するとともに，それぞれの国やそれぞれの時代における国民共通のよりどころとして重要な意味を持ち，国際化が進展する中にあって，自己認識の基点となり，文化的な伝統を尊重する心を育てるものである．
我々は，このような文化芸術の役割が今後においても変わることなく，心豊かな活力ある社会の形成にとって極めて重要な意義を持ち続けると確信する．	我々は，このような文化芸術の役割が今後においても変わることなく，心豊かな活力ある社会の形成にとって極めて重要な意義を持ち続けると確信する．
しかるに，現状をみるに，経済的な豊かさの中にありながら，文化芸術がその役割を果たすことができるような基盤の整備及び環境の形成は十分な状態にあるとはいえない．二十一世紀を迎えた今，文化芸術により生み出される様々な価値を生かして，これまで培われてきた伝統的な文化芸術を継承し，発展させるとともに，独創性のある新たな文化芸術の創造を促進することは，我々に課された緊要な課題となっている．	しかるに，現状をみるに，経済的な豊かさの中にありながら，文化芸術がその役割を果たすことができるような基盤の整備及び環境の形成は十分な状態にあるとはいえない．二十一世紀を迎えた今，これまで培われてきた伝統的な文化芸術を継承し，発展させるとともに，独創性のある新たな文化芸術の創造を促進することは，我々に課された緊要な課題となっている．
このような事態に対処して，我が国の文化芸術の振興を図るためには，文化芸術の礎たる表現の自由の重要性を深く認識し，文化芸術活動を行う者の自主性を尊重することを旨としつつ，文化芸術を国民の身近なものとし，それを尊重し大切にするよう包括的に施策を推進していくことが不可欠である．	このような事態に対処して，我が国の文化芸術の振興を図るためには，文化芸術活動を行う者の自主性を尊重することを旨としつつ，文化芸術を国民の身近なものとし，それを尊重し大切にするよう包括的に施策を推進していくことが不可欠である．
ここに，文化芸術に関する施策についての基本理念を明らかにしてその方向を示し，文化芸術に関する施策を総合的かつ計画的に推進するため，この法律を制定する．	ここに，文化芸術の振興についての基本理念を明らかにしてその方向を示し，文化芸術の振興に関する施策を総合的に推進するため，この法律を制定する．

[特別企画　新基本法] 基本法改正と文化政策の今後

第一章　総則

（目的）

第一条　この法律は，文化芸術が人間に多くの恵沢をもたらすものであることに鑑み，文化芸術に関する施策に関し，基本理念を定め，並びに国及び地方公共団体の責務等を明らかにするとともに，文化芸術に関する施策の基本となる事項を定めることにより，文化芸術に関する活動（以下「文化芸術活動」という。）を行う者（文化芸術活動を行う団体を含む。以下同じ。）の自主的な活動の促進を旨として，文化芸術に関する施策の総合的かつ計画的な推進を図り，もって心豊かな国民生活及び活力ある社会の実現に寄与することを目的とする。

（基本理念）

第二条　文化芸術に関する施策の推進に当たっては，文化芸術活動を行う者の自主性が十分に尊重されなければならない。

2　文化芸術に関する施策の推進に当たっては，文化芸術活動を行う者の創造性が十分に尊重されるとともに，その地位の向上が図られ，その能力が十分に発揮されるよう考慮されなければならない。

3　文化芸術に関する施策の推進に当たっては，文化芸術を創造し，享受することが人々の生まれながらの権利であることに鑑み，国民がその年齢，障害の有無，経済的な状況又は居住する地域にかかわらず等しく，文化芸術を鑑賞し，これに参加し，又はこれを創造することができるような環境の整備が図られなければならない。

4　文化芸術に関する施策の推進に当たっては，我が国及び世界において文化芸術活動が活発に行われるような環境を醸成することを旨として文化芸術の発展が図られるよう考慮されなければならない。

5　文化芸術に関する施策の推進に当たっては，多様な文化芸術の保護及び発展が図られなければならない。

6　文化芸術に関する施策の推進に当たっては，地域の人々により主体的に文化芸術活動が行われるよう配慮するとともに，各地域の歴史，風土等を反映した特色ある文化芸術の発展が図られなければならない。

7　文化芸術に関する施策の推進に当たっては，我が国の文化芸術が広く世界へ発信されるよう，文化芸術に係る国際的な交流及び貢献の推進が図られなければならない。

8　文化芸術に関する施策の推進に当たっては，乳幼児，児童，生徒等に対する文化芸術に関する教育の重要性に鑑み，学校等，文化芸術活動を行う団体（以下「文化芸術団体」という。），家庭及び地域における活動の相互の連携が図られるよう配慮されなければならない。

9　文化芸術に関する施策の推進に当たっては，文化芸術活動を行う者その他広く国民の意見が反映されるよう十分配慮されなければならない。

10　文化芸術に関する施策の推進に当たっては，文化芸術により生み出される様々な価値を文化芸術の継承，発展及び創造に活用することが重要であることに鑑み，文化芸

第一章　総則

（目的）

第一条　この法律は，文化芸術が人間に多くの恵沢をもたらすものであることにかんがみ，文化芸術の振興に関し，基本理念を定め，並びに国及び地方公共団体の責務を明らかにするとともに，文化芸術の振興に関する施策の基本となる事項を定めることにより，文化芸術に関する活動（以下「文化芸術活動」という。）を行う者（文化芸術活動を行う団体を含む。以下同じ。）の自主的な活動の促進を旨として，文化芸術の振興に関する施策の総合的な推進を図り，もって心豊かな国民生活及び活力ある社会の実現に寄与することを目的とする。

（基本理念）

第二条　文化芸術の振興に当たっては，文化芸術活動を行う者の自主性が十分に尊重されなければならない。

2　文化芸術の振興に当たっては，文化芸術活動を行う者の創造性が十分に尊重されるとともに，その地位の向上が図られ，その能力が十分に発揮されるよう考慮されなければならない。

3　文化芸術の振興に当たっては，文化芸術を創造し，享受することが人々の生まれながらの権利であることにかんがみ，国民がその居住する地域にかかわらず等しく，文化芸術を鑑賞し，これに参加し，又はこれを創造することができるような環境の整備が図られなければならない。

4　文化芸術の振興に当たっては，我が国において，文化芸術活動が活発に行われるような環境を醸成することを旨として文化芸術の発展が図られ，ひいては世界の文化芸術の発展に資するものであるよう考慮されなければならない。

5　文化芸術の振興に当たっては，多様な文化芸術の保護及び発展が図られなければならない。

6　文化芸術の振興に当たっては，地域の人々により主体的に文化芸術活動が行われるよう配慮するとともに，各地域の歴史，風土等を反映した特色ある文化芸術の発展が図られなければならない。

7　文化芸術の振興に当たっては，我が国の文化芸術が広く世界へ発信されるよう，文化芸術に係る国際的な交流及び貢献の推進が図られなければならない。

8　文化芸術の振興に当たっては，文化芸術活動を行う者その他広く国民の意見が反映されるよう十分配慮されなければならない。

術の固有の意義と価値を尊重しつつ，観光，まちづくり，国際交流，福祉，教育，産業その他の各関連分野における施策との有機的な連携が図られるよう配慮されなければならない．

（国の責務）
第三条　国は，前条の基本理念（以下「基本理念」という．）にのっとり，文化芸術に関する施策を総合的に策定し，及び実施する責務を有する．

（地方公共団体の責務）
第四条　地方公共団体は，基本理念にのっとり，文化芸術に関し，国との連携を図りつつ，自主的かつ主体的に，その地域の特性に応じた施策を策定し，及び実施する責務を有する．

（国民の関心及び理解）
第五条　国は，現在及び将来の世代にわたって人々が文化芸術を創造し，享受することができるとともに，文化芸術が将来にわたって発展するよう，国民の文化芸術に対する関心及び理解を深めるように努めなければならない．

（文化芸術団体の役割）
第五条の二　文化芸術団体は，その実情を踏まえつつ，自主的かつ主体的に，文化芸術活動の充実を図るとともに，文化芸術の継承，発展及び創造に積極的な役割を果たすよう努めなければならない．

（関係者相互の連携及び協働）
第五条の三　国，独立行政法人，地方公共団体，文化芸術団体，民間事業者その他の関係者は，基本理念の実現を図るため，相互に連携を図りながら協働するよう努めなければならない．

（法制上の措置等）
第六条　政府は，文化芸術に関する施策を実施するため必要な法制上，財政上又は税制上の措置その他の措置を講じなければならない．

第二章　文化芸術推進基本計画等
（文化芸術推進基本計画）
第七条　政府は，文化芸術に関する施策の総合的かつ計画的な推進を図るため，文化芸術に関する施策に関する基本的な計画（以下「文化芸術推進基本計画」という．）を定めなければならない．
2　文化芸術推進基本計画は，文化芸術に関する施策を総合的かつ計画的に推進するための基本的な事項その他必要な事項について定めるものとする．
3　文部科学大臣は，文化審議会の意見を聴いて，文化芸術推進基本計画の案を作成するものとする．
4　文部科学大臣は，文化芸術推進基本計画の案を作成しようとするときは，あらかじめ，関係行政機関の施策に係る事項について，第三十六条に規定する文化芸術推進会議

（国の責務）
第三条　国は，前条の基本理念（以下「基本理念」という．）にのっとり，文化芸術の振興に関する施策を総合的に策定し，及び実施する責務を有する．

（地方公共団体の責務）
第四条　地方公共団体は，基本理念にのっとり，文化芸術の振興に関し，国との連携を図りつつ，自主的かつ主体的に，その地域の特性に応じた施策を策定し，及び実施する責務を有する．

（国民の関心及び理解）
第五条　国は，現在及び将来の世代にわたって人々が文化芸術を創造し，享受することができるとともに，文化芸術が将来にわたって発展するよう，国民の文化芸術に対する関心及び理解を深めるように努めなければならない．

（法制上の措置等）
第六条　政府は，文化芸術の振興に関する施策を実施するため必要な法制上又は財政上の措置その他の措置を講じなければならない．

第二章　基本方針

第七条　政府は，文化芸術の振興に関する施策の総合的な推進を図るため，文化芸術の振興に関する基本的な方針（以下「基本方針」という．）を定めなければならない．
2　基本方針は，文化芸術の振興に関する施策を総合的に推進するための基本的な事項その他必要な事項について定めるものとする．
3　文部科学大臣は，文化審議会の意見を聴いて，基本方針の案を作成するものとする．

[左]

において連絡調整を図るものとする.
5　文部科学大臣は，文化芸術推進基本計画が定められたときは，遅滞なく，これを公表しなければならない.
6　前三項の規定は，文化芸術推進基本計画の変更について準用する.

（地方文化芸術推進基本計画）
第七条の二　都道府県及び市（特別区を含む．第三十七条において同じ．）町村の教育委員会（地方教育行政の組織及び運営に関する法律（昭和三十一年法律第百六十二号）第二十三条第一項の条例の定めるところによりその長が文化に関する事務（文化財の保護に関する事務を除く．）を管理し，及び執行することとされた地方公共団体（次項において「特定地方公共団体」という．）にあっては，その長）は，文化芸術推進基本計画を参酌して，その地方の実情に即した文化芸術の推進に関する計画（次項及び第三十七条において「地方文化芸術推進基本計画」という．）を定めるよう努めるものとする.

2　特定地方公共団体の長が地方文化芸術推進基本計画を定め，又はこれを変更しようとするときは，あらかじめ，当該特定地方公共団体の教育委員会の意見を聴かなければならない.

第三章　文化芸術に関する基本的施策
（芸術の振興）
第八条　国は，文学，音楽，美術，写真，演劇，舞踊その他の芸術（次条に規定するメディア芸術を除く．）の振興を図るため，これらの芸術の公演，展示等への支援，これらの芸術の制作等に係る物品の保存への支援，これらの芸術に係る知識及び技能の継承への支援，芸術祭等の開催その他の必要な施策を講ずるものとする.

（メディア芸術の振興）
第九条　国は，映画，漫画，アニメーション及びコンピュータその他の電子機器等を利用した芸術（以下「メディア芸術」という．）の振興を図るため，メディア芸術の制作，上映，展示等への支援，メディア芸術の制作等に係る物品の保存への支援，メディア芸術に係る知識及び技能の継承への支援，芸術祭等の開催その他の必要な施策を講ずるものとする.

（伝統芸能の継承及び発展）
第十条　国は，雅楽，能楽，文楽，歌舞伎，組踊その他の我が国古来の伝統的な芸能（以下「伝統芸能」という．）の継承及び発展を図るため，伝統芸能の公演，これに用いられた物品の保存等への支援その他の必要な施策を講ずるものとする.

（芸能の振興）
第十一条　国は，講談，落語，浪曲，漫談，漫才，歌唱その他の芸能（伝統芸能を除く．）の振興を図るため，これらの芸能の公演，これに用いられた物品の保存等への支援，こ

[右]

4　文部科学大臣は，基本方針が定められたときは，遅滞なく，これを公表しなければならない.
5　前二項の規定は，基本方針の変更について準用する.

第三章　文化芸術の振興に関する基本的施策
（芸術の振興）
第八条　国は，文学，音楽，美術，写真，演劇，舞踊その他の芸術（次条に規定するメディア芸術を除く．）の振興を図るため，これらの芸術の公演，展示等への支援，芸術祭等の開催その他の必要な施策を講ずるものとする.

（メディア芸術の振興）
第九条　国は，映画，漫画，アニメーション及びコンピュータその他の電子機器等を利用した芸術（以下「メディア芸術」という．）の振興を図るため，メディア芸術の製作，上映等への支援その他の必要な施策を講ずるものとする.

（伝統芸能の継承及び発展）
第十条　国は，雅楽，能楽，文楽，歌舞伎その他の我が国古来の伝統的な芸能（以下「伝統芸能」という．）の継承及び発展を図るため，伝統芸能の公演等への支援その他の必要な施策を講ずるものとする.

（芸能の振興）
第十一条　国は，講談，落語，浪曲，漫談，漫才，歌唱その他の芸能（伝統芸能を除く．）の振興を図るため，これらの芸能の公演等への支援その他の必要な施策を講ずるもの

れらの芸能に係る知識及び技能の継承への支援その他の必要な施策を講ずるものとする.

（生活文化の振興並びに国民娯楽及び出版物等の普及）
第十二条　国は，生活文化（茶道，華道，書道，食文化その他の生活に係る文化をいう.）の振興を図るとともに，国民娯楽（囲碁，将棋その他の国民的娯楽をいう.）並びに出版物及びレコード等の普及を図るため，これらに関する活動への支援その他の必要な施策を講ずるものとする.

（文化財等の保存及び活用）
第十三条　国は，有形及び無形の文化財並びにその保存技術（以下「文化財等」という.）の保存及び活用を図るため，文化財等に関し，修復，防災対策，公開等への支援その他の必要な施策を講ずるものとする.

（地域における文化芸術の振興等）
第十四条　国は，各地域における文化芸術の振興及びこれを通じた地域の振興を図るため，各地域における文化芸術の公演，展示，芸術祭等への支援，地域固有の伝統芸能及び民俗芸能（地域の人々によって行われる民俗的な芸能をいう.）に関する活動への支援その他の必要な施策を講ずるものとする.

（国際交流等の推進）
第十五条　国は，文化芸術に係る国際的な交流及び貢献の推進を図ることにより，我が国及び世界の文化芸術活動の発展を図るため，文化芸術活動を行う者の国際的な交流及び芸術祭その他の文化芸術に係る国際的な催しの開催又はこれへの参加，海外における我が国の文化芸術の現地の言語による展示，公開その他の普及への支援，海外の文化遺産の修復に関する協力，海外における著作権に関する制度の整備に関する協力，文化芸術に関する国際機関等の業務に従事する人材の養成及び派遣その他の必要な施策を講ずるものとする.

2　国は，前項の施策を講ずるに当たっては，我が国の文化芸術を総合的に世界に発信するよう努めなければならない.

（芸術家等の養成及び確保）
第十六条　国は，文化芸術に関する創造的活動を行う者，伝統芸能の伝承者，文化財等の保存及び活用に関する専門的知識及び技能を有する者，文化芸術活動に関する企画又は制作を行う者，文化芸術活動に関する技術者，文化施設の管理及び運営を行う者その他の文化芸術を担う者（以下「芸術家等」という.）の養成及び確保を図るため，国内外における研修，教育訓練等の人材育成への支援，研修成果の発表の機会の確保，文化芸術に関する作品の流通の促進，芸術家等の文化芸術に関する創造的活動等の環境の整備その他の必要な施策を講ずるものとする.

（文化芸術に係る教育研究機関等の整備等）
第十七条　国は，芸術家等の養成及び文化芸術に関する調

とする.

（生活文化，国民娯楽及び出版物等の普及）
第十二条　国は，生活文化（茶道，華道，書道その他の生活に係る文化をいう.），国民娯楽（囲碁，将棋その他の国民的娯楽をいう.）並びに出版物及びレコード等の普及を図るため，これらに関する活動への支援その他の必要な施策を講ずるものとする.

（文化財等の保存及び活用）
第十三条　国は，有形及び無形の文化財並びにその保存技術（以下「文化財等」という.）の保存及び活用を図るため，文化財等に関し，修復，防災対策，公開等への支援その他の必要な施策を講ずるものとする.

（地域における文化芸術の振興）
第十四条　国は，各地域における文化芸術の振興を図るため，各地域における文化芸術の公演，展示等への支援，地域固有の伝統芸能及び民俗芸能（地域の人々によって行われる民俗的な芸能をいう.）に関する活動への支援その他の必要な施策を講ずるものとする.

（国際交流等の推進）
第十五条　国は，文化芸術に係る国際的な交流及び貢献の推進を図ることにより，我が国の文化芸術活動の発展を図るとともに，世界の文化芸術活動の発展に資するため，文化芸術活動を行う者の国際的な交流及び文化芸術に係る国際的な催しの開催又はこれへの参加への支援，海外の文化遺産の修復等に関する協力その他の必要な施策を講ずるものとする.

2　国は，前項の施策を講ずるに当たっては，我が国の文化芸術を総合的に世界に発信するよう努めなければならない.

（芸術家等の養成及び確保）
第十六条　国は，文化芸術に関する創造的活動を行う者，伝統芸能の伝承者，文化財等の保存及び活用に関する専門的知識及び技能を有する者，文化芸術活動の企画等を行う者，文化施設の管理及び運営を行う者その他の文化芸術を担う者（以下「芸術家等」という.）の養成及び確保を図るため，国内外における研修への支援，研修成果の発表の機会の確保その他の必要な施策を講ずるものとする.

（文化芸術に係る教育研究機関等の整備等）
第十七条　国は，芸術家等の養成及び文化芸術に関する調

査研究の充実を図るため，文化芸術に係る大学その他の教育研究機関等の整備その他の必要な施策を講ずるものとする．

（国語についての理解）
第十八条　国は，国語が文化芸術の基盤をなすことにかんがみ，国語について正しい理解を深めるため，国語教育の充実，国語に関する調査研究及び知識の普及その他の必要な施策を講ずるものとする．

（日本語教育の充実）
第十九条　国は，外国人の我が国の文化芸術に関する理解に資するよう，外国人に対する日本語教育の充実を図るため，日本語教育に従事する者の養成及び研修体制の整備，日本語教育に関する教材の開発，日本語教育を行う機関における教育の水準の向上その他の必要な施策を講ずるものとする．

（著作権等の保護及び利用）
第二十条　国は，文化芸術の振興の基盤をなす著作者の権利及びこれに隣接する権利（以下この条において「著作権等」という．）について，著作権等に関する内外の動向を踏まえつつ，著作権等の保護及び公正な利用を図るため，著作権等に関する制度及び著作物の適正な流通を確保するための環境の整備，著作権等の侵害に係る対策の推進，著作権等に関する調査研究及び普及啓発その他の必要な施策を講ずるものとする．

（国民の鑑賞等の機会の充実）
第二十一条　国は，広く国民が自主的に文化芸術を鑑賞し，これに参加し，又はこれを創造する機会の充実を図るため，各地域における文化芸術の公演，展示等への支援，これに関する情報の提供その他の必要な施策を講ずるものとする．

（高齢者，障害者等の文化芸術活動の充実）
第二十二条　国は，高齢者，障害者等が行う文化芸術活動の充実を図るため，これらの者の行う創造的活動，公演等への支援，これらの者の文化芸術活動が活発に行われるような環境の整備その他の必要な施策を講ずるものとする．

（青少年の文化芸術活動の充実）
第二十三条　国は，青少年が行う文化芸術活動の充実を図るため，青少年を対象とした文化芸術の公演，展示等への支援，青少年による文化芸術活動への支援その他の必要な施策を講ずるものとする．

（学校教育における文化芸術活動の充実）
第二十四条　国は，学校教育における文化芸術活動の充実を図るため，文化芸術に関する体験学習等文化芸術に関する教育の充実，芸術家等及び文化芸術団体による学校における文化芸術活動に対する協力への支援その他の必要な施策を講ずるものとする．

査研究の充実を図るため，文化芸術に係る大学その他の教育研究機関等の整備その他の必要な施策を講ずるものとする．

（国語についての理解）
第十八条　国は，国語が文化芸術の基盤をなすことにかんがみ，国語について正しい理解を深めるため，国語教育の充実，国語に関する調査研究及び知識の普及その他の必要な施策を講ずるものとする．

（日本語教育の充実）
第十九条　国は，外国人の我が国の文化芸術に関する理解に資するよう，外国人に対する日本語教育の充実を図るため，日本語教育に従事する者の養成及び研修体制の整備，日本語教育に関する教材の開発その他の必要な施策を講ずるものとする．

（著作権等の保護及び利用）
第二十条　国は，文化芸術の振興の基盤をなす著作者の権利及びこれに隣接する権利について，これらに関する国際的動向を踏まえつつ，これらの保護及び公正な利用を図るため，これらに関し，制度の整備，調査研究，普及啓発その他の必要な施策を講ずるものとする．

（国民の鑑賞等の機会の充実）
第二十一条　国は，広く国民が自主的に文化芸術を鑑賞し，これに参加し，又はこれを創造する機会の充実を図るため，各地域における文化芸術の公演，展示等への支援，これらに関する情報の提供その他の必要な施策を講ずるものとする．

（高齢者，障害者等の文化芸術活動の充実）
第二十二条　国は，高齢者，障害者等が行う文化芸術活動の充実を図るため，これらの者の文化芸術活動が活発に行われるような環境の整備その他の必要な施策を講ずるものとする．

（青少年の文化芸術活動の充実）
第二十三条　国は，青少年が行う文化芸術活動の充実を図るため，青少年を対象とした文化芸術の公演，展示等への支援，青少年による文化芸術活動への支援その他の必要な施策を講ずるものとする．

（学校教育における文化芸術活動の充実）
第二十四条　国は，学校教育における文化芸術活動の充実を図るため，文化芸術に関する体験学習等文化芸術に関する教育の充実，芸術家等及び文化芸術活動を行う団体（以下「文化芸術団体」という．）による学校における文化芸術活動に対する協力への支援その他の必要な施策を講

（劇場，音楽堂等の充実）
第二十五条　国は，劇場，音楽堂等の充実を図るため，これらの施設に関し，自らの設置等に係る施設の整備，公演等への支援，芸術家等の配置等への支援，情報の提供その他の必要な施策を講ずるものとする．

（美術館，博物館，図書館等の充実）
第二十六条　国は，美術館，博物館，図書館等の充実を図るため，これらの施設に関し，自らの設置等に係る施設の整備，展示等への支援，芸術家等の配置等への支援，文化芸術に関する作品等の記録及び保存への支援その他の必要な施策を講ずるものとする．

（地域における文化芸術活動の場の充実）
第二十七条　国は，国民に身近な文化芸術活動の場の充実を図るため，各地域における文化施設，学校施設，社会教育施設等を容易に利用できるようにするための措置その他の必要な施策を講ずるものとする．

（公共の建物等の建築に当たっての配慮等）
第二十八条　国は，公共の建物等の建築に当たっては，その外観等について，周囲の自然的環境，地域の歴史及び文化等との調和を保つよう努めるものとする．

2　国は，公共の建物等において，文化芸術に関する作品の展示その他の文化芸術の振興に資する取組を行うよう努めるものとする．

（情報通信技術の活用の推進）
第二十九条　国は，文化芸術活動における情報通信技術の活用の推進を図るため，文化芸術活動に関する情報通信ネットワークの構築，美術館等における情報通信技術を活用した展示への支援，情報通信技術を活用した文化芸術に関する作品等の記録及び公開への支援その他の必要な施策を講ずるものとする．

（調査研究等）
第二十九条の二　国は，文化芸術に関する施策の推進を図るため，文化芸術の振興に必要な調査研究並びに国の内外の情報の収集，整理及び提供その他の必要な施策を講ずるものとする．

（地方公共団体及び民間の団体等への情報提供等）
第三十条　国は，地方公共団体及び民間の団体等が行う文化芸術の振興のための取組を促進するため，情報の提供その他の必要な施策を講ずるものとする．

（民間の支援活動の活性化等）
第三十一条　国は，個人又は民間の団体が文化芸術活動に対して行う支援活動の活性化を図るとともに，文化芸術活動を行う者の活動を支援するため，文化芸術団体が個人又

ずるものとする．

（劇場，音楽堂等の充実）
第二十五条　国は，劇場，音楽堂等の充実を図るため，これらの施設に関し，自らの設置等に係る施設の整備，公演等への支援，芸術家等の配置等への支援，情報の提供その他の必要な施策を講ずるものとする．

（美術館，博物館，図書館等の充実）
第二十六条　国は，美術館，博物館，図書館等の充実を図るため，これらの施設に関し，自らの設置等に係る施設の整備，展示等への支援，芸術家等の配置等への支援，文化芸術に関する作品等の記録及び保存への支援その他の必要な施策を講ずるものとする．

（地域における文化芸術活動の場の充実）
第二十七条　国は，国民に身近な文化芸術活動の場の充実を図るため，各地域における文化施設，学校施設，社会教育施設等を容易に利用できるようにするための措置その他の必要な施策を講ずるものとする．

（公共の建物等の建築に当たっての配慮）
第二十八条　国は，公共の建物等の建築に当たっては，その外観等について，周囲の自然的環境，地域の歴史及び文化等との調和を保つよう努めるものとする．

（情報通信技術の活用の推進）
第二十九条　国は，文化芸術活動における情報通信技術の活用の推進を図るため，文化芸術活動に関する情報通信ネットワークの構築，美術館等における情報通信技術を活用した展示への支援，情報通信技術を活用した文化芸術に関する作品等の記録及び公開への支援その他の必要な施策を講ずるものとする．

（地方公共団体及び民間の団体等への情報提供等）
第三十条　国は，地方公共団体及び民間の団体等が行う文化芸術の振興のための取組を促進するため，情報の提供その他の必要な施策を講ずるものとする．

（民間の支援活動の活性化等）
第三十一条　国は，個人又は民間の団体が文化芸術活動に対して行う支援活動の活性化を図るとともに，文化芸術活動を行う者の活動を支援するため，文化芸術団体が個人

は民間の団体からの寄附を受けることを容易にする等のための税制上の措置，文化芸術団体が行う文化芸術活動への支援その他の必要な施策を講ずるよう努めなければならない．

（関係機関等の連携等）
第三十二条　国は，第八条から前条までの施策を講ずるに当たっては，芸術家等，文化芸術団体，学校等，文化施設，社会教育施設，民間事業者その他の関係機関等の間の連携が図られるよう配慮しなければならない．

2　国は，芸術家等及び文化芸術団体が，学校等，文化施設，社会教育施設，福祉施設，医療機関，民間事業者等と協力して，地域の人々が文化芸術を鑑賞し，これに参加し，又はこれを創造する機会を提供できるようにするよう努めなければならない．

（顕彰）
第三十三条　国は，文化芸術活動で顕著な成果を収めた者及び文化芸術の振興に寄与した者の顕彰に努めるものとする．

（政策形成への民意の反映等）
第三十四条　国は，文化芸術に関する政策形成に民意を反映し，その過程の公正性及び透明性を確保するため，芸術家等，学識経験者その他広く国民の意見を求め，これを十分考慮した上で政策形成を行う仕組みの活用等を図るものとする．

（地方公共団体の施策）
第三十五条　地方公共団体は，第八条から前条までの国の施策を勘案し，その地域の特性に応じた文化芸術に関する施策の推進を図るよう努めるものとする．

第四章　文化芸術の推進に係る体制の整備
（文化芸術推進会議）
第三十六条　政府は，文化芸術に関する施策の総合的，一体的かつ効果的な推進を図るため，文化芸術推進会議を設け，文部科学省及び内閣府，総務省，外務省，厚生労働省，農林水産省，経済産業省，国土交通省その他の関係行政機関相互の連絡調整を行うものとする．

（都道府県及び市町村の文化芸術推進会議等）
第三十七条　都道府県及び市町村に，地方文化芸術推進基本計画その他の文化芸術の推進に関する重要事項を調査審議させるため，条例で定めるところにより，審議会その他の合議制の機関を置くことができる．

附則（平成十三年十二月七日法律第百四十八号）抄
（施行期日）
1　この法律は，公布の日から施行する．

又は民間の団体からの寄附を受けることを容易にする等のための税制上の措置その他の必要な施策を講ずるよう努めなければならない．

（関係機関等の連携等）
第三十二条　国は，第八条から前条までの施策を講ずるに当たっては，芸術家等，文化芸術団体，学校，文化施設，社会教育施設その他の関係機関等の間の連携が図られるよう配慮しなければならない．

2　国は，芸術家等及び文化芸術団体が，学校，文化施設，社会教育施設，福祉施設，医療機関等と協力して，地域の人々が文化芸術を鑑賞し，これに参加し，又はこれを創造する機会を提供できるようにするよう努めなければならない．

（顕彰）
第三十三条　国は，文化芸術活動で顕著な成果を収めた者及び文化芸術の振興に寄与した者の顕彰に努めるものとする．

（政策形成への民意の反映等）
第三十四条　国は，文化芸術の振興に関する政策形成に民意を反映し，その過程の公正性及び透明性を確保するため，芸術家等，学識経験者その他広く国民の意見を求め，これを十分考慮した上で政策形成を行う仕組みの活用等を図るものとする．

（地方公共団体の施策）
第三十五条　地方公共団体は，第八条から前条までの国の施策を勘案し，その地域の特性に応じた文化芸術の振興のために必要な施策の推進を図るよう努めるものとする．

附　則　抄
（施行期日）
1　この法律は，公布の日から施行する．

附則（平成二十九年六月二十三日法律第七十三号）抄

（施行期日）
第一条　この法律は，公布の日から施行する．（以下略）
文化芸術に関する施策を総合的に推進するための文化庁
の機能の拡充等の検討

第二条　政府は，文化芸術に関する施策を総合的に推進す
るため，文化庁の機能の拡充等について，その行政組織の
在り方を含め検討を加え，その結果に基づいて必要な措置
を講ずるものとする．

論　文
Articles

長嶋由紀子

花房真理子，熊坂賢次

松本郁子

南田明美

国内の文化多様性に向き合うフランス文化政策の議論と実践
―「差異への権利」を中心に―

French Cultural Policy Practices for Cultural Diversity on Intra-national Level:
A Historical Study on *"droit à la différence"*

東京大学大学院人文社会系研究科 研究員　**長嶋　由紀子**
NAGASHIMA Yukiko

［要　旨］

　フランスで近年あらためて注目されたミッテラン政権初期の「差異への権利」を中心に置いて，同国の文化政策が国内の文化多様性にいかに向き合ってきたかを検討する.

　議論の前提として，まず「文化多様性」概念の核にある「文化多元主義」をめぐる一般的な枠組みを確認する. そのうえで，「差異への権利」の前史として，1968年「五月革命」後の「文化の民主化」批判と文化概念をめぐる議論を明らかにし，続いて，ミッテラン政権初期の文化省が，文化に関する「差異への権利」から「排除」されている人々をどのように認識し，いかなる解決策を講じたかを検証する. さらに1986年以後の文化省の優先課題の変化をたどり，1990年代後半のシラク政権期に「社会的排除との闘い」の一環として行われた文化政策を，比較の視点から検討する.

　以上から，「差異への権利」を掲げた文化政策は，社会を構成する人間の多様性を起点として多元的に再定義された文化概念に基づく政策であり，人権としての文化的権利の実現を課題としていたことが明らかになった. そこでは，共和国理念の制約のなかで，少数者集団の特定を避けながらも，文化の差異を前提としたよい共生の実現に向けてあらゆる人の文化的表現と多様な文化的実践を支える政策が行われていた. また現代社会への問題意識を反映する芸術創造には，多様な人々の間に相互の交流と対決を促進する役割が期待されていた.

キーワード：フランス，文化政策，文化多様性，文化多元主義，文化的民主主義，文化の民主化，排除，五月革命

I．はじめに

1．研究課題

　フランスは，共和国の「不可分性」を憲法の基本原理としている[1]. 国家はすべての市民に平等を保障するが，市民は，個々の出自，人種，宗教に関わる差異を私的な領域に留めるよう求められる. だが，この革命以来の普遍主義を国是とするフランスにおける社会の文化的現実はきわめて多様であり，それゆえに数々の葛藤があることはよく知られている. たとえば国内の地方言語は，19世紀後半以来の公教育において長らくその存在が否定されていた[2]. 文化を異にする人々によって構成される現代社会が抱えるさまざまな課題は，社会学分野などの先行研究によって，日本においても具に示されてきた[3]. そして共和国モデルと同国内の文化的現実をめぐるジレンマについては，共和主義と多文化主義をめぐる比較検討などを通して，理論的考察が重ねられている（三浦2002）. しかしながら，両者の乖離に対して，文化領域の公共政策が現実的にどう対応してきたかについては，日本ではほとんど研究されていない.

　本稿は，芸術文化政策を中心とするフランスの文化政策が，国内の文化多様性にいかに向き合ってきたかを論じる. とくに注目するのは，1981年からのミッテラン政権初期に前面に打ち出された「差異へ

の権利」である．この言葉のもとで，国内社会における文化の多様さはいかに分析されていたのか，また人々の文化的な差異の承認に基づいて，その共生を支えるための文化政策がどのように模索されたかを明らかにしたい．それによって「文化多様性」概念の核心にある「文化多元主義」への理解を深めることを期している．

2.　問題意識

　今日のフランスにおいて，文化政策の本質的な目標が，デモクラシーの成熟への寄与にあることは，少なくとも言説の上では明確に意識されているように見える．

　国内でテロ事件が相次いだ2015年の末に，フランス文化省は「多様性会議」（Collège de la diversité）を立ち上げている．文化，芸術，教育，研究など諸分野の識者による議論の成果は，2017年初頭に「多様性白書」として発表された．冒頭には「文化は，デモクラシーの基礎であり誘因（ferment）である」というヴィジョンが掲げられており，その理由は，「文化は人々の解放と尊厳そして開花に寄与する」からだとごく簡潔に説明されている（Ministère de la Culture et de la Communication 2017）[4]．

　同会議の基本的な問題意識について，白書は，「アイデンティティの硬直化や内向的な孤立主義が現実の脅威となるなかで，排除の感情をつくる原理とメカニズムを問い直すことは，文化政策にとって重要かつ喫緊の課題である」と述べている．そして，そうした文化政策が参照すべき根拠としてまず示されるのは，1948年の世界人権宣言である．同宣言は「人間の不可侵の尊厳」を認めて「すべての人とすべての国家が到達すべき共通の理想を掲げた」のであり，そこでは「人間の多様性の尊重」が求められたという理解が，議論の出発点で確認されている．また，ユネスコの「文化多様性に関する世界宣言」（2001年）と「文化的表現の多様性の保護と振興に関する条約」（2005年）は，世界人権宣言に連なる国際社会の議論のなかでも，とくに文化をめぐる考え方を確認したものだとされる．

　つまり，今日のフランスの文化政策にとって「文化多様性」は，理論的には，人権保障の課題として認識されている．それゆえに国の文化政策は，「表現，領域そしてアクターの多様性に配慮」しながら「文化の概念を，芸術的表現に限らずより広いものとして捉える」ための責務を果たすべきだとされるのである．

　転じて本稿の基本的な問題意識は，「文化多様性」概念を「反グローバリズムの概念」とみる日本での理解に向けられている．この議論では，文化がひとつのナショナルな枠組みとセットで捉えられる傾向があり，経済のグローバル化がもたらす世界的な文化の画一化に抗って，「自国の」アイデンティティを文化に求める立場が，文化多様性概念を国際社会に浸透させたのだとされるのである．こうした通念のなかで，「文化多様性に関する世界宣言」と「文化的表現の多様性の保護と促進に関する条約」については，日本はその意義を認めるが，「アメリカと同様にアニメなどを輸出したいために条約には加盟していない」と，まず説明されるような状況がある（青柳 2015：20-32）．

　先行研究は，こうした一面的な理解にすでに警鐘を鳴らしている．藤野一夫は，ユネスコ世界宣言はマイノリティの文化的権利の実現を求める国際社会の動きであり，また「文化多様性」概念は多様な文化的アイデンティティをもつ民族や集団の共生の理念であって，第2条に示された「文化多元主義」にその核心があることを指摘した（藤野 2007）[5]．

　フランスが国際交渉の場でかつて強硬に主張した「文化特例」（exception culturelle）は，文化多様性概念の本質部分にある人権理念を覆い隠す主要な要因となった．映画やオーディオ・ヴィジュアル製品を自由貿易の原則から外す求めは，2000年代前半の文化多様性概念の形成過程に影響し，そのためにユ

ネスコ世界宣言と条約の文化多様性概念が重層化した経緯があるからだ（マトラール2006）[6]．藤野
（2007）は，交渉プロセスに国際関係論的な分析を加え，対外的には文化の複数性を擁護して「文化特例」
を求める一方で，国内ではマイノリティの言語権や文化権の保障に向けた法整備を行わないフランスの
矛盾を明らかにした．

　しかしながら，「文化多様性」概念の核心に位置づけられる「文化多元主義」への理解を深めるうえで
は，国際交渉の場で戦略的に発信される主張を検討の対象とすることの限界があるだろう．多様な文化
的背景をもつ人々の共生の理念をより精緻に捉えようとするならば，文化の多様性がむしろ各国の内部
でどのように議論され，いかに政策的に保障されているかを具体的に検討する必要がある．また，そうし
た議論と実践が，対外的にはあまり発信されない点にも留意すべきである．

　「不可分性」を掲げるフランスにおいて，政府は，民族，人種，宗教，言語などの状況からマイノリティ
を特定することができず，たとえば英米で行われるような，人種に言及する統計は原則的に認められて
いない．だがフランスは，歴史的に多くの難民や移民を受入れてきた国であり，旧植民地独立後はとくに
国内に生きる人々の文化的背景が高度に複雑化した[7]．このことは，人々の出自や母語を問うことが許
されない制約のなかで，にも拘わらず，文化の多様さを捉える分析と，その保障をめぐる議論が蓄積さ
れ，現実に対峙するための政策実践がさまざまに模索されてきたことを意味するのではないか．

　「多様性白書」は，国内の多様性に向き合ってきたフランスの文化政策を簡潔に振り返っているが，そ
の起点は，文化省が「差異への権利」を掲げた1980年代前半に置かれている．そしてフランスが国際交
渉で文化特例を求めた主張は，多様性と文化多元主義を擁護する国内文化政策の延長線上で展開された
という整理が示されているのである．

3. 研究方法

　そこで本稿は，ミッテラン政権初期の「差異への権利」を中心に据えて，国内の文化多様性を実質的に
保障するための文化政策の実践と議論を検討していく．

　以下では，まず議論の前提として，文化多元主義をめぐる考え方の今日の基本的な枠組みを整理する
（Ⅱ）．そしてフランスで「差異への権利」がうたわれた前史として，1968年「五月革命」後に噴出した「文
化の民主化」批判を検討し，政策的に振興すべき文化概念がいかに論じられていたかを分析する（Ⅲ）．
ここでおもに参照するのは，1970年代の革新自治体における文化政策実践者が発信した議論である．続
いて，ミッテラン政権初期の文化省が，「差異への権利」から「排除」された人々をいかに認識し，どのよ
うな具体施策を行ったのかを，同時代の政府報告書や文化省幹部の論考から示す（Ⅳ）．そして，1986年
の第一次保革共存（コアビタシオン）成立以後「差異への権利」が政府の優先課題から外れた経緯をたど
り，社会的な問題意識が回帰したとされる1990年代後半のシラク政権期の文化政策を「差異への権利」
との比較の観点から検討する（Ⅴ）．

Ⅱ. 文化多元主義をめぐる基本的な枠組み

　そもそも「文化多様性」概念の核にある「文化多元主義」（カルチュラル・プルーラリズム）とは，まず
社会には複数の異なる文化が存在するという基本的な認識である．またこの認識にたち，文化を異にす
る人々のよりよい共生を進める立場でもある[8]．

　差異の尊重に関心を向ける多元主義は，第二次世界大戦を機に生まれた．文化多元主義もまた，反フ
ァシズムから生まれた理念であり，1950年代以後はレヴィ＝ストロースらの文化人類学的な文化概念に

依拠しながら，構造主義の影響のなかで理論化されていった（Arnaud 2015）．1970年代になると，文化政策の実践をめぐる国際的な議論の場において，多様な文化をそれぞれに尊ぶ「文化的民主主義」の考え方が確立されている（Grosjean 1997：100）．

ブシャールは，今日の世界の現状における多元主義をめぐる基本的な枠組みを，以下の5つのパラダイムを用いて簡明に整理している（ブシャール2013：4–5）．

1. 多様性のパラダイム．一つのネイションは，法律や憲章で保護される平等の権利を有する個人の集合体として定義され，その枠組の中で個々人が自らの差異を表現することができる．ここでは，マジョリティの文化もしくは公式の文化の存在は認められない．
2. 均質性のパラダイム．ネイションを単一の文化によって定義する．ネイションは同じ伝統，同じ言語，同じシンボルという均質性に基づくべきだとされる．
3. 二極性あるいは多極性のパラダイム．国内に昔から形成されている複数の文化的集団が存在し，それぞれの存在が憲法や憲章で認知されることによって，その存続や未来が保障され，他の文化集団による同化圧力の懸念がない．ベルギー，スイスがその例である．
4. 混合性のパラダイム．当初に存在していた多様性が，長期にわたる文化接触や混血によって融合し，新しい文化を生み出して行く．ラテンアメリカ諸国でよく見られるモデルである．
5. 二元性のパラダイム．一つのネイションの中に，民族文化的マジョリティと複数のマイノリティの関係が存在する．社会に深く根ざしたマジョリティの文化があり，そのまわりに複数の文化的マイノリティが存在するという認識が明確にある．

「多文化主義」（マルチカルチュラリズム）は，3.二極性あるいは多極性のパラダイムに基づく概念であり，少数派集団の文化を認知し，集団的な文化権の保障をも含意する．これに対して，5.二元性のパラダイムは，カナダ・ケベック州の社会統合理念である「間文化主義」（インターカルチュラリズム）の基盤である[9]．

ブシャールの整理によれば，公共の場における民族文化的な多様性の表現が奨励されないフランスは，イタリア，韓国，ギリシャ，日本などとともに，2.均質性のパラダイムに属する．そして5つのパラダイムのうち，この均質性のパラダイムのみが，文化多元主義を支持していない．

しかしながら文化政策史の検討からは，フランス国内においても，文化多元主義の確立に向けて，1.「多様性」パラダイムに基づく試行錯誤が行われてきたことが知られるのである．

III. 「差異への権利」前史（1968–1981）

1. ミッテラン政権成立時の文化政策の方針転換

ミッテラン政権期の文化政策に関して，同政権の成立とともに文化省の予算が大幅に増加し，政策的に振興される文化の領域が，ジャック・ラング文化大臣のもとで大きく拡大したことは，先行研究によって明らかにされている（友岡 1997, 2000）．省創設以来の方針である「文化の民主化」によって，文化省が振興と普及に取り組んでいた普遍的な「芸術」だけでなく，ポピュラー文化，食文化を含む生活文化，写真，ファッション，ロック音楽，サーカスや大道芸，漫画なども，このときから国の文化政策の対象領域となった．

この文化政策の大規模化と方針転換について，友岡（1997）は，ナショナル・アイデンティティの維

持・再構築をめぐる社会状況への対応という観点から論じている．しかし，その前史での議論を，自治体文化政策のレベルにおいてもより詳細に検討するなら，社会の現実としての文化多様性への認識の高まりと，文化多元主義の実質化に向けた積極的な政治の意志が存在していたことがわかるのである．

2. 五月革命以後の国内の文化多様性の認識

1968年「五月革命」は，文化概念をめぐるフランスでの議論に，重要な転換点を示している．学生運動を発端として全国に拡大した社会変革運動は，反戦，反植民地主義，高度資本主義管理体制への批判などを包含した．

五月革命前後の議論は，社会のさまざまな次元に存在する「中心」と「周縁」，あるいは「支配」と「非支配」の関係性を捉えようとしており，なかでもとくに，旧植民地の独立後もさまざまな形で国内に存続する植民地主義的な「内的実践」を問題にしていた．「文化の民主化」への異議は，このような背景をもって噴出している．

五月革命はまた，人々の価値観にも変化を促した．大量消費社会を否定する論調のなかでは，伝統的な生活文化や少数文化への評価が相対的に高まったとされる（Duclos 2001）．また同じ頃に，ブルターニュのブルトン，南フランスのオクシタンなど地域語をもつ地方では，文化的アイデンティティを求める運動が興隆し，一方では，世界的な動きとして，女性，障害者，性的少数者の権利を求める運動が活発化していた．

第一次石油危機とともに高度経済成長が終わると，社会変容はさらに加速化した．1974年の移民受け入れ停止後も，家族呼び寄せについては人道的見地から原則的に認められたため，出稼ぎ型の行動をやめて，家族ともにフランスに定住することを選択した移民労働者が多かったからである．単身滞在が多かったそれまでに比べて，社会のなかの文化的差異が顕在化したことが指摘されている（宮島2016）．文化的・宗教的差異が明確に意識されるようになると，戦後の経済成長を支えた旧植民地出身の移民は，歓迎されざる存在とみなされるようになったのだった．

3. 1970年代革新自治体文化政策の議論
3-1. 実践者たちの議論

1970年代に台頭した革新自治体の文化政策には，ミッテラン政権期に国レベルで行われた多様な文化の支援への萌芽が見出されることが指摘されている（友岡1997）．ワクテルがより詳細に明らかにしたように，ミッテラン政権成立時の文化政策の転換は，70年代後半の左派自治体による文化政策の影響下で起きたのである（Wachtel 1987：24）．なかでも多文化共生社会の実現は，まずはローカルなレベルで直面された課題だったと言えるだろう．70年代末に自治体文化政策の担い手たちが発信した政策提案には，彼らが，社会実態の変化に寄り添いながら，国内の文化の多様さを捉え直す議論を深めた様子が表れている．

『レ・カイエ・ドゥ・ラトリエ』（1978–79）は，70年代後半に各地方都市の実践者と文化省の若手官僚らが組織した自主研究会による出版物である．研究会メンバーは，自治体首長および議員，芸術家，文化省官僚，公共劇場責任者，図書館司書，美術館学芸員，ジャーナリスト，研究者など多彩であり，かつ地方都市で活動する者が過半数を占めた．その多くは，ミッテラン政権期の文化省内で活躍し，その後も長期にわたり文化政策の主要ポストを歴任したことが知られている．したがって1970年代の自治体文化政策と同時に進行したここでの議論は，後にフランス文化政策を牽引した者たちの，基本的な文化

観に結びついていると考えられる．研究会が，地域規模の文化政策の究極的な目標として掲げたのは，「多様性のなかの統合」が実現される「真に人間的な社会」への変革だった．

研究会は，文化政策は文化の定義から始まると論じている．そこでは文化とは人間の「あり方」だとする定義が選択され，この定義に基づいて社会変革のための文化行動が理論化された．研究会は，文化は「政治の上に」あり，また「多様性のなかの統合」に向かう社会変革における主要な課題であると考えていたのである．

ここから発信されたもっとも重要な提言のひとつは，あらゆる個人がそれぞれに価値を置く多様な文化を等しく尊ぶことであった．各地の地域社会の実態に通じたメンバーたちは，社会を構成する個人や社会集団の多くは「文化の民主化」が対象とする文化とは隔たる文化的基盤をもっているのであり，各固有の文化に立脚してはじめて，市民としての権利を十全に行使できるという理解を共有していた．

研究会は，図1に簡略化して示したように，文化を4つの類型に整理して文化政策を論じた．「耕された文化（教養文化）」（la culture cultivée）とは，いわゆるハイ・カルチャーとほぼ同義の「芸術」（les beaux-arts）を指す概念であり，従来の国の文化政策によって「民主化」が図られた文化のカテゴリーである[10]．これに対して研究会が新たに政策的振興の必要性を訴えたのが，「いわゆる大衆文化（マス・カルチャー）」（la culture que l'on dit de masse）と「他なる文化」（les cultures autres）であった．

前者は，映画，テレビ映像，写真，まんが，シャンソン，ロック，ポップミュージックなどを括る概念であり，後者は，地域語をもつ地方文化，農村，労働者，若者，女性，移民といった各社会集団固有の表現形式や生活スタイルを包括的に指す．すなわち「他なる文化」とは，当事者以外には「他者の文化」とみなされるような，ある集団に固有な文化であった．研究会は，これらに「耕された文化（教養文化）」と対等な価値を認めて尊重するよう強く求めている．

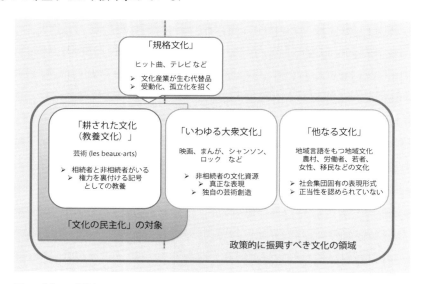

図1　文化の4類型

出典：*Les cahiers de l'Atelier 1 Politique culturelle*, A.D.E.L.S., déc.78 janv.févr.1979の記述より筆者作成

3-2．「文化の民主化」批判

この主張は，文化間の差異は，近代以後に確立された社会的経済的な序列を反映しているという見解

に基づいていた．したがって，「人類の偉大な作品を手の届くものに」という文化省設立以来の基本方針には，厳しい批判が加えられている．研究会は，「文化の民主化」政策は，既存の文化的序列を固定し，その再生産を通して支配・被支配の構造を強化する文化政策だと論じているが，その主要な論点は，以下のようなものであった．

　第一は，民主化の対象である「耕された文化（教養文化）」は，フランスの近代化と産業化のプロセスにおいて確立された文化であり，社会的経済的な優位性に結びついた「支配的な文化」だという見解である．この近代的体系の外部には，公教育で学校フランス語が駆逐を図った地域言語や，あるいは都市ブルジョワジーの生活様式の下位に位置づけられるようになった農民の生活習慣や労働者的な伝統が存在しているが，「文化の民主化」政策は，これらの対立項をまったく視野に入れていない．

　第二に，文化的差異と経済的支配が結びつく現状への異議が唱えられた．近代資本主義社会をリードするブルジョワジーは，経済力と富への欲求を正当化するうえで時間を超える普遍的価値を必要としたがゆえに「耕された文化（教養文化）」を求めた．そのため現代社会において，芸術作品の占有は，支配階級への所属を示す記号となっており，権力への参加と「教養」の間には相関関係がみられる，とされた．

　研究会は，こうした文化観を示して，既存社会の支配・被支配の構造を不問に付してきた従来の「文化の民主化」政策を批判した．彼らは，「耕された文化（教養文化）」を，多元的に存在する他の文化類型と同等に扱っている．多様な文化をそれぞれに尊重する多元主義が，この議論の大前提であった．

3-3. 非相続者の文化資源，芸術創造の触媒としての役割

　文化を人間の「あり方」として捉える動的な定義を選択した研究会は，差異を含む文化間に対等な立場での交流を促し，新たな変化のプロセスを開くことが，ローカルな芸術文化政策の基本原理であると考えていた．つまり，文化の異なる人々を互いに不干渉なまま平行的に共存させるのではなく，異なる価値観の間に「対決」（confrontation）を起こそうとしたのである．そこでは各個人が「表現，創造，対決」のプロセスを経て自らのあり方を変え，個々の変化の総体として社会全体が変わる変革が目指されていた．現代社会への問題意識から生まれる芸術創造には，このプロセスのなかで，人々の価値観を変化させて相互の交流と対話を引き出す触媒のような役割が期待されていた．

　「大衆文化」や「他なる文化」は，「耕された文化（教養文化）」の「相続者」ではない社会の大多数の人間にとってのアイデンティティの基盤である[11]．したがってこれらの文化は，個人が独自の思考，発言，表現を獲得するうえで土台となる各人の「資源」である，と彼らは論じている．文化の多様性をこのように分析した彼らは，それぞれの文化に正統性が与えられているか，なかでもとくに「他なる文化」が軽視されていないかを文化政策の基本課題として捉えていた．

　これは，市民ひとりひとりの自律的な思考と発言，そして行動に基づく民主主義を実現するうえでは，それぞれの文化が多元的に尊重されるべきだという見解であり，大局的には，「多様性のなかの統合」によって「真に人間的な社会」の実現へ向かう変革が目指されていた．個人の尊厳を裏付ける文化の差異を等しく尊ぶ文化的多元主義は，そのために希求されたのである．70年代末の自治体文化政策実践者たちは，地域における人々の交流のなかに芸術創造を位置づけて議論を喚起し，社会を変革する文化政策を論じていた．

　こうした議論を経て，文化間の「差異」は，1981年の大統領選を前にして政治のキーワードとなった．ミッテランが，ブルターニュ地方の都市ロリアン（Lorient）における演説で，「その文化と言語を貶めることほど民衆を深く傷つけることはない．われわれは差異への権利を宣言する」と訴えたからだ．

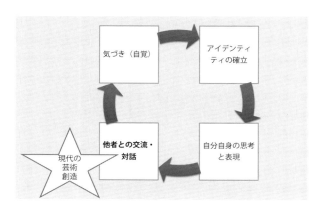

図2　差異に基づく共生における芸術創造の役割

出典：*Les cahiers de l'Atelier 1 Politique culturelle*, A.D.E.L.S., déc.78 janv. févr.1979の記述より筆者作成

IV．「差異への権利」を実現する政策アプローチ（1981–86）

1．ミッテラン政権成立時の文化多様性の理解

　政権成立直後の政府の動きをみると，1982年5月の政令で公式化された文化省の方針転換を裏付けるように，国内の文化の多様さと差異が分析されていたことがわかる．

　新政権の文化大臣ジャック・ラングは，地域文化および少数文化の振興にむけた調査を実施し，報告書『文化的民主主義と差異への権利』は，翌年出版された（Giordan 1982）．

　文化大臣の諮問は，「あらゆる市民にその文化的差異を生きる根本的な自由を保障する」政府方針を示して，「画一的な中央集権イデオロギーから解放された創造性」の拠点をつくるための長期計画への提案を求めている．

　この報告書からは，「差異への権利」を旗印としたミッテラン政権初期の文化省が，国内の文化の多様さの分析に基づいて，「言語的文化的差異の承認によって新しいシティズンシップの基礎をつくる」政策に乗り出そうとした状況が読み取られる．

2．人権としての文化的権利

2-1．『腕のない人の美しさ──文化と差異』（1986）

　「差異への権利」を追求したミッテラン政権初期の文化省の政策は，地域語や地方文化の振興には留まらなかった．81年から86年の政権交替まで文化大臣顧問を務めたジャン＝ピエール・コランの著書『腕のない人の美しさ──文化と差異』は，当時実現した施策を詳述している（Colin 1986）．同書の表紙には，G.デュローの作品「腕のない人の美への権利」が配され，片腕を失った裸体の黒人男性が「フランス，人権の国」と書かれたカードを掲げている．本文の説明によれば，この写真は，障害者の存在に目を向けようとしない社会の象徴である[12]．つまりこのイメージは，当時の文化省が，人権としての文化的権利の実現にさまざまな側面から取り組んだことを端的に示すために選ばれたのだった．

　81年前後の社会党は，政治的争点の中心に人権を置き，その核心に「差異」という言葉を据えた．コランは，その理由について，68年以後の党内には人権重視の考え方が確立されていたからだと述べている．具体的な論点とされたのは，労働権，企業における権利，女性の権利，宗教的権利，民族的権利，性的少数者の権利，地域語と地方文化の権利，移民の権利などであった．なかでも移民の権利には，左派が

掲げた「寛容」の価値を象徴する意味合いが付与されていたと説明されている.

人権の十全な実現は,文化領域における課題としても認識され,文化省によって取り組まれた.その基盤を提供したのは,やはり文化概念の定義である.同書において文化は,前述の自治体文化政策研究会におけるのと同様に,随所で個人や集団のもつ価値観として捉えられている.たとえば,同性愛者が「意見を表明し,集い,協力し,装い,公然と世に出る権利は文化的権利に他ならない」という記述は,そうした認識を顕著に示すものだ[13].差異をふくむ個人や集団の多様な価値観を「文化」として捉える認識があったからこそ,その表現を支えるための条件整備は人権保障上の課題として認識され,新政権による文化政策の優先事項とされたのである.

もうひとつの理由は,文化が「人格を発展させる手段」とみられていた点に求められる.コランは,当時の文化政策の根拠として,ユネスコの「人権としての文化的権利宣言」(1970)を示し,「文化への権利とは,各人がその人格を発展させるために必要な手段を手にすること」という部分を引用している.すべての人の文化的実践の拡大を政策的な優先課題とした政府姿勢のベースには,こうした考え方があった.

そして同書においてもっとも注目されるべきなのは,人権とは「万人に同様に保障されるべき普遍的な概念」であるばかりでなく,「無限に異なる個別具体的な状況に対応しながら権利行使の条件をつくる政治の課題」でもあると確認している部分である(Colin 1986:25).ミッテラン政権初期の文化省は,人権擁護の言説を理論として展開するだけではなく,現実を変えるための政治課題として意識していた.だからこそ,表現のための条件整備と文化的生活への参加拡大の両面から,万人の文化的権利の実現に取り組んだのである.

2-2. 文化的権利からの排除

その場合に必要なのは,十全な文化的権利の実現から「排除されている人」(les exclus)とは誰なのかを明らかにしたうえで,排除の原因を取り除くことだった.「排除されている人」を一定の属性で括って集団的に対処するのではなく,排除を引き起こしている個別具体的な現実を,ひとつずつ変えるアプローチが選択されている.

81年から86年の施策例としては,文化機関における手話通訳者の雇用拡大,視覚障害者のための「触わる展示」の開始,安全問題を理由として一部の映画館や劇場が設けていた肢体不自由者入場数制限の撤廃に向けた文化省による働きかけ,刑務所における受刑者による文化活動の拡大などが挙げられている.またインターネットのない時代に,若者たちの間に「自由ラジオ」の開設ブームを起こした1981年のFM電波自由化や,地方ラジオ局への国の支援の拡大,そして「それまで大人が正当性を認めていなかった」ロックなどの音楽実践への公的支援は,とくに若い世代の表現を支える狙いで行われた施策として説明されている.

文化省内でこれらを担当したのは,82年に新設された「文化的発展局」である.その担当領域は,自治体との協定政策の推進をはじめとして,地域文化機関の管轄,特定社会層の文化活動への支援,地域文化および少数文化の振興,文化産業政策,人材育成,調査研究など多岐に渡っており,ここでは70年代に革新自治体の文化政策を担った者が中心的に活躍した.

3.「住区の社会的発展」(DSQ)における文化政策

移民の権利の実現は,先述のように左派の人権重視姿勢を象徴する側面をもったが,ミッテラン政権の成立直後に,期せずして不可避かつ明白な政府の優先課題となった.1981年7月,リヨン近郊ヴェニ

シュー（Vénissieux）のマンゲット（Minguettes）住区で発生した移民2世による暴動事件以後,「大規模団地の病」と形容された都市郊外の荒廃の様相が注目され,政治の焦点となったからだ.国内メディアは,社会に見捨てられた者たちが集住する郊外団地の劣悪な生活環境を暴き,隔絶された「ゲットー」のイメージを拡散した.

このとき政府は,「住区の社会的発展」（DSQ: Développement social des quartiers）プロジェクトを始動させ,後に1990年に「都市省」（ministère de la Ville）が設立されて以後は,「都市政策」（politique de la ville）と呼ばれるようになる政策の新領域を切り開いた.フランスの「都市政策」とは,一般的な都市問題の解決を図る政策とは異なる特殊な政策である.この名称は都市全般を指しておらず,一種の婉曲語法であるために,日本では「都市社会政策」という意訳によって紹介されることが多い.統合,失業,治安などに困難を抱える住区の機能不全を減少させる目的で,とくに公的介入が必要な場所と空間を具体的に特定して実施される公共政策である[14].

初期の「都市政策」である「住区の社会的発展」（DSQ）は,教育,医療,就労支援などの諸側面から生活環境の改善と社会再生を図るために,自治体内の「住区」（quartier）の単位に複数省の財源を集中的に投入する領域横断的な連携プログラムだった[15].政府の「住区の社会的発展」委員長に任命されたのは,国会議員ユベール・デュブドゥ（Hubert Dubedout）で,1965年よりグルノーブルの革新市政を率いた市民運動出身の首長でもあった.

このとき,統計データに基づいて「場所と空間」を特定するという原則の導入によって,重点的な介入が行われたのは,ほとんどが北アフリカ系の移民が多く暮らす住区であった.つまりDSQには,民族,人種,宗教,言語などから少数者集団を特定することが許されない共和国モデルの制約のなかで,エスニック・マイノリティが抱える問題に対応する現実的な方策としての側面があった.

3-1. 政府委員会報告書『ともに,まちをつくりなおす』

1983年のデュブドゥ報告書『ともに,まちをつくりなおす』は,従来の都市から切り離された郊外に位置する「問題住区」が周縁化している実態を明らかにし,両者が協力して関係性を再構築する喫緊の必要性を訴えた（Dubedout 1983）.

報告書は,住区住民のアイデンティティのなかにはエスニックな文化が重要な位置を占めており,またそうした文化の間には明らかな差異が認められることを繰り返し確認している.たとえば郊外の大規模団地のアイデンティティは,都市内にある従来の外国人街と同様に,多数派住民の民族アイデンティティに見出されている現実を受け入れるべきだとする記述があるが,こうした見解は,共和国の「不可分性」に束縛される従来の言説とは,明らかに一線を画した.

文化に関してデュブドゥ報告書は,住民の社会的文化的アイデンティティを反映する多様な表現を政策的に振興し,それぞれの「差異を尊重する」よう求めている.また,あらゆる日常的な表現形態に内在する固有の価値を認めたうえで,異なる社会カテゴリー,年齢層,そして民族グループの間に出合いをつくり,合意形成を助ける実験を政策的に支援すべきだとも論じている.この方向性での取り組みの成果としては,現状では「知り合うこともなく,ときに怖れながら,そしてたいていはお互いに無関心なまま共存している」さまざまな社会集団が,互いに向ける視線を変化させることが期待されていた.

さらに報告書は,「英国やアメリカ」とは異なるアプローチをとるよう主張してもいる.つまり,少数派集団のもつ民族的な文化アイデンティティが肯定される反面で,コミュニティ間の分離（セグリゲーション）が指摘されるような,アングロサクソン的な多文化主義とは異なる,フランス独自の対応が模索

されたのである.

そこで強調されたのは,年齢層や居住地域の相違を超えた人々の交流を可能にする文化事業やスポーツイベントの有効性である. 異なる社会集団が,ステレオタイプ的な先入観を乗り越えて直接出会うことの重要性を指摘し,またとくに発言の機会が少ない社会集団に対しては,表現を促すための働きかけを行うべきだと報告書は述べた.

結論部分では,旧来の都市と問題住区の関係性を構築する努力の必要性があらためて訴えられている. 郊外住区をスケープゴート化する言説によって社会から拒絶されているのは,郊外という「場所」ではなく「住民」であることへの認識を促し,問題住区の住民は,とりわけ一般には馴染みの薄い文化と表現をもつがゆえに遠ざけられて周縁化しているのだ,と指摘している (Dubedout 1983:97-98).

報告書の結論は以下のように締め括られている. 委員会は,DSQ の最終目標が「生きたデモクラシー」をつくりなおす点にあることへの認識をあらためて喚起していた.

　　悲観的な分析に応えるのは,意志の楽観主義である. これらの住区で,そこに暮らす若い世代とともに,新しい発展と生きたデモクラシーの新しい概念を描くことができるという深い信念に基づくものだ. 達成への道のりは遠く,予算も必要であり,粘り強く続けられるヴォランタリーな行動が必要である. 自治体や地元の機関に対する継続的な国の支援も必要だ.

文化の領域においては,こうした DSQ の考え方に沿って,各地の団体による自発的な行動を支える公共政策が実践されていた.

3-2. 文化省「住区の文化的発展協定」

当時の文化省は,DSQ 対象住区が存在する都市自治体に働きかけて,両者の協力で実施する文化事業をリスト化する協定を策定していた. たとえば1983年に文化省文化的発展局とマルセイユ市が署名した「住区の文化的発展協定」は,DSQ 対象住区のある同市13区14区に限定した協定である[16]. 前文では「地中海沿岸のあらゆるルーツに連なる人々」が暮らす都市で文化政策を実行することの困難さが強調されているから,エスニックな文化の差異を前提として行われる事業協定であったことが読み取れる[17].

この協定では,同地域で文化活動推進(アニマシオン)活動を行う非営利協会への支援や,創造活動や芸術普及に取り組む芸術団体への支援が実現した(表1). また,公園などの公共空間で開催されるパフォーミング・アーツ・フェスティヴァルや,子どもや若者をはじめとする住民の表現を促す演劇や美術のプログラムが複数実施された他,若者が運営するコミュニティ・ラジオへの財政支援も計上されている.

事業実施を担った主体は,地元で継続的に活動する非営利協会や劇団であり,文化省とマルセイユ市が彼らへの助成を分担した.

1980年代初頭のマルセイユでは,多数のローカルな非営利団体が活発に活動しており,なかには70年代末に音楽学校(コンセルヴァトワール)や舞踊学校から専門家を迎えて,民衆教育と芸術創造が交錯する革新的な活動を開始した団体も含まれていた(Verheuge 1988:43-52). その代表格として知られた「音楽アニマシオン・プロヴァンスセンター」(C.P.M.A.)は,高水準のアマチュア音楽教育活動を市内各地域で展開し,北部住区の大規模団地では視覚障害者向けの音楽教室や,ティーン・エージャーのための打楽器アトリエを開催していた. また,市内の劇団には,北アフリカ系移民への聞き取りに基づく

演劇作品の創作に取り組んでいたものもある．協定は，こうした活動を助成対象としており，当時の文化省文化的発展局が，自治体と協議を重ねて，エスニック・マイノリティの表現と芸術実践を引き出すために最適な事業主体を特定し，予算配分を行ったことを示している．

表1　マルセイユ市，住区の文化的発展協定（1983年）

協定の項目	事　業	実施主体（助成対象）
文化活動推進（アニマシオン）非営利協会への技術支援	13区，14区で活動する非営利協会における雇用助成（パートタイム2名）	Association d'animation globale concertée
	舞台設備と備品バンクの設置	Office municipal de la culture
創造と芸術普及の場	劇場施設の整備	Théâtre de Merlan, Maison des jeunes de Busserine
	現代的な表現のためのスペース新設（検討事項）	Espace Marseille art présent
演劇	住民参加による演劇創造を行う劇団への助成	Cie.Richard Martin, Théâtre Trousky, Théâtre de la mer
住区における実演芸術事業	ブレガント公園フェスティヴァル，フォントブスキュル公園フェスティヴァル	Office municipal de la culture
	住区での表現フェスティヴァル	Association d'animation globale concertée
学校における文化活動推進（アニマシオン）	子どもの社会理解を助けるプログラム	Office municipal de la culture
	子どもと教員が多様な芸術表現に出会うプログラム	Office municipal de la culture
	AAGC（非営利協会）による学校でのプログラム	Association d'animation globale concertée
芸術教育パイロット事業	視覚障害者と困難を抱えた若者のための事業	Centre provençal de musique et d'animation
美術分野のイニシアティヴ	こどものための美術アトリエ（13区14区における事業）	Association d'animation globale concertée
	14区における美術学校の分散化クラス開設（計画）	マルセイユ市
若者の文化的表現	優先住区で若者が運営するコミュニティ・ラジオへの助成	複数の該当非営利協会（アソシアシオン）
	若者による視聴覚分野の活動への助成	Association d'animation globale concertée
	13区，14区の職業訓練中の若者を対象とする事業	Association d'animation globale concertée

出典：文化省文書課保管文書より筆者作成

V．「差異への権利」の脱焦点化

1．政治的争点の限界

　以上のように，初期のミッテラン政権がうたった「差異への権利」とは，普遍主義を原理とするフランスにあっても，各人が異なる文化的アイデンティティを認められる権利であった．このスローガンのもとで，当時の政府は，万人の文化的権利の実現を人権保障の課題として明確に認識し，きわめて具体的なレベルで取り組んでいたことが確認できた．

　だがコランの著書は，人権としての文化的権利の実現に政府が注力した理由を，「経済状況の打開が厳しいなかで，右派に対抗するためには，人権を政治的議論の中心に据える必要があった」と，当時の政治状況から説明している．多元主義的な文化政策の優先課題は，政治の争点として前面に出されたがために，結果的には短命に終わっている．ミッテラン政権の政治姿勢を象徴する役割をもった文化的発展局には，当初こそ大きな予算が付けられたが，政府が社会主義の実現を断念した83年の「転回」を境に，組織ミッションを変更されて予算も縮小した．そして86年の国民議会選挙後の第一次政府の成立直後に，文化省内の同局組織は解消された．また88年にラングがふたたび大臣として文化省に戻った後も，

再建されることはなかった.

フランスの文化政策を1980年代以後同時代的に観察してきた英国の研究者ルースリーは,ラング文化大臣が,社会的な課題からプロフェッショナルな芸術政策へと重点方針を移したために,アマチュア・セクターは後景に退いた,と当時の状況を分析している(Looseley 2005).ミッテラン政権後半の文化省において,一般の人々の文化的実践の問題は,優先課題ではなくなったという見方を示しているのである.

2. シラク政権期の社会的言説の回帰

同じくルースリーによれば,文化政策の文脈が変化し,社会的な言説が文化省に戻ったのは,「社会的分裂との闘い」を選挙戦でアピールして1995年にミッテランの後任となったジャック・シラク大統領の時代である.選挙スローガンの背景には,極右政党の勢力伸張に端的に表れていたような,人種差別の深刻化と内在化の問題があり,差別意識は,経済的な社会格差の広がりとともに拡大していた.

シラク政権期の文化省は,国土整備省や国民教育省との連携を図りながら,困難な状況にある都市および周辺部や農村地域を選別し,そこで文化政策の重点的強化に乗り出している.

2-1.「住区の文化プロジェクト」(PCQ)

文化大臣フィリップ・ドゥスト゠ブラジーは,「排除との闘い」を掲げて,29件の「住区の文化プロジェクト」(PCQ:Projet culturel de quartier)を1996年に始動させた.

PCQは,80年代のDSQと同様に,特定住区限定で実施される事業である.アマチュアの文化的実践問題から遠ざかっていた文化省が,担当者を青少年スポーツ省から招き,文化に関わる社会的活動の支援に久しぶりに注力したプロジェクトだった[18].パリ近郊の大規模団地住区や,南仏の都市トゥーロン近郊の造船所が所在した住区,マルセイユ北部地域,リヨン東郊の住区などが選択され,実績のあるプロのアーティストが各地に派遣されて住民と出合い,ヒップホップ,コンテンポラリー・ダンス,民俗音楽などのジャンルで,創造的なプロジェクトを共創した(Libération 1996).またその成果は,当該住区内だけでなく,かならず主要都市の中心部で発表されることになっていた.さらにPCQは,著名な文化人を各プロジェクトの「後見人」に任命することによって,広報面での強化を図ってもいる[19].

2-2.「社会的排除との闘い」の主眼

だが,「差異への権利」と比較してみると,1990年代後半のPCQは,80年代のDSQにおける文化政策とはかなり異なっていることがわかる.DSQの大局的な目標が「生きたデモクラシーをつくりなおす」ことだったのに対して,PCQの目標は,対象住区と周辺地区との格差を減じることに置かれているからだ.PCQの有効性は,参加した対象住区の若者が社会的更正を遂げたことや,プロジェクトを通して正規就業に必要なスキルを身につけたことにより強調されている(ministère de la Culture 1997).

フランス政府は,1998年に制定した「排除との闘いに関する基本法」の条文に,文化へのアクセスの必要性を明記した.「社会的排除との闘い」とは,貧困や格差を市民権や社会権が剥奪される「排除」の概念のなかで捉える政策アプローチであり,文化政策は,その一環としても行われるようになったのである(天野 2011).だが「社会的排除との闘い」の主要な目的は,貧困問題や社会的格差の解決であり,個人や集団が人権としての文化的権利の実現から「排除」されている現実そのものを,正面から問題視する立場とは異なっていた.「社会的排除との闘い」として行われる文化政策は,社会と関わるアートに対

して，「自立，参画，創造力や労働界に適合できるイニシアティヴ」などのモデルを示すことを期待したのであり，この時期に，個人や集団がもつ創造的な潜在力を，社会的経済的な参入（insertion）に「役立てようとする」傾向が顕著になったと指摘される（Arnaud 2015）.

「排除」という言葉においては共通しても，個人や集団の差異に基づく共生型社会を実現する文化多元主義の立場をとるDSQと，個人や集団を文化によって既存の社会経済的な枠組みに組み込む（insertion）ことを目指すPCQでは，文化政策の方向性が根本的に異なっている点に留意すべきである.

VI. 結論　人の多様性と結びついた文化の多様性

以上では，「文化多様性」をめぐる日本での議論では十分に光を当てられていない「文化多元主義」への理解を深める目的をもって，フランスの文化政策が，国内の文化多様性にいかに向き合ってきたかを20世紀末までの射程で検討した.

一般論として，フランスは日本と同様に，文化多元主義を支持しない「均質性のパラダイム」に整理される．しかし，「差異への権利」を中心においた検討から，フランスの文化政策が，個人の文化的権利の保障という観点からは多元主義を指示してきたことが明らかになった.

フランスの共和主義は，身分，人種，民族，宗教などの属性を捨象した個人が，市民として政治参加することによって，公共空間が切り開かれることを理想としている（伊達2015）．これは同国の文化政策にとっての目標であり，同時に制約でもある．というのも，「差異への権利」を掲げた文化政策は，個人の議論と対等な交流が息づく公共圏の構築を通して，あらゆる人の市民的政治参加を叶えることを課題としたのだが，その実践は共和国の不可分性原理に束縛されていたからだ.

同国の多元主義的な文化政策は，多極性パラダイムに基づいて少数派集団の文化権を保障する「多文化主義」をとることがなく，二元性パラダイムに基づく「間文化主義」にも向かわないから，文化多元主義の図式としては認識されにくい．しかしながら，フランスの文化政策が，共和国理念の制約下にあってもなお，「均質性パラダイム」を脱して差異を認め合う共生に向かうための模索を重ねた歴史は，日本においても知られてよいのではないか.

本論は，「差異への権利」をキーワードとした1980年代前半の文化政策が，人間を起点として多元的に再定義された文化概念に基づいていたこと，またその最優先課題は，人権としての文化的権利の十全な実現であったことを明らかにした．「不可分性」原理の下で，文化的差異に基づく共生を実現するためには，少数者集団の特定を回避しながらも，あらゆる人の表現と文化的実践をいかに実質的に支えるかが考えられていた．そして，このとき文化的権利からの「排除」の実態が問題視されたのは，移民などのエスニック・マイノリティに限られず，障害者，性的少数者，高齢者，若者，受刑者などでもあった点は注目されるべきだろう．同時に社会における芸術創造の位置づけもまた，多元主義的な文化政策にとっての重要課題であり，現代社会への問題意識を反映する芸術創造には，個人相互の交流と差異に基づく「対決」を促進する触媒のような役割が期待されていた[20].

「差異への権利」が文化政策のメインテーマとされた期間は長くは続かなかったが，今日ふたたび参照されている．その間には文化をめぐる政治の変化があり，また近年の社会危機によって，排除の原理とメカニズムが国内で進行していることへの危機感が切迫した経緯がある．共和国理念に抵触しないように意を払いながら行われてきた多元主義的な文化政策が，今後どのように見直されていくのか，引き続き注視したい.

翻って今日の日本は，社会の単一性や均質性を自明視するようなかつての傾向からは脱しつつあり，

「ダイバーシティ」や「多様性のなかの統合」などの語が，行政によって前面に掲げられるようにもなった．このなかで，人の多様性と結びついた文化の多様性を「差異への権利」という観点から，人間の主体性を支える価値の多様性として多元的に捉え直すことは，日本の文化政策にとっても現代的な課題だといえるのではないだろうか．そこでは，文化政策の方向性を決定する文化概念をいかに定義するか，社会における芸術創造の役割とは何か，そして文化をめぐる「排除」とは何を意味するのか，といった根本的な議論が問われている．

注
1　フランス第5共和国憲法第1条［共和国の基本原理］「①フランスは，不可分の，非宗教的，民主的かつ社会的な共和国である．フランスは，出生，人種または宗教による差別なしに，すべての市民に対して法律の前の平等を保障する．フランスは，いかなる信条をも尊重する．その組織は，地方分権化される．」（初宿，辻村 2017：30）．
2　4つの地方言語（ブルトン，カタラン，オクシタン，バスク）の教育がはじめて中等教育で認められたのは，「デクソンヌ法」が成立した1951年であった．その後は複数の地方で非営利協会による地方言語教育が発展し，教育改革の大綱を定めた1975年の「アビィ法」が，「地方言語および地方文化の教育は，学校教育の期間を通して行うことができる」と規定して以後は，学校教育におけるすべての地方言語教育が可能になった．
3　たとえば，1970年代以後のフランスで顕在化した「多中心的（ポリサントリック）な社会の実現」への求めは，日本においてもほぼ同時代的に示されている（宮島，梶田，伊藤 1985：89）．
4　ここで「誘因」と訳した ferment には，醗酵や成熟を促す「酵母」の意味もある．
5　同論文は，さらに日本における通念形成の最上流にある2004年の文化庁文化審議会報告書の検討から，文化多様性保護の「内的必然性」が意識されぬままに「ユネスコへの日本の貢献」のための議論が行われたこと，文化概念の定義が肝要であるにもかかわらず文化芸術振興基本法の定義を参照するに留まったこと，そして何より，少数者の文化的アイデンティティを尊重するという視点がそもそも基本的に欠落していたことを指摘している．
6　条約の適用範囲は，視聴覚部門や文化産業の枠を大きく超えているが，世論への影響としては，映像産業の事例が，自由主義的グローバル化が文化多様性にもたらすリスクをもっとも如実に訴えるものだったと指摘されている．
7　フランスにおける移民史は，一般的には以下のように説明される．まず，第一次世界大戦以前は，イタリア，ベルギーなど隣国からの移民が主流だった．続く両大戦間期には深刻な労働力不足を補う目的で中東欧から組織的な移民が行われた一方，当時のフランスは，ロシア，イタリア，アルメニア，スペイン，ドイツなどからの亡命者の主要な受け入れ国でもあった．そして第二次世界大戦終結から第一次石油危機までの高度経済成長期「栄光の30年」には，旧植民地から多くの移民が安価な労働力として迎えられた（Textes et Documents pour la Classe 2007）．
8　Oxford Advanced Leaners' Dictionary 9th edtion の pluralism の項を参考にした．
9　カナダ連邦政府は，1971年に英語と仏語の二言語の枠内における多文化主義を宣言した．連邦政府は，カナダを特徴づけるのは多様性であり，多数派による主文化は存在しないという基本的な立場をとっている．これに対してケベック州の間文化主義は，フランス語を基盤とする主文化を保持しつつ，少数文化を尊重し，少数派との対話を重視する立場をとる．ブシャールは，民主的社会としての機能に必要な凝集力を維持しつつ真に開かれた社会を構築する実践として，ケベック州の間文化主義を日本に紹介している．
10　形容詞 cultivée は「教養のある」という意味だが，la culture cultivée は，実存主義哲学者フランシス・ジャンソンによる五月革命前後の議論を踏まえている．それによれば，「耕された文化」とは，既存の文化的所産の総体であり，芸術作品や思想的な著作に相当する．これに対して「耕す文化」は，絶え間なく生まれる生きた文化であり，人の関係性が織り上げられていく動きを指した．
11　ピエール・ブルデューは，1964年に出版した『相続者たち』によって，学校教育における機会の不平等が，経済的，制度的要因よりもむしろ文化的要因に依ることを示した．この批判的な社会学研究の登場は，その後の文化政策に決定的な影響力を与えたと解説される（Gentil, Poirrier 2006：18, 51）．
12　この作品には，かつてアメリカ最大のフランス文化センターにおける展示から外された経緯がある（Colin 1986：40）．
13　コランは，こうした文化的権利がミッテラン政権下で実現されたと述べているが，同性愛者の社会権が保障されるまでには至らなかったことの方を，ここではより問題視している．その場合に参照されるべき根拠は，世界人権宣言第16条第3項「家庭は，社会の自然かつ基礎的な集団単位であって，社会及び国の保護を受ける権利を有する」である（Colin 1986：70）．
14　対象住区のリストは，失業率，外国人世帯の比率，社会住宅の比率，公的扶助受給世帯数などの統計数値に基づいて作成されるが，そのほとんどは都市郊外に位置している（Chaline 2003）．
15　「都市政策」の嚆矢は，1977年に開始された「住環境と社会的生活」（Habitat et vie sociale）だとされる．
16　マルセイユ市内の約40の大規模団地の大部分は北部の13，14，15区に立地している．これらの低所得者層向けの低家賃住宅（H.L.M.）の7割は，1960年以後の15年間に，旧植民地からの移住者用住宅予算を用いて建設された（Peraldi, Samson

2006：227-228）.

17 1972年1月に実施された演劇視察の報告書には「人口100万人以上のこの都市で，40万人がフランス語を話さない」と書かれていた（Peraldi, Samson 2006：115）．なお「100万人」とは，マルセイユ周辺の小規模な自治体を含む都市圏の人口である．

18 文化省が国民教育省から分離独立する形で創設されて以後，中央政府内では，芸術と文化に関わる問題は，教育に関わる問題とは区別して扱われており，そのために文化的なもの（le culturel）と社会文化的なもの（le socioculturel）の分離がみられる．ただし今日の文化省は，「文化と医療」「文化と司法」「連帯」「都市政策」「民衆教育」「共生」「文化-農業」といったテーマを設定して，省間連携や民間団体への委託による事業を実施しており，各領域で，人々の文化的生活への参加を推進する施策を行っている．<http://www.culturecommunication.gouv.fr/Thematiques/Developpement-culturel>（参照2018/01/22）

19 PCQの協力者としては，ペルピニャンの「音楽の家」を後援したヴァイオリニストのユーディ・メニューイン，シャロン＝シュル＝ソーヌでのモード研修を支援したファッションデザイナーのソニア・リキエル，リヨンのダンス・ビエンナーレに協力した振付家のジャン＝クロード・ガロッタ他が名を連ねた．

20 「多様性白書」は，80年代以後に増加した文化事業は，共生を支える施策として実施されたと説明している．たとえば，フランスでは政策的に振興されて発展してきた，大道芸（les arts de la rue）などの公共空間におけるアートは，この文脈において理解することができる（ministère de la Culture et de la Communication 2017）.

参考文献

天野敏昭（2011）「フランスにおける社会的排除と文化政策——社会的包摂における芸術・文化の意義」『大原社会問題研究所雑誌』No. 638, pp. 45-66.

青柳正規（2015）『文化立国論——日本のソフトパワーの底力』ちくま新書.

Arnaud, Lionel (2015), "Action culturelle et émenacipation par la culture. Un éclairage sociohistorique". *Informations sociales* no.190, pp. 46-56.

L'atelier culturel (1979), *Les cahiers de l'atelier 1 Politique culturelle*, A.D.E.L.S..

L'atelier culturel (1979), *Les cahiers de l'atelier 2 Un plan culturel pour les communes*, A.D.E.L.S..

L'atelier culturel (1979), *Les cahiers de l'atelier 3 Cultures et pratiques ouvrières*, A.D.E.L.S..

L'atelier culturel (1979), *Les cahiers de l'atelier 5 Vieilles institutions ～ Nouvelles politiques*, A.D.E.L.S..

ブシャール，ジェラール，テイラー，チャールズ編，竹中豊，飯笹佐代子，矢頭典枝訳（2011）『多文化社会ケベックの挑戦——文化的差異に関する調和の実践 ブシャール＝テイラー報告』明石書店.

ブシャール，ジェラール（2013）「基調講演「インターカルチュラリズム」とは何か——ケベック，そしてグローバルな観点から」『Peace and culture 5 (1)』，青山学院大学国際交流共同研究センター, pp. 3-13.

Chaline, Claude (2003), *Les Politiques de la ville <Que sais-je?>*, PUF.

クレマン，ジェローム著，佐藤康訳（2008）『娘と話す文化ってなに？』現代企画室.

Colin, Jean-Pierre (1986), *La beauté du manchot Culture et différence*, Publisud.

伊達聖伸（2015）「サバイバルの地ケベック——間文化主義という挑戦」『ふらんす』2015年10月号，白水社, pp. 14-15.

Dubedout, Hubert (1983), *Ensemble refaire la ville Rapport au premier ministre du président de la commission nationale pour le développement social des quartiers*, La Documentation française.

Duclos, Jean-Claude (2001), "De l'écomusée au musée de société, Proposition d'article pour la revue AIXA", *Revista bianual del Museu etnologic del Montseny La Gabella*, Arbuciès — Grenoble. <http://www.musee-dauphinois.fr>（参照2017/07/09）

Eling, Kim (1999), *The politics of cultural policy in France*, Macmillan.

藤井慎太郎（2015）「試練の時代の文化政策：フランス，ベルギー，カナダにおける文化政策の再構築」『早稲田大学大学院文学研究科紀要』第3分冊 61，早稲田大学大学院文学研究科, pp. 19-33.

藤野一夫（2007）「「文化多様性」をめぐるポリティクスとアポリア——マイノリティの文化権と文化多様性条約の背景」『文化経済学』第5巻第3号（通算22号）, pp. 7-13.

Gentil, Geneviève, Poirrier, Philippe (2006), *La politique culturelle en débat Anthologie*, 1955-2005, La Documentation française.

Giordan, Henri (1982), *Démocratie culturelle et droit à la différence : rapport présenté à Jack Lang, ministre de la Culture*, La Documentation française.

ジオルダン，アンリ編，原聖訳（1987）『虐げられた言語の復権——フランスにおける少数言語の教育運動』批評社.

Grosjean, Etienne (1997), *Quarante ans de coopération culturelle au Conseil de l'Europe, 1954-1994*, Editions du Conseil de l'Europe.

初宿正典，辻村みよ子編（2017）『新解説世界憲法集 第4版』三省堂.

小林善彦編（1999）『人権は「普遍」なのか——世界人権宣言の50年とこれから 岩波ブックレット（No. 480）』岩波書店.

レヴィ＝ストロース，クロード著，荒川幾男訳（1981）『人種と歴史』みすず書房.

Libération (1996), "Douste-Blazy passé quartier-maitre. Le ministère de la culture investit 40 millions dans 29 quartiers <difficiles>".

Looseley, David (2005), "The Return of the Social : Thinking postcolonially about French cultural policy", in *The International Journal of Cultural Policy*, volume 11, Number 2, pp. 145-155.

マトラール，アルマン著，島崎正樹訳（2006）「文化多様性をめぐるユネスコの戦い」『世界』2006年1月号，岩波書店，pp. 317-320.

Ministère de la Culture et de la Communication (1997), *Projets culturels de quartier : premier bilan*.

Ministère de la Culture et de la Communication (2017), *Promotion de la diversité dans le secteur culturel : le livre blanc du Collège de la diversité*.

三浦信孝（2002）『現代フランスを読む──共和国・多文化主義・クレオール』大修館書店.

宮島喬・梶田孝道・伊藤るり（1985）『先進社会のジレンマ──現代フランス社会の実像をもとめて』有斐閣選書.

宮島喬（1984）「現代国家と「相違への権利」─フランスにおける文化的少数者と移民の問題─」『世界』1984年3月号 no. 460, 岩波書店，pp. 212-229.

宮島喬（1994）「「相違への権利」から「統合」へ，そしてその後──フランス左翼10年の残したもの」『世界』1994年7月号，岩波書店，pp. 100-112.

宮島喬（2016）『現代ヨーロッパと移民問題の原点──1970, 80年代，開かれたシティズンシップの生成と試練』明石書店.

森千香子（2016）『排除と抵抗の郊外　フランス〈移民〉集住地域の形成と変容』東京大学出版会.

モーリス・スズキ，テッサ（1996）「文化・多様性・デモクラシー──多文化主義と文化資本の概念にかかわる小考察」『思想（ラディカル・デモクラシー特集号）』867号，岩波書店，pp. 38-58.

Péraldi, Michel, Samson, Michel (2006), *Gouverner Marseille Enquête sur les mondes politiques marseillais*, Editions de La Découverte.

Poirrier, Philippe (2006), "Démocratie et culture. L'évolution du référentiel des politiques culturelles en France, 1959-2004", in Bleton-Ruget, Annie et Sylvèstre, Jean-Pierre (sous la direction de), *La démocratie, patrimoine et projet*, Editions universitaires de Dijon, pp. 105-129.

ルソー，アルベール，ボネ，ロジェ共著（1972）『グルノーブルの経験：自治体活動：その可能性と限界』横浜市企画調整室都市科学研究室.

斎藤純一（1996）「民主主義と複数性」『思想（ラディカル・デモクラシー特集号）』867号，岩波書店，pp. 74-96.

センプリーニ，アンドレア著，三浦信孝，長谷川秀樹訳（2003）『多文化主義とは何か』白水社.

Textes et Documents pour la Classe (2007), *L'immigration en France*, n° 936, CNDP.

友岡邦之（1997）「時代に適応する「国民文化」─ 1980年代フランスにおける文化政策の大規模化をめぐって─」『ソシオロゴス』No. 21, 東京大学大学院社会学研究科ソシオロゴス編集委員会，pp. 13-27.

友岡邦之（2000）「再考の時期にきたフランスの文化政策」『地域創造』Autumn 2000 Vol. 9.

Verheuge, Robert (1988), *Gérer l'utopie l'action culturelle dans la cité*, EDISUD.

Wachtel, David (1987), *Cultural policy and socialist France*, Greenwood Press.

吉田徹（2008）『ミッテラン社会党の転換──社会主義から欧州統合へ』法政大学出版局.

[Abstract]

The objective of this research is to find out how French domestic cultural policy has been trying to support cultural diversity on an intra-national level since the 1970s, and it also aims to attain a clearer understanding of cultural pluralism. The analysis was conducted by focusing on the slogan *"droit à la différence"* (the right to difference), which was underlined in the early 1980s at the beginning of the Mitterrand socialist regime. This concept was recently observed again by the College of diversity, established by the Ministry of Culture at the end of 2015. Cultural policy debates and practices were examined in four eras: 1. Critics of the "democratization" policy and the change in the definition of "culture" after 1968; 2. Discussions and policy practices by the Ministry of Culture between 1981 and 1986; 3. Decline of "the right to difference" discourse after 1986; and 4. Comparison with cultural policy implemented in the context of the "fight against social exclusion" discourse after 1995, under the conservative regime of Chirac. Cultural policy under *"droit à la différence"* was based on a pluralist definition of culture, and it aimed to provide a full achievement of cultural rights for everyone. In this cultural policy, contemporary artistic creation was highly expected to play a catalytic role in activating exchange and confrontation among people with cultural differences. French cultural policy barely demonstrates any evidence of pluralism because of the "one and indivisible" republican principle. However, this historical study reveals that cultural policy has actually been engaged with pluralist approaches, aiming to achieve a better way of living together, through "unity in diversity."

Keywords: France, cultural policy, cultural diversity, cultural pluralism, cultural democracy, democratization of culture, exclusion, May 1968

権利侵害を肯定しない旅行者たちのアニメツーリズム
―富山県南砺市を事例に―

Anime Tourism by Travelers Trying to Avoid Copyright Infringement:
A Case Study in Nanto City, Toyama Prefecture, Japan

慶應義塾大学大学院政策・メディア研究科 後期博士課程 花房　真理子
Doctoral Program, Graduate School of Media and Governance, Keio University　HANABUSA Mariko

慶應義塾大学 名誉教授 熊坂　賢次
Emeritus Professor, Keio University　KUMASAKA Kenji

［要　旨］

　本稿では，アニメツーリズムの旅行者が著作権法を厳格に遵守しながら創作的な活動を行うことで，地域の観光振興及び文化継承に寄与する仕組みを事例研究によって明らかにする．事例には，テレビアニメ『true tears』の舞台モデルとされる富山県南砺市城端地区を活動拠点とした旅行者のボランティア団体「『真実の涙をもう一度』有志会」（以下，「有志会」）を採用した．分析には，短期・長期滞在型の聴取調査及び参与観察によって採取した資料を使用した．補足資料として，有志会から提供を受けた活動記録も使用した．分析の結果，有志会は，創作的な活動を３段階で展開させていた．第１段階では，旅行者と著作権者等という〈二者関係〉を構築し，許諾交渉が必要なアニメを活用した「文化」活動を行うことで，地域の観光振興に寄与した．第２段階では，旅行者のみという〈一者関係（単独）〉を構築し，許諾交渉が不要な地域コンテンツを活用した「社会」活動を行うことで，地域の文化継承に寄与した．第３段階では，旅行者と著作権者等を地域の事業者が媒介するという〈三者関係〉を構築した．地域の事業者が許諾に係る事務手続きを代行する一方，旅行者がアニメを活用した商品企画及びイベント企画を代行することで「社会文化」活動を実現し，地域の観光振興及び文化継承に貢献した．第３段階の発見こそが，著作権者等の権利保護という視点から分析して得た新たな知見であり，本稿の独自性である．

キーワード：アニメツーリズム，観光振興，文化継承，二次創作，著作権法，利用許諾，旅行者，
　　　　　　富山県南砺市城端地区

I．はじめに

　旅行者主導の新たな観光形態として，アニメツーリズムが注目されて久しい．アニメツーリズムが旅行者主導の観光形態とされる所以のひとつは，旅行者がいわゆるアニメ作品の派生的な創作物を生むことによって，実在の場所やインターネット上に観光拠点を形成することにある．旅行者は，創作行為を伴う旅行行動を展開することで，地域の観光振興に寄与するだけではなく，繰り返し訪れる地域の文化継承にも貢献する．そうした現状に鑑みて，地方公共団体・非営利組織・事業者等が，地域の観光振興及び文化継承を促進する文化政策のひとつとして，アニメツーリズムの活用を試み始めた．

　ところが，アニメツーリズムの旅行者のなかには，故意か過失かを問わず，アニメ作品の権利を有する者（以下，「権利者」と称する）への権利侵害とみなされてもおかしくはない創作行為をなす者もいる．現行では，アニメ作品の権利者が権利侵害に該当する行為を黙認することによって，違法とみなされる可能性が高い創作行為をも成立させている場合がほとんどである．そのため，アニメツーリズムを活用した地域の観光振興及び文化継承の促進を図るためには，アニメ作品の権利者に対する権利侵害をどのように乗り越えるのかについての議論が待望される．

アニメツーリズムに関する既存研究では，旅行者の旅行行動の特徴をつかむことが優先されてきたために，権利者の権利保護という観点から十分に議論が尽くされてこなかった．著作権法に関する既存研究では，権利者が権利侵害に該当する行為をいかに抑止・利用するのかについて論じられる一方で，利用者が権利侵害に該当する行為をいかに回避するのかについて論じられることは稀であった．特に，個別具体の事例を緻密に分析することで，アニメツーリズムの旅行者が権利者に対する権利侵害を行わずして旅行行動を展開していく，その仕組みを解明しようとした事例研究が不足している．

そこで本研究では，著作権法を厳格に遵守しながらアニメ作品に関連する創作的な活動を行うことで，富山県南砺市城端地区の観光振興及び文化継承に貢献した旅行者のボランティア団体について事例分析を行う．事例分析を通じて，アニメツーリズムの旅行者がアニメ作品の権利者に対する権利侵害を行わずしてアニメ作品に関連する創作的な活動を発展させていく，その仕組みの端緒を開いてみたい．

II. アニメツーリズムに関する諸研究

1. アニメツーリズムの定義

「アニメツーリズム」は，Animation の外来語表記「アニメーション」の略である「アニメ」と Tourism の外来語表記「ツーリズム」を組み合わせた和製造語である．

「ツーリズム」とは，United Nations et al.（国際連合ほか）によれば，「Tourism is more limited than travel, as it refers to specific types of trips: those take a traveler outside his/her usual environment for less than a year and for a main purpose other than to be employed by a resident entity in the place visited.（ツーリズムとは，旅行者が生活圏外の場所に継続して1年を超えない範囲で訪問する旅行行動で，かつ，訪問する場所に存する法人に雇用されることを主な目的としない，旅の特殊な形態のひとつである．）」（United Nations et al. 2008：9）と定義されている．この定義は，松本和幸や佐竹真一が述べるように，世界各地で実施される観光統計の国際比較を可能なものとするために，共通性や一般性を確保する言語表現上の工夫が重ねられてきたという意味において，国際的に一定の合意を形成したものである（松本 2004：34；佐竹 2010：91）.

本研究では，旅行者が訪問する場所をより限定的に捉えるために，上述した「ツーリズム」の定義に「アニメに関連した場所」という意味を付加した「アニメツーリズム」という用語を使用したい．

「アニメ」とは，広義には，絵や人形を少しずつ変化させながら一コマずつ撮影した画像を連続的に表すことで動きを錯覚させる映像芸術の表現技法を指す．この表現技法を用いた作品は，芸術性の高いアートアニメーション作品と商業性の高い商業アニメーション作品（以下，「商業アニメ作品」と略記する）に区別されることがある．そうした区別から，狭義には，より大衆に認知された商業アニメ作品の制作技法であるセルアニメーション及びデジタルアニメーションが「アニメ」と呼ばれている．

商業アニメ作品の制作過程では，実在する場所を背景画のモデルにすることを目的として，ロケーション・ハンティングを行うことがある．ロケーション・ハンティングとは，映画やドラマ等の制作において，ロケーションに適した場所を捜すことである．こうした制作過程に精通する商業アニメ作品の視聴者は，ロケーション・ハンティングによって捜し出された撮影場所（以下，「ロケ地」と称する）の存在から，商業アニメ作品と実在する場所に関連性を見出すようになる．そして，旅行者としてロケ地を訪れるといった旅行行動を起こすのである．

ロケ地を訪れる旅行者の旅行行動は，初期の既存研究では，「コンテンツツーリズム」という用語を使用して解説されてきた．「コンテンツツーリズム」とは，国土交通省ほかによれば，「『コンテンツを通し

て醸成された地域固有の雰囲気・イメージ』としての『物語性』『テーマ性』を付加し，その物語性を観光資源として活用すること」（国土交通省ほか2005：49）と定義されている．旅行者の旅行行動について議論が進展すると，旅行者が嗜好するコンテンツをより限定的に捉えた「アニメツーリズム」という用語が新たに確立された．「アニメツーリズム」とは，山村高淑によれば，「アニメやマンガ等が地域にコンテンツを付与し，こうした作品と地域がコンテンツを共有することによって生み出される観光」（山村2011：6）と定義されている．このほかにも既存研究では，「フィルムツーリズム」・「アニメ聖地巡礼」・「舞台探訪」といった数多の用語がそれぞれに定義されて使用されている．

　ところが，類似する用語の乱立によって，研究者間で知見を共有することが難しくなってきた．既存研究では，各用語が含意する表現技法の適用範囲や旅行行動の主体及び内容等の整理が十分に行われてこなかったからである．さらに，「ツーリズム」そのものの定義が厳密になされないまま議論が重ねられてきたことで，ロケ地を生活圏外とする旅行者・ロケ地を生活圏内とする居住者・ロケ地に存する法人に雇用される労働者といった，いわゆる主体や旅行目的についての区別を明確にすることができず，観光統計調査を実施するうえでの課題を残してきた．各用語の定義に対する統一的な見解は，「作品と特定の実在する場所に関連性がある」という程度にすぎない．

　本研究では，権利侵害を肯定しない旅行者の旅行行動について議論を進展させるために，各用語が含意する表現技法の適用範囲に明確な区別を必要とする．商業アニメ作品の著作者や著作権者等（以下，「著作権者等」と略記する）の有する権利のあり方が，作品の表現技法と密接に関連するからである．商業アニメ作品を活用した観光推進事業に関するアクションリサーチを行った花房真理子は，「アニメツーリズムは，（中略）コンテンツツーリズムの一形態であり，（中略）フィルムツーリズムの一種である」（花房2015：193）と定義した．この定義は，「作品と特定の実在する場所に関連性がある」という共通の見解を軸にして，既存研究の用語を区分するための糸口になる．

　すなわち，既存研究及び本研究で使用する用語は，作品の表現技法によって，次のように整理できる．「コンテンツツーリズム」は，絵画，小説，漫画，音楽，劇場映画，テレビドラマ，アニメ，コンピュータゲーム等，あらゆるコンテンツと特定の実在する場所に関連性があることを含意した大概念である．「フィルムツーリズム」は，あらゆるコンテンツのうち映像芸術のみ，具体的には劇場映画，テレビドラマ，アニメ，コンピュータゲーム等と特定の実在する場所に関連性があることを含意した中概念である．「アニメツーリズム」は，映像芸術のうちアニメのみ，具体的には広義のアニメあるいは狭義のアニメと特定の実在する場所に関連性があることを含意した小概念である．「アニメツーリズム」は「フィルムツーリズム」に包含される部分集合，「フィルムツーリズム」は「コンテンツツーリズム」に包含される部分集合として位置づけられる．

　以上の整理をもって，本研究では商業アニメ作品に関連した事例を扱うことから，「アニメツーリズム」という用語を採用して，これを次のように再定義する．本研究における「アニメツーリズム」とは，旅行者が生活圏外のうちで商業アニメ作品に関連した場所に継続して1年を超えない範囲で訪問する旅行行動で，かつ，訪問する場所に存する法人に雇用されることを主な目的としないものをいう．

2．アニメツーリズムの旅行者による社会文化活動

　アニメツーリズムの旅行者は，商業アニメ作品に関連する創作物を生むことによって，実在の場所やインターネット上に観光拠点を形成する．岡本健は，原作の派生作品が二次，三次，四次とn次的に生み出される現象を「N次創作」（濱野2008：247–250）とした濱野智史の概念を援用して，旅行者が訪問す

る場所や個人ウェブサイトにて商業アニメ作品にもとづく創作物を連鎖的に生み出すさまを指して，ア
ニメツーリズムを「n次創作観光」（岡本 2013：90-91）と定義した．

　こうした旅行行動を起こすアニメツーリズムの旅行者について，山村は，生産活動を行う消費者を
「Prosumer（生産消費者）」（Toffler 1980：282-305）とした A. Toffler（トフラー）の概念を援用しなが
ら，「単なる消費者ではなく，観光情報の発信者となり，観光を創出する作業に携わり始めた」（山村
2011：48）と説明する．「Prosumer（生産消費者）」として機能する旅行者の存在から，山村は，アニメツ
ーリズムにおいては必ずしも旅行商品を要せず，よって観光資源が乏しい観光地や非観光地においても
観光振興に期待がもてると主張する（山村 2009：8-9）．

　アニメツーリズムの旅行者は，谷村要によれば，アニメツーリズムをしやすい環境を求めて複数の地
域を訪ねる「開拓者型」，自らを承認してくれる場所を求めて特定の地域を繰り返し訪れる「リピーター
型」，両者を追随する「フォロワー型」の3つに分類される（谷村 2011：191-194）．そのうち，特定の地
域を繰り返し訪れる「リピーター型」の旅行者について調査した片山明久は，旅行者が地域の伝統行事
に当事者として参加する現象に着目して，「作品への興味の一環としてはじまった地域への思いが，頻繁
に地域を訪れるにつれて，次第に地域住民や地域文化との交流の喜びになり，ついに地域の文化活動に
参画する充実感へと昇華する」（片山 2008：21）と説明している．

　以上のように，既存研究によって報告されているのは，アニメツーリズムの旅行者が商業アニメ作品
に関連した場所の観光振興及び文化継承に寄与するということである．本研究では，こうした消費活動
にとどまらない旅行行動を議論に含めるため，アニメツーリズムの旅行者による「社会文化活動」と再定
義して，これを用いることにする．

3. 旅行者による社会文化活動の不明瞭な仕組み

　アニメツーリズムの旅行者による社会文化活動をいかにして地域の文化政策につなげていくのか，議
論が重ねられている．軍司聖詞は，社会文化活動を行う旅行者を「準市民」化することにひとつの可能性
を見出している（軍司 2013：219）．旅行者が「準市民」化する契機は，片山によれば，商業アニメ作品へ
の「敬愛」をもつ居住者との交流にある（片山 2013：10-11）．ここでいう「敬愛」とは，山村が「アニメ
ツーリズムのためのトライアングル・モデル」の解説のなかで，「アニメツーリズムに関わる人は，どの
ような立場の人であれ，いずれもその核にはオリジナルコンテンツに対する『愛』と『敬意』がなければ
ならない」（山村 2011：63-64）と主張した見解に依拠するものである．山村は，商業アニメ作品に向け
られた旅行者の「敬愛」を地域にも向けられるようにするためには，商業アニメ作品と地域を「歴史・伝
統」でつなぐ工夫が必要だと主張する（山村 2011：190-194）．

　こうした既存研究では，地域の観光振興及び文化継承を促進する文化政策のひとつとして，旅行者に
よる社会文化活動を活用するための議論が尽くされてきた．その一方で，既存研究は，アニメツーリズ
ムの旅行者が商業アニメ作品をどのように活用して社会文化活動を行っているのかについて，十分な議
論を展開してこなかった．なかでも，社会文化活動を行う旅行者が，商業アニメ作品の著作権者等から
商業アニメ作品の利用許諾を得ていない場合あるいは得られない場合を想定した議論が不足している．
言い換えれば，商業アニメ作品の著作権者等が有する権利を保護するという観点から，旅行者による社
会文化活動について議論されることは稀だったのである．

　アニメツーリズムの旅行者が社会文化活動のなかで商業アニメ作品の派生作品を生み出す行為は，西
口博之が指摘するとおり，「権利者の黙認によって成立している」（西口 2016：27）場合がほとんどであ

る．池村聡は，「コミケで流通する同人作品やインターネット上に氾濫する各種の MAD 動画，面白画像等のほとんどは，こうした許諾や同意を事前に権利者から得ているものではない」（池村 2016：38）と指摘しており，旅行者による社会文化活動も例外ではない．一般社団法人アニメツーリズム協会は，日本経済新聞で，アニメツーリズムの現場には「作品に関連するアイテムを無断で商品化する便乗商法」（日本経済新聞 2017）があることを示唆している．

　著作権者等による「黙認」が成立するのは，著作権者等に対する権利侵害の処罰の大半が，「親告罪」であることに起因している．「親告罪」では，被害を受けた著作権者等による「告訴がなければ公訴を提起することができない」（著作権法 123 条 1 項）．そのため，著作権者等による告訴が行われない場合には，事実上の「黙認」が成立し得る．商業アニメ作品の派生作品が生み出される事例について，升本喜郎は，「多くのケースでは，原作品の著作権者が事実上黙認し，被害者の告訴がなされていない状況なので，刑事罰が顕在化することはほとんどありません」（升本 2015：285）と述べている．

　著作権者等が事実上の「黙認」という立場をとる理由については，消極的あるいは積極的どちらの場合も想定可能である．消極的な「黙認」は，訴訟にかかる労力・時間・費用等の負担を軽減したい，あるいは紛争によって商業アニメ作品や著作権者等の社会的評価が低下することを回避したいといった著作権者等の意図にもとづいて選択される．対して，積極的な「黙認」は，池村が「元作品のプロモーションにつながる等の理由」（池村 2016：41）を想定しているように，著作権者等の財産的利益を拡大したい，あるいは商業アニメ作品や著作権者等の社会的評価を高めたいといった著作権者等の意図にもとづいて選択される．

　著作権者等の積極的な「黙認」がなされた権利侵害の存在は，T. Wu（ウー）が提唱する「Tolerated use（寛容的利用）」（Wu 2007：617–635）という概念によって，一般に認知され始めている．また，著作権者等による権利の不行使が慣習化しつつある現場が存在すれば，民法上では「Tolerated use（寛容的利用）」を「慣習」とみなすこともあり得るために，必ずしも違法という評価がなされるとは限らない（民法 90 条，民法 92 条）．こうした多数説の見解は，商業アニメ作品を文化的財産とみなしたうえでその共有を促進する，いわゆる利用者の利益保護という立場に立脚して議論を展開するものである．小林雅一が，現代社会を「デジタル技術と通信の発達によって，願ってもない創作環境が整いつつある」（小林 2004：261）と評価しているように，利用者はかつてないほどまでに商業アニメ作品の派生作品を生み出しやすい環境に置かれている．こうしたデジタル時代の到来によって，利用者の利益保護を看過することができなくなったのである．

　ところが，現時点では，商業アニメ作品を共有することよりも保護することが重視されている．田村善之は，利用者よりも著作権者等の利益保護が重視される現状は，政策形成過程におけるバイアスという構造的な問題によってもたらされているとした見解を示している（田村 2014：25–140）．商業アニメ作品を含むコンテンツの共有と保護の適正な均衡を図るために，L. レッシグは，制度的な解法のひとつとして，「クリエイティブ・コモンズ」（レッシグ 2005：24–25）という新たなライセンスを提供する活動を実践した．利用者の利益保護という観点からは，こうした萌芽的な活動が広く社会に浸透することが待望されている．

　アニメツーリズムの現場でも制度的な解法の導入が試みられる一方で，利用者である自らの利益保護よりも著作権者等の利益保護を最優先に考える奇特な旅行者の存在が目立っている．言い換えると，旅行者は，率先して著作権法を厳格に遵守し，そのうえで社会文化活動を行っているのである．そうした旅行者の行動原理にあるのは，商業アニメ作品や著作権者等に対する「敬意」と「愛着」である．

確かに,「Tolerated use（寛容的利用）」であれば,著作権者等の利益保護という目的を達成できる可能性は高い．そのため,善意による「Tolerated use（寛容的利用）」を行う旅行者の存在を否定しない．しかし,旅行者にとって,「Tolerated use（寛容的利用）」を行うことは極めて困難である．なぜなら,著作権者等が消極的な「黙認」あるいは積極的な「黙認」のどちらの立場をとるかについては,「黙認」という性質上,公にされることがほとんどないからである．

著作権者等は,旅行者による権利侵害が発生しなければ,積極的な「黙認」をするのか,消極的な「黙認」をするのかを決定することができない．反対に,旅行者は,権利侵害を発生させなければ,権利侵害に該当する行為が著作権者等の積極的な「黙認」のうえに成り立つ善意の「Tolerated use（寛容的利用）」となるのか,著作権者等の消極的な「黙認」のうえに成り立つ悪意の迷惑行為になるのかを判別することができない．つまり,「Tolerated use（寛容的利用）」が実現するためには,まず以て旅行者が権利侵害に該当する行為を行わなければならないのである．

ところが,旅行者は,商業アニメ作品や著作権者等に対して悪意の迷惑行為をしてはならない,という行動規範をもっている．旅行者の行動規範を形成しているのは,商業アニメ作品の愛好者としての「矜持」や著作権者等から拒絶されることに対する「恐怖」である．前者は商業アニメ作品や著作権者等に対する「敬意」から生まれる感情,後者は商業アニメ作品や著作権者等に対する「愛着」から生まれる感情である．つまり,商業アニメ作品や著作権者等に対する「敬愛」が強い旅行者ほど,消極的な「黙認」のうえに成り立つ悪意の迷惑行為を行いたくないと考えるのである．

そのため,旅行者は,権利侵害が悪意の迷惑行為だとみなされる可能性がある以上,著作権者等からの積極的な「黙認」が確約されないかぎりにおいて,権利侵害とみなされる行為を実行するわけにはいかないのである．商業アニメ作品や著作権者等に対して強い「敬愛」を示す旅行者ほど,「Tolerated use（寛容的利用）」に対して懐疑的になるのは,そうした理由からである．

旅行者と著作権者等の双方が自己の行為を他者の行為に依存させているかぎり,N. ルーマンが述べるように,いかなる行為も生起しない「ダブル・コンティンジェンシー」（ルーマン 2007：158-213）の問題が引き起こされるであろう．しかし,アニメツーリズムの現場においては,何も起こらないという最悪の事態は回避され,商業アニメ作品や著作権者等に対して強い「敬愛」を抱いた旅行者が主導して,社会文化活動を実現している．権利侵害を肯定しない旅行者が,消極的な「黙認」をする著作権者等に対しては権利侵害を行いたくない,消極的な「黙認」をする著作権者等からは商業アニメ作品の利用許諾を得たい,という2つの欲求を満たしたうえで,社会文化活動を行っているのである．

このように,商業アニメ作品の共有と保護に関する議論のあいだで,本研究が明らかにしようとしているのは,権利侵害を肯定しない旅行者がいかにして社会文化活動を実現するのかについてである．

権利侵害を肯定しない旅行者は,必要に応じて著作権者等から商業アニメ作品の利用許諾を得ることで,社会文化活動を実現しようと試みている．しかし,旅行者は,社会文化活動を行うなかで,著作権者等から商業アニメ作品の利用許諾を得られない事態にしばしば直面する．利用許諾を得られない事態は,利用許諾の申請を大量かつ容易に受理する仕組みが十分に確立されていないことによってもたらされている．加えて,利用許諾の仕組みに制度的・技術的な課題を残すアニメツーリズムの現場において,商業アニメ作品の著作権者等が置かれた複雑な利害の状況は,下記のとおり,旅行者が利用許諾を得るうえでのさらなる障害となっている．

第1に,著作権者等が民法上の任意組合である製作委員会を組織して商業アニメ作品を製作している点が指摘できる．通常,商業アニメ作品の製作には,多額の資金が必要になる．そのため,コンテンツビ

ジネスを目的とした企業（出版社，レコード会社，玩具会社，映画配給会社，テレビ局，ビデオ販売会社ほか）が，リスク低減のために共同出資及び分散投資して製作委員会を組織し，商業アニメ作品を製作している．こうした製作委員会の問題は，斉藤守彦が述べるように，「複数の企業が集まることで，意思決定のプロセスが煩雑化し，すべては合議制や多数決での決定となってしまう」（斉藤2007：77）ことにある．つまり，著作権者等間での合意形成が難航するために，結果として利用者に対して商業アニメ作品の利用許諾がしづらくなるのである．

　第2に，著作権者等が商業アニメ作品を含めて係る著作物のコンテンツビジネスを行っている点が指摘できる．製作委員会を組織する企業は，斉藤によれば，「各種の権利（窓口権）を取得し，自社のビジネス・テリトリーで展開して複合的な収益を得ようとする」（斉藤2007：75）．「窓口権」の存在意義について，山本重人は，「コンテンツは，よく水ものといわれるように，仮に当たらなかった場合には，大きな損失を出すことになる．そのため，関係各社に，作品が完成した際には独占的に各業務の窓口権を与えることを条件に製作資金を募り，リスクを分散する」（山本2007：126）と解説している．

　利用者が著作権者等の利用許諾を得ようとする場合，まず，この「窓口権」の存在が障害になり得る．公には「窓口権」の所在が不透明であることから，利用者が利用許諾の申請先を探すことが困難になる．また，「窓口権」が存在することで，山本が指摘するように，「著作権自体も各出資者に分散してしまい，（中略）出資者の1社が倒産していたため，連絡がとれず」（山本2007：126）といった事態が発生する．つまり，「窓口権」についての管理不行届きや管理担当者の変更，企業倒産に伴う窓口権の消失によって，結果として利用者に対して商業アニメ作品の利用許諾ができなくなる．

　次に，利用者の活動内容が障害になり得る．製作委員会を組織する各企業は，商業アニメ作品及び係る著作物のコンテンツビジネスを独占的に展開することによって，それぞれに収益をあげている．そのため，製作委員会を組織する企業が増えるほど，コンテンツビジネスが及ぶ事業分野は多岐に渡る．製作委員会を組織する企業の事業分野と利用者の活動内容が重なれば，利害対立が起きる可能性は高まる．つまり，著作権者等の事業と利用者の活動が競合することを防ぐため，結果として利用者に対して商業アニメ作品の利用許諾がしづらくなるのである．

　さらに，利用者の活動規模が障害になり得る．アニメツーリズムの旅行者が利用者となる場合，利用者は社会文化活動を余暇時間に行っていることが大半である．余暇時間に行われる利用者の活動は，製作委員会を組織する企業の事業と比べて規模が小さく，収益もまた企業の事業に比べて小さいものと想定される．利用者の活動から得られる僅かな収益に対して，著作権者等の利用許諾の合意形成には膨大な時間と手間がかかる．つまり，著作権者等がコンテンツビジネスを行ううえで労力対効果を考慮するため，結果として利用者に対して商業アニメ作品の利用許諾がしづらくなるのである．

　アニメツーリズムの旅行者は，愛好する商業アニメ作品に関する情報収集を通じて，こうした著作権者等が置かれた複雑な利害の状況についても把握していく．そのため，旅行者にとっては，著作権者等から利用許諾が得られないこともまた予測可能である．したがって，アニメツーリズムの旅行者は，権利侵害を肯定しないという立場を貫きながら，著作権者等から利用許諾が得られない可能性が高いという条件のもとで，社会文化活動を実現するという難題に自ら挑むことになる．

　以上を総括すると，既存研究では，権利侵害を肯定しない立場の旅行者が，著作権者等から利用許諾を得ることが困難な状況のなかで，どのようにして社会文化活動を展開していくのか，その仕組みが明らかにされてこなかったと解釈できる．不明瞭な仕組みの解明には，個別具体の出来事についてその過程を詳細に分析・考察する事例研究が最適な手法となる．そこで本研究では，著作権法を厳格に遵守し

ながら商業アニメ作品を活用することで，富山県南砺市城端地区の観光振興及び文化継承に貢献したボランティア団体「『真実の涙をもう一度』有志会」（以下，「有志会」と略記する）の事例分析を行う．事例分析を通じて，アニメツーリズムの旅行者が，著作権者等への権利侵害を行わずして，商業アニメ作品を活用した観光振興から地域コンテンツを活用した文化継承へと社会文化活動を展開していく仕組みを明らかにする．

III. 分析対象及び分析方法

1. 分析対象及び分析対象の選定理由

　有志会は，テレビアニメーション作品『true tears』のアニメツーリズムを行う旅行者が結成したボランティア団体である．このボランティア団体は，法人格をもたない非営利目的の緩やかなつながりの組織であり，『true tears』の舞台モデルとされる富山県南砺市城端地区を主な活動拠点にしていた．有志会を分析対象に選んだ理由は，次の3点に集約できる．

　第1に，旅行者が著作権者等から商業アニメ作品の利用許諾を得て社会文化活動を行った稀有な事例であることを挙げたい．有志会は，true tears製作委員会から利用許諾を得たうえで，『true tears』の映像や音楽，イラスト，ロゴ等を利用した300人規模のイベントを主催した．旅行者によって同規模の社会文化活動が行われることは，ほぼ前例のないことであった．そのため，アニメツーリズムの旅行者が，著作権者等の権利侵害を行わずして社会文化活動を展開していく好例として，本事例を採用する．

　第2に，商業アニメ作品を活用して観光振興及び文化継承を促進する持続的な方策を示す事例であることを挙げたい．有志会は，2010年7月11日から2015年3月21日までのおよそ4年半に渡って社会文化活動を継続するために，利用許諾に係る課題を克服してきた．旅行者が社会文化活動を持続するうえで直面する問題やその対策を含むこうした実例は，別組織が類似した活動を実践するうえでの一助となり得る．

　第3に，旅行者の詳細な活動記録が残る事例であることを挙げたい．全国に散住する構成員から成る有志会は，情報共有の場として，複数のソーシャル・ネットワーキング・サービス[1]（以下，「SNS」と略記する）のコミュニティを利用していた．SNSのコミュニティでは，構成員がテキストデータ等の投稿を通じて，日程管理，進捗報告，質疑応答を行っていた．これほど詳細な活動記録は，調査者があらかじめ設計する質問調査や聴取調査によって抽出することは難しい．有志会の活動期間は4年を超えるため，過去の出来事について構成員の記憶が曖昧になっている可能性もある．そこで，構成員がSNSのコミュニティに投稿したテキストデータを分析対象に含めることで，情報の正確性を確保する．

　本研究では，有志会に対する聴取調査及び参与観察で収集した資料を分析する．聴取調査及び参与観察の実施期間は，次のとおりである．まず，2012年9月14〜17日，2012年11月17〜20日，2013年5月4〜6日，2013年7月26〜27日，2013年8月24〜27日，2013年9月13〜16日の計6回，富山県南砺市城端地区にて短期滞在型の調査及び観察を実施した．次に，2013年10月10日〜2015年9月1日の計1回，富山県南砺市城端地区にて長期滞在型の調査及び観察を実施した．

　資料の具体的な収集方法は，次のとおりである．上記期間に，初代代表，副代表，ほか構成員3名に対して，1名1回あたり30〜60分程度の直接聴取を行った．さらに，初代代表に対して1回あたり1〜5問程度の電子メール聴取を行った．また，上記期間に有志会が実施したイベントに全て参加して，構成員の行動を観察した．

　上記の方法で収集した資料の補足として，有志会が利用していたSNSの7コミュニティのテキストデータも分析する．なお，7コミュニティ全てが非公開のため，本稿ではSNS及び7コミュニティの固有名

称について明記を避ける．7コミュニティのテキストデータは，2015年4月26日に初代代表によって取得されたものである．テキストデータは，コミュニティ総数が7件，トピック総数が150件，コメント総数が5,698件（ユーザによって削除されたコメントを除き，トピック紹介文を含む）から成り立つ．コメント総数5,698件について，「コミュニティID」「コミュニティ名」「トピックID」「トピック名」「コメントNo」「投稿年」「投稿月日」「投稿時間」「ユーザID」「ユーザ名」「コメント」の11項目を抽出した．分析を行う際に必要な「投稿曜日」「製作関係者に対する言及の有・無」の2項目を，筆者が補足した．

2. 分析方法

まず，収集した資料から，有志会が行った社会文化活動の事項を全82件抽出した（表1）．

次に，全82件の事項が各々どのような意思決定過程を経て実行されたのかを基準にして，以下の5タイプに分類した．タイプA「権利侵害型」は，著作権者等の許諾が必要な場合に，許諾を得ずに著作物を利用した社会文化活動である．タイプB「権利尊重型」は，著作権者等の許諾が必要な場合に，許諾を得て著作物を利用した社会文化活動である．タイプC「権利制限型」は，「著作権の制限」（著作権法30条〜50条）が適用されるために，著作権者等の許諾を得ずに著作物を利用した社会文化活動である．タイプD「権利適用外型Ⅰ」は，著作物が付随した地域コンテンツを利用した社会文化活動である．タイプE「権利適用外型Ⅱ」は，タイプAからタイプDに当てはまらず，著作物との関連性がない社会文化活動である．なお，事項の分類には，筆者が作成した有志会の意思決定過程のフローチャートを使用した（図1）．

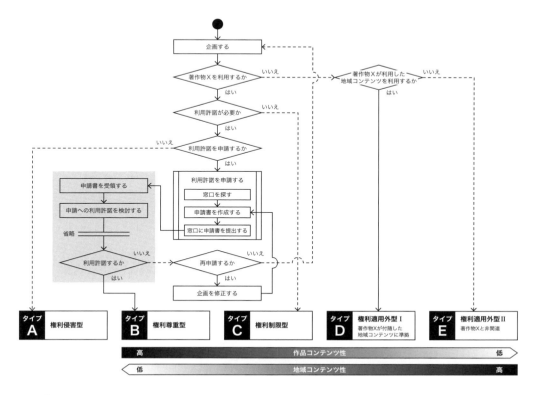

図1　「真実の涙をもう一度」有志会の意思決定過程にもとづく社会文化活動の5類型　　　　　　　　　　出所：筆者作成

文化政策研究　第11号　2017

表1　「真実の涙をもう一度」有志会の社会文化活動一覧（年表）

凡例	
A	権利侵害型
B	権利尊重型
C	権利制限型
D	権利適用外型I
E	権利適用外型II

ID	年月日	事　項	A	B	C	D	E	段階
1	2010.07.11	SNS「コミュニティ1」開設					●	第1段階
2	2010.09.04	SNS「コミュニティ2」開設					●	
3	2010.10.04	「真実の涙をもう一度」有志会 結成					●	
4	2010.10.04	「真実の涙をもう一度」有志会 公式ウェブサイト 開設					●	
5	2010.10.31	「真実の涙をもう一度」有志会 協賛金 募集開始					●	
6	2010.11.14	SNS「コミュニティ3」開設					●	
—	2010.12.14	イベント「真実の涙をもう一度 true tears イベント in 城端」開催					●	
7	2010.12.14	・『true tears』ブルーレイボックス全13話上映会 開催	●					
8	2010.12.14	・南砺市長からのメッセージ 紹介					●	
9	2010.12.14	・製作スタッフによるクイズ大会&トークコーナー 開催	●					
10	2010.12.14	・eufonius によるミニライブ・トークコーナー 開催	●					
11	2010.12.14	・イラスト・アートコンテスト 開催	●					
12	2010.12.14	・写真コンテスト 開催				●		
13	2010.12.14	・城端地区の西上町恵友会による踊り「麦端踊り」披露	●					
14	2010.12.14	・城端地区の有志12店舗による飲食物「あいちゃん焼き」ほか 販売	●		●	●		
15	2010.12.14	・イベント会場直行バス「真実の涙をもう一度号」運行					●	
16	2011.02.27	SNS「コミュニティ4」開設					●	
17	2011.04.12	SNS「コミュニティ5」開設					●	
—	2011.05.04	イベント「城端曳山祭＋true tears＝城端からまごころを」開催（〜05日）					●	
18	2011.05.04	・無料交流休憩スペース「ファンと地域のみなさんの憩いの場『true tears ひろば』」開設	●					
19	2011.05.04	・展示企画「城端と true tears の歩み展」開催	●					
20	2011.05.04	・飲食物「あいちゃん焼き」、「コカ・コーラ」（190ml 瓶入り）ほか 販売	●			●		
21	2011.05.05	城端曳山祭「庵唄所望」実施				●		
22	2011.05.14	SNS「コミュニティ6」開設					●	
23	2011.07.01	「平成23年度 南砺市協働のまちづくりモデル事業（市民団体枠）」採択					●	第2段階
—	2011.09.17	イベント「城端秋日和2011」開催（〜18日）					●	
24	2011.09.17	・無料交流休憩スペース 開設					●	
25	2011.09.17	・情報誌『南砺のあるきかた〜創刊準備号〜』配布				●	●	
26	2011.09.17	・展示企画 城端むぎや祭の歴史紹介 開催				●	●	
27	2011.09.17	・展示企画「城端秋日和号」沿線風景の紹介展示 開催				●	●	
28	2011.09.17	・展示企画「サブカルチャー＋地域振興」紹介展示 開催			●			
29	2011.09.17	・展示企画 城端むぎや祭の当日写真展示 開催				●		
30	2011.09.17	・城端むぎや祭観光ツアー 開催				●	●	
31	2011.09.17	・クリエーター即売会「創作小市 in 城端秋日和2011」開催（17日 委託販売 開催）				●		
32	2011.09.18	・城端むぎや祭直行バス「城端秋日和号」運行（18日のみ）					●	
—	2012.01.14	イベント「2012年年初ファンミーティング」開催（〜15日）					●	
33	2012.01.14	・第1回ファンミーティング 開催					●	
34	2012.01.14	・無料交流休憩スペース 開設					●	
35	2012.03.07	SNS「コミュニティ7」開設					●	
—	2012.05.04	イベント「城端春日和2012」開催（〜05日）					●	
36	2012.05.04	・無料交流休憩スペース 開設					●	
37	2012.05.04	・荷物預かりサービス 実施					●	
38	2012.05.04	・情報誌『南砺のあるきかた〜城端特集〜』販売				●	●	
39	2012.05.04	・第2回ファンミーティング 開催					●	
40	2012.05.04	・城端曳山祭観光ツアー（「庵唄合同披露」と各山宿の「飾り山」見学）開催（04日のみ）				●	●	
41	2012.05.05	・城端曳山祭観光ツアー（出丸坂での曳山Uターン等の見学）開催（05日のみ）				●	●	
42	2012.05.05	城端曳山祭「庵唄所望」実施				●		
43	2012.05.26	情報誌『南砺のあるきかた〜城端特集〜』委託販売開始（城端地区5店舗）				●	●	
44	2012.06.26	「真実の涙をもう一度」有志会 メンバー・サポーター 募集開始					●	
45	2012.07.08	情報誌『南砺のあるきかた〜城端特集〜』委託販売開始（城端地区1店舗追加）					●	
46	2012.07.01	第1回公開総会 開催					●	
—	2012.09.15	イベント「城端秋日和2012」開催（〜16日）					●	
47	2012.09.15	・無料交流休憩スペース「桜雪庵」開設					●	
48	2012.09.15	・荷物預かりサービス 実施					●	
49	2012.09.15	・情報誌『南砺のあるきかた〜城端特集〜』販売				●	●	
50	2012.09.15	・展示企画『南砺のあるきかた』の創りかた 開催				●	●	
51	2012.09.15	・『南砺のあるきかた〜城端特集〜』立体展示企画 城端駅物語〜すばらしき鉄道模型の世界 開催				●	●	
52	2012.09.15	・森永晴行先生 イラスト特別展示コーナー 開設	●					
53	2012.09.15	・城端むぎや祭観光ツアー 開催				●		
54	2012.09.15	・第3回ファンミーティング 開催（15日のみ）					●	
55	2012.09.15	・森永晴行氏トークショー・サイン会 開催（16日のみ）	●					
56	2012.09.15	・城端むぎや祭総踊り参加ツアー 開催（16日のみ）				●		
57	2012.10.28	情報誌『南砺のあるきかた〜城端特集〜』販売（城端地区の一角に出店）					●	
58	2013.02.09	第4回ファンミーティング 開催					●	
59	2013.05.04	城端曳山祭 曳き手 募集					●	
—	2013.05.04	イベント「城端春日和2013」開催（〜05日）					●	
60	2013.05.04	・無料交流休憩スペース 開設					●	
61	2013.05.04	・飲食物「あいちゃん焼き」、「コカ・コーラ」（190ml 瓶入り）ほか 販売	●			●		
62	2013.05.04	・城端曳山祭「ファン合同 庵唄所望」実施				●		
63	2013.05.04	・まちなか宿泊企画 実施					●	
64	2013.08.03	第2回公開総会 開催					●	第3段階
65	2013.08.21	「真実の涙をもう一度」有志会 新代表 就任					●	
66	2013.09.14	恋旅オフィシャルツアー「True Tours 南砺の旅」開催（〜15日）※企画・運営協力	●					
—	2013.09.15	イベント「城端秋日和2013」開催					●	
67	2013.09.15	・無料交流休憩スペース 開設					●	
68	2013.09.15	・荷物預かりサービス 実施					●	
69	2013.09.15	・情報誌『南砺のあるきかた〜城端特集〜』販売				●	●	
—	2013.11.30	イベント「第1回終着駅サミット in 城端」※展示協力					●	
70	2013.11.30	・情報誌『南砺のあるきかた〜城端特集〜』販売				●	●	
71	2013.11.30	・城端線鉄道模型レイアウト 展示					●	
72	2013.11.30	・城端線写真パネル等 展示					●	
—	2014.03.30	情報誌『南砺のあるきかた〜城端特集〜』販売終了					●	
73	2014.05.05	無料交流休憩スペース 開設					●	
—	2014.05.05	「恋旅〜True Tours Nanto 〜」PRブース＆ポストカード臨時交換所 ※併催協力					●	
74	2014.05.05	・『恋旅』の各種パネル 展示	●					
75	2014.05.05	・「匠と夏子編」前編・後編 上映	●					
76	2014.05.05	・お祭りの様子の写真を提示するとオリジナルポストカード 贈呈	●					
77	2014.09.14	無料交流休憩スペース 開設					●	
—	2014.09.14	「恋旅〜True Tours Nanto 〜」PRブース＆ポストカード臨時交換所 ※併催協力					●	
78	2014.09.14	・『恋旅』の各種パネル 展示	●					
79	2014.09.14	・「匠と夏子編」前編・後編 上映	●					
80	2014.09.14	・お祭りの様子の写真を提示するとオリジナルポストカード 贈呈	●					
—	2015.03.21	活動報告会 開催					●	
81	2015.03.21	・これまでの活動ふりかえり 発表					●	
82	2015.03.21	・お世話になった方からのメッセージ 披露					●	
—	2015.03.21	「真実の涙をもう一度」有志会 活動終了					●	

出所：「真実の涙をもう一度」有志会の公式ウェブサイトにもとづき筆者作成

複数の意思決定過程を経て実行された事項については，該当する全てのタイプに分類することと定めた．

　さらに，分類した全82件の事項を時系列に並べて各タイプの分布を調べた．分布の特徴にもとづき，有志会による社会文化活動に質的な展開が起きる分岐点を求めた．分岐点を求める補足資料として，SNSの7コミュニティのデータのうち，「投稿年」「投稿月日」「投稿時間」を抽出して使用した．

　その結果，有志会による社会文化活動を，2010年7月11日から2011年6月30日，2011年7月1日から2013年6月30日，2013年7月1日から2015年3月21日という3期間に分割することができた．つまり，有志会による社会文化活動は，3段階で展開していたことになる．

　以降は，収集した資料にもとづき，有志会による社会文化活動の3段階の展開過程について，社会文化活動が起きる以前の出来事も含めて，詳細な記述を通して分析した．

IV. 「真実の涙をもう一度」有志会による社会文化活動の軌跡

1. 「真実の涙をもう一度」有志会の結成

　有志会が活動拠点とした富山県南砺市城端地区は，同県南西端・同市中央に位置する人口8,550人[2]の地域である．2008年1月，城端地区を舞台モデルとした『true tears』の第1話が放送された．true tears製作委員会から『true tears』のテレビアニメーションを制作する発注を受けて，その元請けをなしたのは，株式会社ピーエーワークス（以下，「ピーエーワークス」と略記する）である．日本のアニメーション産業が東京都中心の集積構造を形成するなか，ピーエーワークスは，地方圏である城端地区に本社を置く希少なアニメーション制作会社であった．

　放送終了後，神奈川県在住の男性[3]らが『true tears』の舞台モデルと思しき実在の場所を特定し，その情報を個人ウェブサイトの記事にして各々発信した．放送話数を重ねると，富山県在住の男性[4]らが『true tears』の本編に登場した「麦端祭り」のモデルと思しき城端曳山祭[5]及び城端むぎや祭[6]，「あいちゃん焼き」のモデルと思しき七越焼[7]に関する情報を，個人ウェブサイトの記事にして各々発信した．こうした記事は，投稿者がハイパーリンクやトラックバック機能を用いて紐づけたり，キュレーションサイトや電子掲示板で引用されたりすることによって，『true tears』の愛好者間で共有された．愛好者は，個人ウェブサイトのコメント欄，電子掲示板，SNSのコミュニティ，同人誌即売会，オフラインミーティング[8]（以下，「オフ会」と称する）等で交流を図り，『true tears』の舞台モデルに関する情報を共有し合った．

　2008年2月，神奈川県在住の男性[9]が管理人となって，当時全盛期を迎えていたSNSのmixi内にコミュニティ「true tearsの舞台城端に行こう」を作成した．コミュニティには，『true tears』の舞台モデルに関する情報共有を目的として，373人[10]のmixiユーザが所属した．2009年5月，コミュニティ内のイベント欄に，オフ会の開催告知文が投稿された．オフ会は，2009年9月開催の城端むぎや祭にて『true tears』の愛好者が集うことを目的として，京都府在住の男性が主催したものである．オフ会主催者は，以降も計3回[11]，城端地区の祭事開催日に合わせて現地でのオフ会を開催した．このオフ会主催者こそ，のちに結成する有志会の初代代表を務めた人物である．

　2010年10月，mixiを通じて知り合った『true tears』の愛好者4人が，『true tears』を応援するという目的のもとで，有志会を結成した（表1：3）．構成員は，京都府や大阪府等の非城端地区居住者のみだったが，目的達成のために，城端地区にて『true tears』のイベントを開催するという目標を共有していた．発起者である初代代表は，当時の思いについて次のように回想している．

当時，すでに製作委員会方式でアニメをつくってDVDなどパッケージ商品で，それをファンから回収して，出資比率に応じて分配する仕組みが，DVDが売れなくなってきていたので，崩れつつありました．ファンの側にも，「高いお金を払ってDVDのマラソン（ファンはテレビシリーズのDVDを毎月買い続けることを自虐的な意味も込めてこう呼びます）なんかいつまでできるんだよ」という空気も漂い始めていました．そんなときに，ファンとして好きな作品をどうやったら応援できるのか，DVDやグッズを買う以外にも，なにか道があるのではないか，その一つが舞台になったまちで行われている取組なのではないか，そこに突破口があるのではないか．そう思って始めました．

（2013年3月2日　筆者による電子メールでの聴取調査の記録抜粋）

　有志会は，のちに城端地区居住者を含む22人の構成員を有する団体へと成長した．構成員の9割が男性，過半数以上が20・30代の成人，過半数以上が就業者であった．構成員以外にも，活動に不定期で参加したり，任意の「イベント協賛金」を出資したりすることで，有志会を支援する「サポーター」もいた（表1：5）．

2. 第1段階：『true tears』を活用した観光振興（2010年7月〜2011年6月）

　2010年12月，有志会は，300人規模の無料イベント「真実の涙をもう一度 true tears in 城端」を開催した（表1：7〜15）．イベントは，『true tears』の認知度を上げるために，舞台モデルとなった城端地区にて『true tears』全13話を上映するという主旨のものであった．イベントでは，ピーエーワークスの協力，南砺市・南砺市観光協会城端事務所・南砺市商工会城端支部の後援，バンダイビジュアル株式会社の特別協力によって，『true tears』の映像や音楽，イラスト，ロゴ等を利用した各種催しが行われた．

　イベント当日には，『true tears』ブルーレイボックス全13話の上映会を主として，南砺市長のメッセージ紹介，制作スタッフ[12]によるクイズ大会・トークショー，eufonius[13]によるミニライブ，西上町恵友会[14]による「麦端踊り」の再現披露，イラスト・アートコンテスト，写真コンテストが合わせて実施された．さらに，城端地区居住者の有志によって12店舗からなる飲食店会場が設置されて，城端地区の名産品とともに「あいちゃん焼き」や「真実の涙揚げ」等が再現販売された．また，来場者の交通手段を確保するために，東京駅，新大阪駅・京都駅，名古屋駅からの会場直行バス「真実の涙をもう一度号」が運行された．ピーエーワークスの菊池宣広氏（以下，「菊池氏」と略記する）は，アニメツーリズムの一旅行者にすぎない有志会が『true tears』を活用したイベントを主催したことについて，次のように述べている．

　　ファン有志の方からこのお申し出があった時，実は成立に関して非常にむずかしいものを感じていました．（中略）しかしながら，有志会のみなさんをはじめとするファンのみなさんの「true tears」への「熱意」とリアリティのある企画に練り上げてゆく「冷静さ」，複雑多岐にわたる関係者との交渉を続ける「粘り強さ」が関係者および各機関のみなさんにも伝わり，それにこの町のみなさんの「おもてなしの心」が加わって今日の日を迎えることができたと思います．
　　（2010年12月14日「真実の涙をもう一度〜 true tears イベント in 城端」来場者配布パンフレット引用）

　菊池氏の言葉を裏付けるのが，有志会の活動記録である．SNSのコミュニティに投稿されたコメント全5,698件について月別投稿数を確認したところ，次のことが明らかになった（図2）．月別投稿数は，最

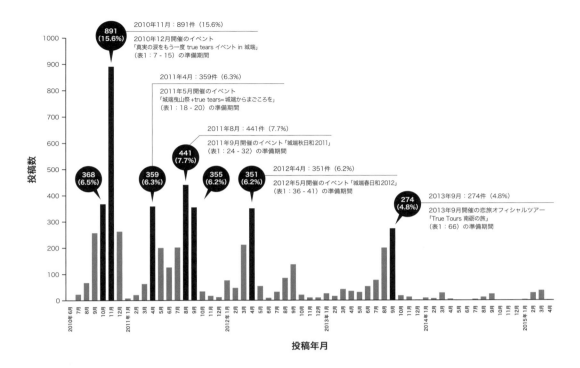

図2 「真実の涙をもう一度」有志会の活動記録（月別投稿数）　　　　　　　　出所：筆者作成

多の「2010年11月」891件（15.6％）が特出しており，次いで「2011年8月」441件（7.7％），「2010年10月」368件（6.5％）と続く．この数値が示すのは，有志会が社会文化活動を行ったおよそ4年半のあいだで，構成員間の情報伝達が盛んに行われたのは，2010年12月開催のイベント準備期間にあたる2010年10月から2010年11月だということである．

　2010年10月から2010年11月に構成員間の情報伝達が盛んになった理由を明らかにするために，コメントの内容[15]について調べた．分析の結果，構成員が『true tears』の製作関係者に交渉したと判断できるコメントの月別投稿数は，「2010年11月」27件（25.5％），「2010年10月」20件（18.9％），「2010年8月」8件（7.5％）と続いた．さらに，『true tears』の製作関係者に交渉したと判断できるコメントとその他のコメントの相関を算出したところ，両者には相関係数「0.73」を示す正の相関があった（図3）．つまり，構成員が『true tears』の製作関係者に交渉したと判断できるコメントの増加に伴い，その他のコメントも増加したのである．菊池氏が指摘するとおり，製作関係者との交渉だけではなく，交渉の条件を満たすために「リアリティのある企画に練り上げていく」対話を構成員間で重ねることが必要だったと解釈できる．

　城端地区にて『true tears』のイベントを開催するという目標を実現した有志会は，旅行者のボランティア団体として城端地区で社会文化活動を継続していく決意をした．翌2011年5月，有志会は城端曳山祭に合わせて，無料イベント「城端曳山祭＋true tears＝城端からまごころを」を開催した（表1：18～20）．イベントでは，企画展示「城端とtrue tearsの歩み展」の開催，「あいちゃん焼き」やコカ・コーラ（190ml瓶入り）等の販売，旅行者と城端地区居住者の交流場として「true tearsひろば」の運営が行われた．

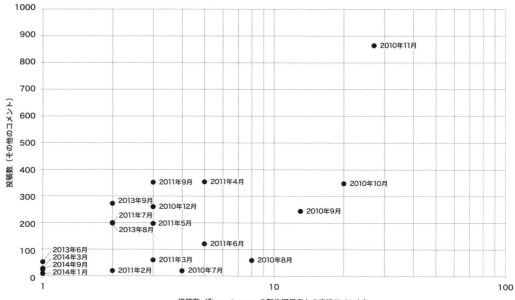

図3 「真実の涙をもう一度」有志会の活動記録　　　　　　　　　　　　　　　　出所：筆者作成
　　　（『true tears』の製作関係者と交渉したと判断できるコメント投稿数×その他のコメント投稿数）

3. 第2段階：城端曳山祭・城端むぎや祭を活用した文化継承（2011年7月〜2013年6月）

　有志会に転機が訪れたのは，2011年7月のことである．有志会の活動実績を評価した南砺市が，有志会を「平成23年度南砺市協働のまちづくりモデル事業（市民団体枠）」[16]に採択したのである（表1：23）．それまで「サポーター」からの「イベント協賛金」や構成員の持ち出しによって活動経費をまかなっていた有志会は，採択によって南砺市から各年度30万円を上限とした補助金を3年間交付されることになった．この時期から，有志会による社会文化活動は，社会貢献事業としての性格を強めていった．

　有志会は，事業としての継続性を考慮したときに，『true tears』を活用した社会文化活動を行い続けることに危機意識を持ち始めた．なぜなら，『true tears』を活用した社会文化活動を実現するためには，true tears製作委員会との度重なる利用許諾に関する交渉が不可欠になるからである．膨大な意思決定と実務作業を伴う交渉は，構成員の生活時間を圧迫するために，社会文化活動を継続することが困難になるのではないかと憂慮したのである．

　有志会の不安を裏付けるのが，次の資料である．SNSのコミュニティに投稿されたコメント全5,698件について，投稿時間帯を確認した（図4）．分析の結果，コメントの投稿数が多いのは，21時から3時の夜間6時間，12時から13時の昼間1時間であることが明らかになった．反対にコメント投稿数が少ないのは，コメント投稿数が100未満の5時から8時，コメント投稿数が200未満の8時から20時（12時から13時を除く）である．構成員の過半数以上が20・30代の成人ならびに就業者であったために，労働時間を外して，睡眠や食事に費やす時間を社会文化活動に充当していたと考えられる．

　こうした事情から，有志会は事業を継続させる処置として，『true tears』に関連しながらもtrue tears

	月	火	水	木	金	土	日	計
0:00	124	113	160	111	92	69	41	710
1:00	62	97	120	94	88	57	44	562
2:00	36	44	85	61	79	32	37	374
3:00	14	44	31	41	43	26	20	219
4:00	8	13	23	16	33	19	5	117
5:00	10	8	5	3	15	12	8	61
6:00	14	5	13	6	20	14	6	78
7:00	14	4	13	17	14	10	4	76
8:00	18	21	19	26	18	19	13	134
9:00	10	23	16	53	36	11	17	166
10:00	6	19	17	25	19	16	18	120
11:00	10	12	13	16	19	21	32	123
12:00	41	49	46	42	54	32	37	301
13:00	16	13	17	21	11	15	28	121
14:00	20	9	18	28	20	21	37	153
15:00	12	19	21	17	17	19	36	141
16:00	10	12	13	13	10	15	47	120
17:00	15	17	11	26	10	34	31	144
18:00	12	26	9	16	16	13	36	129
19:00	22	37	13	16	24	26	41	179
20:00	35	24	41	32	23	22	31	208
21:00	50	38	51	38	39	40	83	339
22:00	75	64	86	73	59	51	104	512
23:00	102	88	102	87	69	63	100	611
計	736	799	943	879	828	657	856	5,698

図4 「真実の涙をもう一度」有志会の活動記録　　出所：筆者作成
　　　（時間別投稿数×曜日別投稿数）

製作委員会の許諾が必要ない社会文化活動に主軸を置く決意をしたのである．有志会が取り組んだのは，『true tears』本編に登場した「麦端祭」のモデルとされる城端曳山祭及び城端むぎや祭の継承に貢献する次の3タイプの社会文化活動である．

第1に，両祭を紹介する展示企画の開催及び情報誌の配布・販売である．有志会は，城端地区の歴史文化・産業企業・観光施設と合わせて両祭を紹介するために，イベント「城端春日和」及びイベント「城端秋日和」で開設した無料交流休憩スペースにて写真パネルを展示した（表1：26，29，50）．また，有志会は，同じ目的で，情報誌『南砺のあるきかた〜創刊準備号〜』（「真実の涙をもう一度」有志会 2011）や『南砺のあるきかた〜城端特集〜』（「真実の涙をもう一度」有志会 2012）を配布・販売した（表1：25，38，43，45，49，57，69，70）．情報誌には，城端地区の企業紹介として『true tears』の制作過程について語るピーエーワークスの菊池氏への取材記事が収録された．

第2に，両祭を見学するツアーの開催である．有志会は，城端曳山祭の見どころを解説しながら紹介するガイド付日帰りツアー（表1：40，41），城端むぎや祭の見どころを解説しながら紹介するガイド付日帰りツアー（表1：30，53）を実施した．一部のツアー行程には，ピーエーワークスの本社が入居する南砺市起業家支援センター[17]の外観のみ見学が組み込まれていた．

第3に，両祭に参加する機会の提供である．有志会は，城端曳山祭にて「庵唄所望」[18]を行った（表1：21，42）．さらに，旅行者と合同で総勢16人による「ファン合同 庵唄所望」を行った（表1：62）．有志会は，城端地区居住者との交流から曳山の曳き手が不足していることを知り，公式ウェブサイトで曳き手の募集を行った．2013年5月開催の城端曳山祭には，新潟県や静岡県在住の男性ら計5人が西上町の曳山「竹田山」の曳き手として参加した（表1：59）．有志会は，城端むぎや祭の総踊りに参加するツアーも実施した（表1：56）．構成員や旅行者は，城端地区居住者の一輪に参加して，夜通し麦屋節に合わせた手踊りや笠踊りを踊った．

4．第3段階：『恋旅〜 True Tours Nanto 〜』を活用した観光振興・文化継承（2013 年 7 月〜 2015 年 3 月）

2013年5月開催のイベント終了後，有志会は新たな局面を迎えた．契機となったのは，2013年4月に公開されたアニメーション作品『恋旅〜 True Tours Nanto 〜』[19]（以下，『恋旅』と略記する）の存在である．『恋旅』は，山口泰弘によれば，『true tears』のアニメツーリズムを南砺市全域に拡大することを目

的として，南砺市が製作した短編アニメーション作品である（山口 2013：23）．制作スタッフが『true tears』と共通することから，『恋旅』の放送・配信は，『true tears』の愛好者がアニメツーリズムの旅行者として南砺市を再訪する好機となった．

　南砺市は，恋旅 Nanto プロジェクトや一般社団法人南砺市観光協会（以下，「南砺市観光協会」と略記する）とともに，『恋旅』を活用したアニメツーリズム推進事業を展開した．事業を円滑に進めるために，南砺市観光協会が南砺市から『恋旅』のイラストやロゴ等の利用許諾に係る事務手続きを代行した．南砺市観光協会によると，『恋旅』のイラストやロゴ等の利用申請は，「南砺市内在住の個人又は南砺市内に本社又は主たる事業所を有する事業者及び団体」であれば誰でも行うことができる．ただし，無償利用の場合は南砺市観光協会，有償利用の場合は恋旅 Nanto プロジェクトの審査を経て許諾を得る必要があった（南砺市観光協会 2013）．

　2013年9月，南砺市観光協会はアニメツーリズム推進事業の一環として，「恋旅オフィシャルツアー『True Tours 南砺の旅』」を主催した（表1：66）．ツアー開催にあたって，有志会が企画及び運営を行った．ただし，『true tears』を活用した社会文化活動とは異なり，著作権者である南砺市との煩雑な交渉を必要としなかった．なぜなら，『恋旅』のイラストやロゴ等の利用許諾に係る事務手続きを代行した南砺市観光協会がツアーを主催していたからである．一方で，有志会は，それまでの活動経験とアニメツーリズムの旅行者としての視点を活かしてツアー開発に取り組んだ．

　南砺市全域に点在する『恋旅』の舞台を2日間に渡ってバスでめぐる同ツアーには，海外在住者を含め全国から計30人が参加した．訪問場所には，世界遺産の相倉合掌造り集落や菅沼合掌造り集落，国指定重要文化財の巌浄閣や村上家に加えて，スキー場，クライミングセンター，いのくち椿館，円筒分水槽等が含まれた．五箇山民謡「こきりこ節」や井波彫刻等の伝統芸能・工芸，利賀蕎麦や五箇山豆腐等の土地の食，合掌造りや擬洋風建築の歴史に触れる機会が用意された．また，『恋旅』の映像やイラスト，ロゴ等を利用して，上映会の開催，ツアー限定パンフレット及びポスター2種の配布，ツアー限定ボイスガイドの配信，本編に登場する「近くて見えないカエル」ストラップの商品紹介等が行われた．

V．考察

1．社会文化活動の展開

　有志会の事例は，アニメツーリズムの旅行者が著作権者等の権利侵害を行わずに社会文化活動を展開していく過程を把握しうる好例であった．有志会は，社会文化活動のなかから true tears 製作委員会や南砺市の著作権等を侵害する行為を徹底的に排除した．そこには，初代代表の「ファンとして好きな作品をどうやったら応援できるのか」という言葉が示すとおり，『true tears』の愛好者としての「矜持」があった．「矜持」に支えられた有志会の社会文化活動は，以下の3段階で展開していた（図5）．

　第1段階では，商業アニメ作品を応援するために，著作権者等との交渉を必要とする商業アニメ作品の活用によって社会文化活動を実現させて，地域の観光振興に貢献した．つまり，有志会は true tears 製作委員会から『true tears』の映像や音楽，イラスト，ロゴ等の利用許諾を得ることによって，『true tears』を活用した商品販売やイベント開催を実現したのである．このような社会文化活動は，商業アニメ作品を活用することから，作品コンテンツ性が高い「文化」活動であったと言える．

　しかし，有志会が「文化」活動を持続させるのは難しかった．なぜなら，有志会は true tears 製作委員会との交渉を重ねるなかで，膨大な意思決定と実務作業を処理する必要があったからである．構成員は，状況次第では余暇時間を超えて，睡眠や食事，労働等に充当する時間を費やして献身的に実働しなけれ

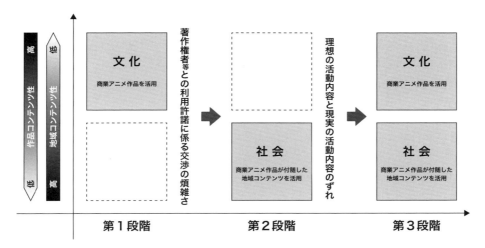

図5　社会文化活動の3段階の展開過程　　　　　　　　　　　　　　　　　　　　　　　　出所：筆者作成

ばならなかった．交渉が成立しても，新たな商品やイベントを企画するたびに交渉が必要になるため，「文化」活動が継続すればするほど構成員の負担が増す可能性が高かった．負担の増大によって「文化」活動の継続が困難になると判断した有志会は，「文化」活動を第2段階の社会文化活動へと展開した．

　第2段階では，社会文化活動を持続させるために，著作権者等との交渉を必要としない地域コンテンツの活用によって社会文化活動を実現させて，地域の文化継承に貢献した．つまり，有志会は活用する対象を『true tears』から城端曳山祭及び城端むぎや祭へと移行することで，第1段階の「文化」活動が内包した持続性の問題を乗り越えたのである．このような社会文化活動は，地域コンテンツを活用することから，地域コンテンツ性の高い「社会」活動であったと言える．

　ところが，有志会は，新たな問題として理想と現実のずれに直面した．『true tears』を活用した「文化」活動を通じて『true tears』を直接的に応援したいという理想と，社会文化活動の持続性を担保するためには『true tears』を活用しない「社会」活動を通じて間接的に応援せざるをえないという現実とのあいだに，背反状況が生まれたのである．そこで，有志会は，「社会」活動を第3段階の社会文化活動へと展開した．

　第3段階では，商業アニメ作品の応援と社会文化活動の持続を両立させるために，第三者とつながることで，著作権者等との交渉を回避しながら商業アニメ作品を活用した社会文化活動を実現させて，地域の観光振興及び文化継承に貢献した．「文化」活動の実現を目指す有志会は，「社会」活動の実現を目指す南砺市観光協会とつながり，相互補完的に社会文化活動を行った．つまり，有志会が『恋旅』を活用した商品企画及びイベント企画等を引き受け，南砺市観光協会が南砺市との交渉等を引き受けることで，「文化」活動と「社会」活動が両立する「社会文化」活動を実現したのである．その好例が，『恋旅』を活用して南砺市全域を周遊するバスツアーの開催であった．

　以上から，有志会による社会文化活動は，第1段階は「文化」活動，第2段階は「社会」活動，第3段階は「社会文化」活動と展開したことが明らかになった．社会文化活動の移行に伴って，有志会が活用する対象は，第1段階は『true tears』，第2段階は『true tears』が付随した城端曳山祭及び城端むぎや祭，第3段階は『true tears』から派生した『恋旅』へと移行した．著作権者等の権利への対処は，第1段階では交渉を行う，第2段階では交渉を回避する，第3段階では交渉を第三者に委ねる，という変遷を辿った．

2. 社会文化活動の展開が発生する関係構造上の理由

　有志会による社会文化活動は，段階的に展開していた．では，段階的な展開が発生する理由は，どこにあったのだろうか．事例分析によって明らかになったのは，段階的な展開が旅行者と著作権者等の関係構造に起因していたということである（図6）．

　第1段階では，有志会と true tears 製作委員会が直接的なつながりをもつ〈二者関係〉の構造を形成していた．『true tears』の愛好者である有志会と true tears 製作委員会は，それまで経済活動における消費者と生産者という対等な二者関係を形成していた．しかし，有志会が『true tears』を活用する「文化」活動を始めたことで，両者は経済活動における生産者という同じ役割をもちながら，権利の所有者と権利の使用者という非対等な二者関係を形成することになった．有志会が true tears 製作委員会から『true tears』の利用許諾を得られる場合，両者は友好的な二者関係を維持できる．一方で，利用許諾を得られない場合，両者は友好的な二者関係を維持できなくなる．このように，非対等な関係が生む不安定な状況から，有志会と true tears 製作委員会の二者関係は解消に向かった．

　第2段階では，true tears 製作委員会との二者関係が解消されたことで，有志会が〈一者関係（単独）〉の構造を形成した．有志会は，true tears 製作委員会とのつながりをもたないために，『true tears』の利用許諾を得ることはできない．そこで，『true tears』との関連性を否定しない城端曳山祭及び城端むぎや祭を活用する「社会」活動を行うことになった．

　第3段階では，有志会は『true tears』の派生作品である『恋旅』を製作した南砺市との間接的なつながりをもった．有志会と南砺市に間接的なつながりをもたらしたのは，南砺市観光協会である．すなわち，

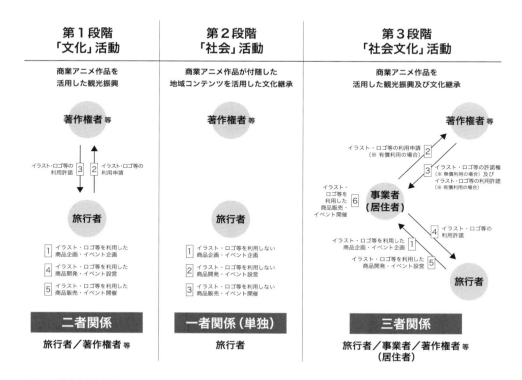

図6　社会文化活動における関係構造の3段階の展開過程　　　　　　　　　　　　　　　　　　　　　出所：筆者作成

有志会，南砺市観光協会，南砺市は，〈三者関係〉の構造を形成していた．この三者関係において，南砺市観光協会は，L. C. Freeman（フリーマン）が指摘する「Betweenness centrality（媒介中心性）」（Freeman 1977：39-40）が高い結節点，いわゆる媒介者としての役割を担った．

南砺市観光協会は，南砺市から『恋旅』の利用許諾に係る事務手続きを代行していた．つまり，両者はともに経済活動における生産者かつ権利の所有者という対等な二者関係を形成していた．権利の所有者という役割を付与された南砺市観光協会は，権利の使用者であった有志会との相互補完的に対等な二者関係をも形成した．南砺市観光協会は，それまでの活動経験から『恋旅』の利用許諾を得ることに抵抗はなかったが，『恋旅』を活用した商品・イベント企画等を行うことには抵抗があった．一方で，有志会は，それまでの活動実績から『恋旅』を活用した商品・イベント企画等を行うことには抵抗がなかったが，『恋旅』の利用許諾を得ることには抵抗があった．つまり，有志会と南砺市観光協会は，互いの不足を補い合うことで友好的な二者関係を形成することができたのである．

以上から導き出されるのは，旅行者は，第三者の存在によって，著作権者等との交渉を回避しながら商業アニメ作品を活用した「社会文化」活動を行うことが可能だということである．言い換えれば，「社会文化」活動の実現には，旅行者と著作権者等を媒介する第三者の存在が必要なのである．

VI. おわりに

本研究の知見は，アニメツーリズムの旅行者が，社会文化活動によって地域の観光振興及び文化継承に貢献するとした既存の議論と大きく違うものではない．しかし，アニメツーリズムの旅行者が，著作権者等への権利侵害を行わずして社会文化活動を展開していく仕組みについては，これまで十分な議論がなされてこなかった．そのうえ，アニメツーリズムの旅行者が著作権者等への権利侵害を肯定せずに社会文化活動のあり方を模索した過程に，展開の分岐点が内在するという言及は稀であった．本研究の独創性は，こうした手薄の議論を前進させたことにある．

また，本研究では，地域の事業者がアニメツーリズムの旅行者と著作権者等を媒介する役割を担ったために，「社会文化」活動が実現したことを明らかにした．本事例では，アニメツーリズムの旅行者と著作権者等を媒介したのは旅行事業者であったが，関係構造上で同じ役割をもつことができれば，他業種の事業者であっても両者を媒介することは可能である．そのため，本事例の関係構造をモデルにすることで，他業種の事業者に対しても「社会文化」活動に関与することを期待できるだろう．

最後に，本稿では，アニメツーリズムの旅行者による社会文化活動が，地域の交流人口や経済にどの程度の影響を与えるのかについて言及することができなかったことが悔やまれる．アニメツーリズムによる文化政策を促進するためには，上記の指標にもとづく定量調査の結果も合わせて議論を尽くすことが，今後の課題となる．

[謝辞] 本稿執筆にあたり，聴取調査及び資料提供にご協力いただいた「真実の涙をもう一度」有志会の皆様には，心から敬意を表するとともに深く感謝を申し上げます．また，議論の質を向上するためのご助言をくださった土屋大洋教授と匿名査読者の先生方に，厚く御礼申し上げます．なお，本稿が2012・2013・2014・2016年度森泰吉郎記念研究振興基金研究助成金を受けて行った研究の成果の一部であることをここに記します．

注
1　インターネット上で，会員が交流するためのコミュニティを作り出せるサービスである．代表的なサービスには，mixi，Facebook 等が挙げられる．
2　2017年6月末時点の南砺市住民基本台帳人口である．出典：南砺市（2017）「富山県南砺市行政区別人口世帯数統計表」，

（2017年7月3日配信）.

3 当時神奈川県在住の20代男性が，『true tears』の舞台モデルは富山県南砺市城端地区であるという推測を述べる記事を個人ウェブサイトにて投稿した．男性は，『true tears』のアニメーション制作を担当した株式会社ピーエーワークスの本社が城端地区にあることから，『true tears』のロケーション・ハンティングが城端地区で行われた可能性が高いと考えた．男性が，Google 画像検索，Google マップ，Google Earth 等を駆使して情報を収集した結果，『true tears』のオープニングアニメーションに登場した山車の形状が城端地区で開催される城端曳山祭の山車の形状と酷似していること等から，『true tears』の舞台モデルが城端地区であると特定するに至った．出典：ハブさん（2008）「TV アニメ『true tears』舞台探訪1」『黄昏の町〜twilight town 〜』，（2008年1月15日配信），<http://habu-habusan.cocolog-nifty.com/blog/2008/01/true_tears1_a63e.html>（参照 2013-3-22）.

4 富山県南砺市井波地区在住の井波彫刻師の男性が，「あいちゃん焼き」のモデルは株式会社七越が提供する七越焼であるという推測を述べる記事を個人ウェブサイトにて投稿した．出典：西村宜繁（2008）「true tears 聖地探索計画」『長屋の花見〜ほうじ酒〜』，（2008年1月21日配信），<http://d-hatena.ne.jp/syaki/20080121/p3>（参照 2013-3-22）.

5 城端地区の惣社である城端神明宮の春季例祭である．毎年5月に行われるこの祭礼では，神輿の渡御行列に続き，「庵唄」を披露する「庵屋台」，御神像を乗せた6基の「曳山」と呼ばれる山車が城端の街中を巡行する．この祭礼は，城端神明宮の社殿再建がなされた1685年が起源とされ，当時沈滞していた町の士気を高めるために，上層町人が蓄積していた私財を投じ，商売繁盛，招福災除，町内繁栄，天下泰平の願いを込めて御神像や曳山を作成したことで，今日まで発展してきた．江戸時代から現在までおよそ300年継承される祭礼形式は，2002年2月12日に「城端神明宮祭の曳山行事」として国指定重要無形民俗文化財に指定された．2016年12月1日には，国内18府県33件の「山・鉾・屋台行事」のひとつとしてユネスコ無形文化遺産への登録が正式に決定した．出典：城端町編（1959）『城端町史』城端町史編纂委員会．文化庁「城端神明宮祭の曳山行事」『文化遺産オンライン』，<http://bunka.nii.ac.jp/heritages/detail/215189>（参照 2017-7-10）．文化庁（2016）「『山・鉾・屋台行事』のユネスコ無形文化遺産登録（代表一覧表記載）について」，（2016年12月1日配信）.

6 毎年9月に城端地区で開催される祭事である．この祭事では，城端地区との交流が古くから盛んな五箇山地区に伝わる民謡「麦屋節」に合わせて笠踊りや手踊りが披露され，そうした踊りが「むぎや踊り」という名称で親しまれている．1925年，五箇山地区の青年らが城端地区で「麦屋節」を披露したことを契機として城端地区新町の若連中が「城端新声会」を結成した．城端新声会は城端地区における「麦屋節」の草分けとして活躍し，交通の要であった城端地区にて「麦屋節」の宣伝に尽力した．こうした経緯を経て，1951年に第1回城端むぎや祭が城端地区にて開催され，2016年に66回目を迎えた．

7 株式会社七越が提供する焼菓子．小麦粉を主とした生地に餡を入れて円形の型で焼いたもの．主材料や作り方，完成形をみれば，全国各地で今川焼や大判焼として親しまれる焼菓子と同一のものである．外見上の特徴として「七」というくぼみがついていることから，他の今川焼や大判焼と区別可能である．出典：株式会社七越「七越焼が作られるまで」，<http://nanakosi.com/seizou.html>（参照 2017-7-10）.

8 インターネット上の SNS 等を通じて知り合った者たちが，実際に集まって顔合わせをする会のことである．

9 『true tears』の舞台モデルと思しき実在の場所を特定した男性とは別の人物である．

10 2013年7月4日時点のコミュニティ参加メンバー数である．出典：mixi「true tears の舞台城端に行こう」，（2008年2月16日開設），<http://mixi.jp/view_community.pl?id=3078754>（参照 2013-7-4）.

11 当時京都府在住の30代男性が，mixi コミュニティ「true tears の舞台城端に行こう」にてオフ会開催の告知をした．オフ会開催の告知どおり，2009年9月19日には「2009城端むぎや祭　開催記念オフ＆飲み会」，2010年5月4・5日には「2010城端曳山祭　開催記念オフ会」，2010年9月18・19日には「2010城端むぎや祭　開催記念オフ＆飲み会」が開催された．

12 イベントには，監督の西村純二氏，脚本家の岡田麿里氏，プロデューサーの永谷敬之氏・堀川憲司氏，声優の高垣彩陽氏・名塚佳織氏・井口裕香氏等の制作スタッフが集結した．

13 『true tears』のオープニング主題歌『リフレクティア』を歌う音楽ユニットの名称である．eufonius は，『恋旅〜 True Tours Nanto 〜』の主題歌も担当している．

14 城端地区西上町の若連中が結成する団体の名称である．

15 コメントの内容は，「製作関係者に対する言及の有・無」を基準に調べた．「製作関係者に対する言及の有・無」は，次の手順で確認した．まず，コメント全5,698件のうち，『true tears』の製作関係者を表す特定の単語20件を含むコメント614件を抽出した．次に，コメント614件の内容を目視で確認して，「真実の涙をもう一度」有志会の構成員が『true tears』の製作関係者に交渉したと判断できるコメント106件を選定した．

16 「真実の涙をもう一度」有志会は，募集枠の5団体を超える申請があるなかで，「平成23年度南砺市協働のまちづくりモデル事業（市民団体枠）」に採択された．出典：南砺市（2011）「平成23年度　南砺市協働のまちづくりモデル事業　協働のまちづくり計画書　平成23年5月　団体名　『真実の涙をもう一度』有志会」，（2011年7月3日配信）.

17 2016年3月28日，株式会社ピーエーワークスは，南砺市起業家支援センターから南砺市が整備する城端ハイウェイオアシス内の企業誘致用地へと本社を移転した．

18 祝儀を出して私邸の前で庵唄を聴く城端地区の伝統習慣である．庵屋台のなかで，若連中が演奏する庵唄は，城端地区独特のものとして城端曳山祭の特色のひとつになっている．

19 南砺市が製作した『恋旅〜 True Tours Nanto 〜』は，（1）南砺市が舞台である，（2）南砺市にかかわる人々（観光客，伝統工

芸継承者，労働者）をキャラクターにした物語である，(3) 前・後各本編約5分×3話（全6話）の短編アニメーション作品である，という特徴がある．南砺市は，エリア放送型システムの導入とスマートフォン専用アプリの開発によって，『恋旅〜True Tours Nanto 〜』を南砺市限定で放送・配信した．南砺市を訪れなければ視聴できない環境を設計することで，『true tears』や『恋旅〜 True Tours Nanto 〜』への関心が高い旅行者を南砺市へ誘致した．出典：花房真理子 (2015)「53　地産地消のコンテンツツーリズム」岡本健編『コンテンツツーリズム研究　情報社会の観光行動と地域振興』福村出版，pp. 170-171.

参考文献

Freeman, L. C. (1977) "A set of measures of centrality based on betweenness", *Sociometry*, 40, (1), pp. 35-41.

軍司聖詞 (2013)「コンテンツ観光に基づく地域活性化」『地域活性研究』4, pp. 217-225.

濱野智史 (2008)『アーキテクチャの生態系　情報環境はいかに設計されてきたか』NTT 出版.

花房真理子 (2015)「地域観光とアニメ舞台めぐりが両立するアニメツーリズム推進モデルの研究——富山県南砺市の恋旅公式ツアー『南砺に恋する女子旅』を事例として」『地域活性研究』6, pp. 193-202.

池村聡 (2016)「KEY WORD『二次創作』と『著作権』にまつわるエトセトラ」『コピライト』55, (659), pp. 34-43.

片山明久 (2008)「情報社会の旅行者が文化政策に果たす役割の研究——コンテンツツーリズムを事例に」『文化政策研究』7, pp. 9-26.

片山明久 (2013)「アニメ聖地における巡礼者と地域の関係性に関する研究——富山県南砺市城端を事例として」『観光学評論』1, (2), pp. 203-226.

小林雅一 (2004)『コンテンツ消滅　音楽・ゲーム・アニメ』光文社.

国土交通省・経済産業省・文化庁 (2005)「映像等コンテンツの制作・活用による地域振興の在り方に関する調査」『国土施策創発調査』, (2005年3月配信).

レッシグ, L. (2005)「自由な文化に向けて」クリエイティブ・コモンズ・ジャパン編『クリエイティブ・コモンズ　デジタル時代の知的財産権』土屋大洋訳, NTT 出版, pp. 9-30.

一般社団法人南砺市観光協会 (2013)「恋旅キャラクター使用について」, <http://www.tabi-nanto.jp/koitabi.html>（参照 2017-6-30）.

ルーマン, N. (2007)『社会システム理論　上巻』佐藤勉監訳, 恒星社厚生閣.

升本喜郎 (2015)「コスプレの著作権問題」福井健策編『映画・ゲームビジネスの著作権（第2版）　エンタテインメントと著作権——初歩から実践まで—②』著作権情報センター, pp. 284-286.

松本和幸 (2004)「ツーリズム経済の把握について」『立教大学観光学部紀要』6, pp. 3-23.

日本経済新聞 (2017)「国・自治体が支援，専門家とタッグ，知財活用の波，地方に広がる：「聖地巡礼」, 著作権がカギ，アニメ，契約を円滑化．」, 2017年02月20日付朝刊, 17.

西口博之 (2016)「二次創作と著作権侵害」『知財ぷりずむ』14, (163), pp. 19-29.

岡本健 (2013)『n 次創作観光　アニメ聖地巡礼／コンテンツツーリズム／観光社会学の可能性』北海道冒険芸術出版.

斉藤守彦 (2007)『日本映画，崩壊　邦画バブルはこうして終わる』ダイヤモンド社.

佐竹真一 (2010)「ツーリズムと観光の定義——その語源的考察，および，初期の使用例から得られる教訓」『大阪観光大学紀要』10, pp. 89-98.

「真実の涙をもう一度」有志会 (2010)『「真実の涙をもう一度」有志会』, <http://ttjohana.web.fc2.com/index.html>（参照 2017-6-30）.

「真実の涙をもう一度」有志会 (2011)『南砺のあるきかた〜創刊準備号〜』.

「真実の涙をもう一度」有志会 (2012)『南砺のあるきかた〜城端特集〜』.

田村善之 (2014)「日本の著作権法のリフォーム論——デジタル化時代・インターネット時代の『構造的課題』の克服に向けて」『知的財産法政策学研究』44, pp. 25-140.

谷村要 (2011)「アニメ聖地巡礼者の研究 (1)——2つの欲望のベクトルに着目して」『大手前大学論集』12, pp. 187-199.

Toffler, A. (1980) *The Third Wave*, New York, William Morrow and Company.

United Nations, & World Tourism Organization, & Commission of the European Communities, & Organization for Economic Co-operation and Development (2008) *Tourism satellite account: recommended methodological framework 2008*, New York, NY: United Nations.

Wu, T. (2007) "Tolerated Use", *Columbia Journal of Law and the Arts*, 31, pp. 617-635.

山口泰弘 (2013)「地域限定アニメにおける持続的な取り組み」『地域開発』589, pp. 22-26.

山本重人 (2007)「わが国映画産業におけるプロデューサーの機能」『立命館経営学』46, (3), pp. 123-144.

山村高淑 (2009)「観光革命と21世紀——アニメ聖地巡礼型まちづくりに見るツーリズムの現代的意義と可能性」『CATS 叢書：観光学高等研究センター叢書』1, (163), pp. 3-28.

山村高淑 (2011)『アニメ・マンガで地域振興　まちのファンを生むコンテンツツーリズム開発法』東京法令出版.

[Abstract]

This research involves a case study undertaken to clarify the mechanisms by which anime tourism travelers contribute to local tourism promotion and cultural transmission through creative activities while also adhering rigorously to copyright law. The case study focuses on the "'Crying for True Tears Once More' Volunteer Association" ('*Shinjitsu no Namida wo Mō Ichido' Yūshi-kai*), a travelers' volunteering organization active in Jōhana District, Nanto City, Toyama Prefecture, which is the area upon which the television anime show *True Tears* was modeled. The analysis involved the use of materials gathered from oral surveys and participant observation during short-term and long-term stays in the district. Supplementary materials included activity records provided by the volunteering organization. The results of the analysis show that creative activities developed in three stages. In the first stage, a "two-party relationship" was constructed between travelers and copyright law holders to contribute towards local tourism promotion through "cultural" activities involving negotiations to acquire anime licenses. In the second stage, a travelers-only "one-party (solo) relationship" was constructed to contribute to regional cultural transmission through "social" activities involving local content that does not require license negotiation. In the third stage, a "three-party relationship" was constructed in which local businesspeople mediated between travelers and the copyright holders. While the local businesspeople took on the administrative procedures associated with licensing on the travelers' behalf, the volunteering organization created "socio-cultural" activities by taking on the development of anime-based products and event planning. The discovery of the third stage represents the originality of this study as it is new knowledge obtained from this analysis, conducted from the perspective of protecting the rights of copyright holders.

Keywords: Anime tourism, Tourism promotion, Cultural transmission, Derivative work, Copyright law, Permission for use, Traveler, Jōhana District, Nanto City, Toyama Prefecture

[論文] 文化と宗教の位相の変移

文化と宗教の位相の変移
―カナダ マッセイ報告書がもたらしたもの―

The Changing Relationship Between Culture and Religion:
The Impact of the Massey Report in Canada

東京大学大学院人文社会系研究科文化資源学研究専攻／東洋英和女学院 史料室　松本　郁子
Matsumoto Ikuko

[要　旨]

　本稿はカナダを事例に，資料にもとづく歴史研究を研究方法とし，今日の多文化主義政策で知られるカナダの文化政策の始点に遡り，文化政策の台頭とそれがもたらした文化と宗教との位相の変移を論じる．

　1951年提出のヴィンセント・マッセイを委員長とする「芸術・文学・科学に関する王立調査委員会報告書：Report of the Royal Commission on National Development in the Arts, Letters, and Sciences」（通称「マッセイ報告書」）は，国家支援の文化政策の必要性を訴え，ナショナル・アイデンティティをゆるぎないものにする力としての「文化」を前景化し，カナダの文化政策の原点と評されていった．

　カナダでは，国家戦略として文化政策が展開されていく以前の時代，キリスト教がカナダ社会における文化形成に果たす役割は少なくなかった．1925年に設立されプロテスタント教会の最大教派となったカナダ合同教会は，カナダの国民国家形成過程において，「national church（国民的な教会）」たることを標榜し，キリスト教を基底としたカナダ文化を涵養すべく，教派活動を展開していた．

　この論考では，お互いに「national unity」という概念を強く意識していた，マッセイ報告書の展望とカナダ合同教会の展望とを対置し，その結節点に在り文化政策の策定とメソジスト教会との両方に深い関わりを持っていたヴィンセント・マッセイの文化観の変遷をたどることで，ついにはキリスト教から自律した「文化」こそが，カナダ国民統合の力と目されていった過程を概観していく．

キーワード：文化政策と宗教，カナダの文化政策，マッセイ報告書，ナショナル・アイデンティティ，多様性，
　　　　　　国民国家形成とキリスト教，カナダ合同教会

Ⅰ．はじめに

1．文化政策研究と宗教

　本稿は文化政策研究分野における宗教的事象についての考察である．日本の文化政策研究では文化財保護，文化芸術振興，文化による社会包摂，文化政策史など多岐にわたる研究成果の蓄積がみられる一方で，宗教に関わる文化政策研究は僅少である．文化庁の「我が国の文化政策」と題された統計白書では「宗教法人制度と宗務行政」という章が設けられているように，宗務行政は文化政策の範疇にある．そうではありながらも，宗教にちなんだ文化政策研究がほとんど行われていない理由については，文化庁の宗務行政が宗教法人法の管理を主眼としていること，第二次世界大戦後の日本社会を生きるわれわれにとって，政教分離は憲法上の原則であり，国家が特定の宗教を振興することは現代の日本ではありえないという背景から（小林 2004：33），宗教組織や宗教的な事象は文化振興的側面から切り離され，文化政策研究の対象として意識されてこなかったことが考えられる．

　一方，欧米の研究に目を転じると，国際的な文化政策研究の学会である ICCPR（International

063

Conference on Cultural Policy Research) における分科会のテーマのひとつとして「Cultural policy, religion and secularism」が設定されており，文化政策と宗教と secularism（「世俗主義」「非宗教主義」などと訳される）とは，文化政策研究分野において追究されうるテーマであることがうかがえる．

　ここで留意しておきたいのは secularism という概念に，西洋近代国家がその成立時に，宗教組織を駆逐して新たな権力を掌握したという歴史的経緯[1]が透視されていることである．文化（人間観や生活信条，思想も含めたものとしての文化）についても，そこにおいて重要な役割を担ってきた宗教（組織）が近代国家の主張する「宗教から自律した文化」と拮抗していくようになった構図が secularism という言葉には含意されている．元来，cult（宗教的崇拝）と culture（文化）という言葉は，ともにラテンの colere（住む，耕す，敬い崇める）に語源を持ち，土地を耕すように，精神を耕す，教化するという概念の広がりのなかに認識されていた．これらの言葉の系譜が象徴するように，歴史的な建造物，美術品などの文化財，演劇，音楽といった芸能の多くが宗教や宗教的崇拝に由来している．しかし，のちに culture に「芸術，その他集合的に認識された人間の知的功績の現れ」といった語義が付け加わっていくように[2]，文化は「人間の」活動としての意味合いを深めていく．それゆえに近代における文化を考察する際に，secularism の問題はひとつの要点であり，ひいては文化政策の存立基盤に関わるテーマとも成りうる．本稿はそのような文化と宗教，secularism の視角をふまえながら，文化政策の立脚点について考察を試みるものである．

2. 研究課題と研究手法

　本稿ではカナダを事例に，1950年代のカナダの文化政策の始点に遡り，文化政策の台頭とそれがもたらした文化と宗教との位相の変移を論じる．カナダは英国の植民地支配の歴史的経緯から英語圏と仏語圏の住民を擁し，1867年にカナダ自治領となるが，常に「国」とは何かという問いを抱えてきたといえる．第一次世界大戦後のカナダ・ナショナリズムの高揚を経て，さらには第二次世界大戦後の隣国アメリカの脅威のもと，カナダの国民の統合について提言を行ったのが本論で取りあげるヴィンセント・マッセイを委員長とする「芸術・文学・科学に関する王立調査委員会報告書：Report of the Royal Commission on National Development in the Arts, Letters, and Sciences」（以下，通称である「マッセイ報告書」と記す）である．1951年提出のマッセイ報告書は，国家支援の文化政策の必要性を訴え，カナダのナショナル・アイデンティティをゆるぎないものにする力としての「文化」を前景化し，のちにカナダの文化政策の原点と評されていく行政文書であった．この報告書は，1960年代にフランス語圏ケベックにおいて進行した「静かな革命」に先行する．それゆえにマッセイ報告書の提案したナショナリズムの概念と，ケベック・ナショナリズムの台頭を経たのちの現在に至るカナダのナショナリズムの概念とは径庭がありながらも，マッセイ報告書は多様性[3]をはらんだ国民統合の展望を示した．

　そして，マッセイ報告書は，カナダにおける「文化」と「キリスト教」の分離を招いたとの先行研究による指摘がある．カナダでは1950年代以降に国家戦略として文化政策が展開されていくが，それ以前の時代にキリスト教教会がカナダ社会の文化形成に果たす役割は少なくなかった[4]．この論考では，お互いに「national unity」という概念を強く意識していたマッセイ報告書の展望と，キリスト教プロテスタント教会のひとつであるカナダ合同教会の展望とを対置し，その結節点に在ったヴィンセント・マッセイの文化観の変遷をたどることで，ついには「文化」こそがカナダの国民の精神性を支えるものとして位置付けられていったことを概観していく．

　本稿は資料にもとづく歴史研究をその研究方法とする．まずは，先行研究であるフィリス・エアハー

トのカナダ合同教会の研究書（Airhart 2014[5]）とともに，カレン・フィンレイのヴィンセント・マッセイについての研究書（Finlay 2004）からの引用と整理を行い，先行研究では詳述されていないマッセイ報告書，マッセイの著作の内容を分析し，先行研究による指摘の裏付け，補完を行う．さらには，マッセイ報告書以後のカナダの文化政策の伸展，カナダ合同教会の動向について簡略に述べ，報告書において萌芽がみられた「多様性」をめぐる考察をもってまとめとしていきたい．

II. 「national church（国民的な教会）」を標榜したカナダ合同教会

マッセイ報告書が提出される四半世紀前の1925年にカナダ合同教会は設立された．まずは，カナダという国の状況を把握するために，カナダ合同教会設立の前史におけるカナダのプロテスタント教会の社会的・文化的な役割について簡単に述べておきたい．1867年にカナダは英国連邦カナダ自治領となり，ばらばらだった植民地の各地域が「一つのカナダ」として意識されていくようになる．1885年以降，二つの大陸横断鉄道が完成し，東部を中心に発展していたカナダは，西部に展開する広大な国土の開拓をめざしていく．そのため東部の住民とともに，それ以上の数を超える，「The New Canadians（新しいカナダ人）」と呼ばれる欧州やアジアからの移民が開拓の担い手としてカナダに迎え入れられた（内田 1964：122-123）．そこにおいてキリスト教プロテスタント教会による国内での宣教事業[6]は，信仰の伝播と同時にキリスト教を基盤とした文明生活や文化を浸透させていく強力な推進力であった．政府のサービスが届かない地域にも果敢に宣教師たちは進出し，行政の代わりに教育・福祉・医療を請け負った．その活動は先住民や異教徒，カトリック教徒の移民たちを改宗させ，英語の使用を促し，教会を中心としたコミュニティを築き，キリスト教プロテスタントの教義に基づく生活様式の浸透を推進していった．つまり，ある時代までキリスト教会はカナダの社会や文化に密接に関わり，共同体の中核を担う存在だったといえる．

カナダのキリスト教会の分派状況については図1に示した通りである．

図1　カナダにおけるおもなキリスト教会の分派状況　　　　出所：筆者作成

複雑に分岐したプロテスタント諸教派のうち長老派は1875年に，メソジスト派は1884年に同教派内で合同し結束を高めており，同じ北米大陸のアメリカにはみられなかったプロテスタント教派間の融合の動きが，カナダでは顕著だったという（Noll 1992：281）．やがてプロテスタント諸教会は一つの大きな教会の形成と国家の統一とは併行して遂行されるべきであるという考えを抱いていくようになる（内田1964：123）．とはいえ，同じ教派内での合同ほど超教派による教会合同は簡単には実現せず，40年近い年月にわたる議論と折衝を経て1925年6月10日にカナダ合同教会が誕生する[7]．

　教会が合同した動機について内田政秀は（1）「教会活動上の実際的必要」…19世紀後半に進行する広大なカナダ西部地方への住民拡散，雪に閉ざされる冬季の環境などに対処するには，もはやプロテスタント教会は分派ごとの活動では教会運営と宣教事業を保持できなくなっていた，（2）「ナショナリズム」…従来の東部を主体としたカナダの政治的・社会的状況は大きく転換し，新しいカナダである西部を含む全カナダの国家統一体を形成することがカナダの使命として浮上し，その西部開拓地における新しいカナダ文化をつくる課題の重要部分が教会に負わされ，諸教派においてはカナダ全体のことを考える「国家的な教会[8]」をめざすことが議論されていくようになった，（3）「神学的課題」…人々の精神的な土台が，教会の分派競争によって寸断されていることへの反省が合同の機運を高めた，という三つの動機を挙げている（内田 1964：120–124）．

　こうしたカナダ固有の動機を抱え，教派を越えた合同を果たしたカナダ合同教会の成立は，キリスト教近代史上，特筆すべき出来事であったという（森本 2006：142–143）．合同の結果，カナダ国内最大規模のプロテスタント教会となったカナダ合同教会は，1931年の統計によると会員数は200万人以上を数え，信者はカナダの人口の19.44％を占めるに至った（Airhart 2014：75）[9]．そのように大きな規模をほこるプロテスタントの超教派からなる教会は，1924年7月19日裁可の An Act incorporating The United Church of Canada（＝ The United Church of Canada Act，カナダ合同教会法）においても「国民的（national）」な教会たらんことを表明し[10]，国家としてカナダが一つに結ばれるための国民の精神的な土壌を培うような，国家の規模に見合うよう合同された教会を形成していくという理想が掲げられた．

　カナダ合同教会がめざした「national church」の意味するところについて，カナダ合同教会の1926年の年鑑[11]では「カナダ合同教会というのは国民的（national）な教会であり，その national というのは，国家にコントロールされることや，国家をコントロールすることを意味するのではなく，すべての国民に対して協力的な奉仕をすることを意味する」と記されている．カナダ合同教会は，国家が国民の信奉すべき宗教と定め国が保護する，いわゆる国教会ではなかったが[12]，国民に対し協力的な奉仕を行い，カナダの国民国家形成を支え，市民社会に深くコミットしていくことを企図していく教会組織として自らを位置付けていた．

　エアハートは，カナダでの教会合同の動きについては，「宗教と政治と文化との癒着が依然として当然の前提とされており，西洋キリスト教国の歴史の末尾の段階で起こった出来事」であり，カナダ合同教会は若い国であるカナダの精神的な要請に見合う教会であることを標榜し，20世紀の時代精神に自らを適応させていったと指摘している（Airhart 2014：294）．1925年といえば，第一次世界大戦の惨禍を経たのちの時代である．カナダも第一次世界大戦に参戦し，800万人の国民人口に対し，63万人の兵士がヨーロッパに送られ，このうち1割に近い6万1000人が戦死，17万2000人が負傷するという大きな被害を受けた．この経験はカナダに大英帝国との統合強化よりも，帝国からの究極的自立を求める契機をもたらしたという（『カナダ史』1999：239）．一方，人類史上初の大量破壊兵器の使用や総力戦による甚大な被害を受けたヨーロッパ大陸では，西洋文明への警鐘，ひいてはキリスト教の人道主義への疑義が呈さ

れるようになっていった．さらにはプロテスタントのキリスト教が建国の大きな力となってきた隣国アメリカでもすでに1880年代頃からダーウィニズムなどの科学的言説が認識され，新移民によるアメリカ・プロテスタント文化の相対化が進行していた（小檜山2005：83）．そのような時代背景のもとでカナダ合同教会は設立している．エアハートが「西洋キリスト教国の歴史の末尾」の出来事と記述しているように，欧米諸国でキリスト教の社会への影響力の低下や相対化の萌芽が散見されるなかで，「若い国」カナダではカナダ・ナショナリズムが高揚し，それに沿うように「national church」を理想に掲げるカナダ合同教会が成立する．そこには「宗教と政治と文化との癒着」が可能であるような余地が依然として存在していたといえる．

　このようなカナダ合同教会と国家との在り方は，従来の日本でのカナダ史やカナダの文化研究においてあまり議論されてきていない[13]．しかしながらエアハートの研究における教会合同のインパクトとその社会的，文化的な影響力の検証からうかがえるのは，ある時代のカナダの文化について文化だけをキリスト教から分離されたものとして抽出し，論じることの限界だろう．「カナダ合同教会の理解なくして，20世紀のカナダを十分に理解することはできない」と指摘するカナダの研究者も存在するように（Flatt 2013：3），同じ北米大陸のアメリカでも生まれなかったプロテスタント教会の大規模な連合体が，国家形成期のナショナリズムの高揚に同調し，宗教と政治と文化とがプロテスタントのキリスト教を基盤に分かちがたく共存することをめざし，カナダという国，カナダ人というものを創り上げていくことを展望した（教会合同の反対派からは誇大妄想と揶揄されもした［内田1964：142］）試みとその挫折について知ることは，カナダ史，さらにはカナダの文化史研究のより深い理解につながるだろう．また，現在，カナダの国是とされている多文化主義について考える時にも，その前史としてのアングロサクソン＝プロテスタント教会であるカナダ合同教会が指向した一元的な国民統合，カナダ文化形成のビジョンを対照とすることで，多文化主義というものが，何に対しての多元主義であるのかを考察するひとつの手がかりも生まれよう．

　本稿では次に，カナダ合同教会の「national church」という構想が可能であったような「宗教と政治と文化との癒着」が依然として当然の前提とされていた時代にひとつの区切りをつけたものとして，マッセイ報告書について取りあげていく．

III．マッセイ報告書がもたらしたキリスト教と文化の分離

　エアハートはその著書である *A Church with the Soul of a Nation* の第7章，"Uncoupling Christianity and Culture in Canada"（カナダにおけるキリスト教と文化の分離）において，国家支援による文化政策を要請したこの報告書の勧告は，キリスト教がカナダの国家特性を形成するのに貢献してきた自尊心を静かに失わせ，カナダの文化はそれだけで十分にナショナル・アイデンティティの源になりうるという印象を作り出したと指摘している（Airhart 2014：208）．

　そのマッセイ報告書が提出された経緯を述べると，1949年に自由党のルイ・サンローラン首相の指名を受けてヴィンセント・マッセイを委員長とする「芸術・文学・科学に関する王立調査委員会」が招集され，カナダ独自の文化を奨励・発展させるための方法を研究することが要請される．そして，1951年にこの委員会が提出した報告書が「マッセイ報告書」である．この行政文書は，戦後さらに深刻化した隣国アメリカの経済的・文化的脅威に対して，カナダのアイデンティティの確立をめざし，国家支援による文化開発戦略を提唱したことで知られ，カナダの文化政策の原点とされている．

1. ヴィンセント・マッセイとカナダ

　その報告書に自らの主張を強く反映させていったヴィンセント・マッセイはカナダにおいて文化の問題を検討する際の重要人物であった．以下，マッセイの経歴，文化との関わりについて，おもにフィンレイの先行研究から引用していく．

　産業社会の到来とともに農耕機器の製造によって巨万の富を得たマッセイ家の一員として，ヴィンセント・マッセイは1887年にカナダのトロントに生まれる．大学卒業後は，一族が多額の寄付を行っていたキリスト教派大学機関の要職への就任，全国的な教育協議会を主導するなど，教育施策の推進に関与していく．1927年にはカナダ公使となりアメリカのワシントンに駐在し，さらに1935年には高等弁務官として英国のロンドンに駐在，第二次世界大戦後まで滞在し，1946年にカナダに帰国する．そして前述のように1949年には「芸術・文学・科学に関する王立調査委員会」委員長に就任し，1951年に「マッセイ報告書」を提出，1952年から1959年にはカナダ総督に就任する．

　桁外れの資産家であり，アメリカと英国での高級官僚としての駐在体験，英国の国王（同時にカナダ国王）の名代であるカナダ総督に初めて任命されたカナダ人であったことなどを鑑みるに，マッセイはカナダ社会における重鎮であったといえる．そしてマッセイはカナダの文化振興に対してもまた，並々ならぬ関心を寄せ，多岐にわたる芸術支援を行った．マッセイは妻アリスとともに，個人もしくはマッセイ財団を通じて教育，音楽，演劇，美術に対し多大な財的・人的支援を行っていた．全国教育審議会の運営と会長就任，カナダ全土にわたるカナダ演劇祭の開催支援・会長歴任，英国やカナダの現代絵画の収集とナショナル・アート・ギャラリーへのコレクション寄贈，マッセイ家の文化施設ハート・ハウスにおける演劇や音楽活動への資金提供・運営支援など，その芸術援助の規模ははるかに個人の嗜好を越えており，文化芸術をコミュニティやカナダのアイデンティティの源に位置付けていくことが意図されたものだった．

　戦後，欧米諸国が文化を外交上有益なものと認識し国際交流等に活用していくなかで，カナダ国内においても文化・教育・メディアといった分野への関与が官僚や政治家にとって無視できない事象になっていった．カナダの自由党の国防大臣だったブルック・クラックストンはルイ・サンローラン首相にマッセイを委員長とする文化に関する王立委員会を招集するよう働きかける（Tippett 1990：181–185）．教育界から芸術分野にわたるマッセイの経験の豊かさと，産業界や政界で得ている信頼の高さに及ぶ者はなく，文化への理解と文化事業への広い視野，政府が文化について果たすべき役割を上手に振り分けていくであろう明晰さにおいて，マッセイこそがその事業の目利きであると目されたのだろうとフィンレイは評し，王立委員会の委員長への推薦の根拠を示唆している（Finlay 2004：210）．

2. ヴィンセント・マッセイとメソジスト

　フィンレイは，マッセイがピューリタン的な[14]芸術観に嫌悪感を抱いていたことを論じており，エアハートもまたそのようなフィンレイの着眼点に注目している．以下，マッセイの文化観について，彼のキリスト教信仰との関係からみていく．

　富豪であったマッセイの一族は熱心なプロテスタント教会のメソジスト派の信者であり，19世紀後半にはマッセイの祖父ハート・マッセイによる寄付が教派の財政基盤を底上げするほどであったという．一家は教派関連大学の建築費用などに関して惜しみない寄付を与え，キリスト教の聖地や聖書などに関わる宗教的価値のある遺物を寄贈することでトロントのロイヤル・オンタリオ・ミュージアム博物館の初期コレクション形成に貢献するなど，教会の維持のための献金にとどまらず広く教育や文化活動にお

よぶ事業についても寄付や寄贈を行った（同上：27, 88）[15]．しかし，厳格なメソジストの信仰から「演劇」や「舞踊」などの文化活動には懐疑的であり，「絵画」収集に関しても道徳的なテーマのものに厳選され，「音楽」についても教会音楽に関わる合唱やオルガン曲にのみ関心が寄せられるなど，文化芸術は禁欲的な枠組みのなかでとらえられていたという（同上：88）．

　ヴィンセント・マッセイもまた，若い頃は熱心なメソジスト教徒であり，「人格」の育成を主眼とするメソジスト的なリベラルアーツ教育への関心から教育施策に専念し，キリスト教史において有名な1910年の世界宣教会議のエディンバラ大会にもメソジスト教会の代表として参加している（同上：28）[16]．当初マッセイは教養としてのリベラルアーツを評価する一方で，文化芸術を過小評価しており，個人的には文化芸術を強く愛好しつつもそれらを私的な気晴らし以外の何物とも考えていなかったという（同上：4-5）．

　しかし次第にマッセイはメソジスト派の非理知的な側面を批判し，禁欲的な芸術観から遠ざかり，厳格な父の死の直後であり，同時にカナダ合同教会設立の翌年でもあった1926年にメソジスト派からカナダの英国国教会に改宗する[17]．英国国教会はカナダ合同教会の合同に同道しなかった教派であり，ヴィンセント・マッセイは先祖たちが眠るメソジスト派の墓地にも一緒に埋葬されなかったという（同上：27）．1925年に設立したカナダ合同教会が「national church」をめざし意気高揚していたその同時期に，ヴィンセント・マッセイは自らの出自に濃厚な影響を与え，カナダ合同教会に統合されていったメソジスト派から離れていったことになる．以後，ヴィンセント・マッセイは厳格なメソジストのピューリタン的芸術観のくびきから解き放たれ，私的な気晴らしとして抑圧してきた文化芸術をより広い領域へ適用すべく，活動を展開していく．

3. マッセイ報告書に至るまでの多彩な人的交流と文化体験

　次に，マッセイ報告書に結実していくまでの，その後のマッセイの文化観の変遷について述べる．フィンレイの分析によれば，1920年代まで文化芸術はマッセイにとってアマチュア的なものであり，副次的なものに過ぎなかったという．しかし，1920年代後半以降，マッセイのなかではカナダ・ナショナリズムへの傾倒が深まっていき[18]，文化芸術を通じてカナダのアイデンティティを確立するという方向性が生じていく．1920年代から1930年代初頭にかけてマッセイは，全国レベルでの文化振興を射程とした事業に精力的に参与し，文化芸術支援のための枠組みの構築を推進する．

　この時期マッセイは，カナダの国民的な画家集団となっていくグループ・オブ・セブン（The Group of Seven）のローレン・ハリスとの親交を深め，カナダの各地域やさまざまな人種[19]から生み出されるカナダの「多様性」を創造の活力源とし，同時にその「多様性」をカナダ人，カナダという国の独立性の力とみなしたハリスの考えに大きく影響されていったという（同上：117-127）．グループ・オブ・セブンがもたらしたカナダ絵画の革新は，個人の芸術鑑賞の領域にとどまらず，広く芸術とナショナリティとの関係におよぶ大きな問題に関わっていることが重要であるとマッセイは認識していた（Massey 1948：34）．マッセイは画家たちのパトロンとなりその活動を支え，並行してナショナル・ギャラリーの理事となり，カナダ演劇フェスティバルの初代会長に就任するなど，国全域にわたるレベルでの文化芸術を振興していく活動を加速させていった．マッセイのなかで，文化芸術はもはや私的な趣味の問題ではなく，ナショナル・アイデンティティに益することができるものとして格上げされていく．

　さらに文化芸術とナショナリティとの結びつきを意識することに拍車をかけたのは，1935年から1946年までのマッセイの英国駐在時の体験であった．マッセイは戦時下にありながらも芸術支援を継

続させた英国の国家支援型の文化の在り方を高く評価し，カナダへの援用を構想していくようになる．ファシズムの反英的言説に対抗したブリティッシュ・カウンシルの創設や CEMA（Council for the Encouragement of Music and the Arts），ENSA（Entertainment National Service Association）の活動を目の当たりにしたことは，マッセイの文化観に決定的な変革をもたらしたという．ロンドンにいる間も，マッセイは熱心に英国の現代美術作家たちの作品を収集し（のちにカナダのナショナル・ギャラリーへ寄贈），英国のナショナル・ギャラリーの理事，理事長に就任（カナダ人では初就任），ナショナル・ギャラリーとテイト・ギャラリー，ヴィクトリア・アンド・アルバートミュージアムの3館の重複した業務の整理を促す委員会の委員長に任命されるなど，国のコレクション管理の現場に立ち会うことで，国家形成に美術館・博物館が果たす役割の重要性を実地で見聞していく．

　そして1946年にカナダに帰国したマッセイは，第二次世界大戦後，さらなる脅威として迫って来た隣国アメリカからの経済的・文化的圧迫に対し，戦時中の英国の体験をカナダの人々に伝え，文化と国家の結びつきの重要性を説き，カナダの各地を巡回し講演を行っていく．さらに1948年には *On Being Canadian* を出版し，カナダのナショナリティや国の統合，多様性が生み出すメリット，芸術の役割，国立文化施設の必要性，国際文化交流，英国と隣国アメリカのこと，カナダの自己評価などについて綴った．

　また，同年にはカナダのナショナル・ギャラリーの理事長に就任し，そこを政府支援の文化を実現するための熟議の拠点とすることで，カナダの文化政策始動へ向けての下地を固めていく（Finlay 2004：163, 179–182, 203–205）．その後，満を持して提出されたのがマッセイ報告書であった．

4．マッセイ報告書

　カナダの文化政策の原点と評された，マッセイ報告書（Massey Report 1951）の概要は以下の通りである．委員会メンバーはヴィンセント・マッセイ（委員会結成当時はトロント大学長），アーサー・サヴェーア（モントリオールの公共土木技師）／ノルマン・マッケンジー（ブリティッシュ・コロンビア大学総長）／ジョルジュ＝アンリ・レヴェック大司祭（ケベック　ラバル大学社会科学学科学部長）／ヒルダ・ニートビー（サスカチュワン大学歴史学教授，部科長代行）で構成されていた．報告書は500ページ以上にわたり，第一部は報告書の使命，カナダの地理的な優位性についての解説に始まり，マスメディア（ラジオやテレビ，国営放送，映画，刊行物など），ボランティア組織と国立文化施設，大学をはじめとする人文科学の領域，（音楽・演劇・バレエ・絵画・彫刻・建築と都市計画・文学・出版・民間伝承・手工芸・先住民芸術におよぶ）芸術家や作家，ユネスコ，海外でのカナダの文化プロジェクトなどが取りあげられ，文化全般にわたる調査と報告で構成されている．第二部は委員会からの146の勧告に加え，ラジオ・テレビ放送，国立映画委員会，連邦政府による文化施設（国立美術館，国立博物館，国立図書館構想，公文書館，史跡と歴史的建造物），大学への助成，国庫奨学金，連邦政府下の科学研究，海外広報，文化芸術のための審議会への提言などで構成されている．

　委員会報告作成のためには，各種団体（三大宗教団体[20]，労働組合，商工会議所，大学，農業団体，婦人協会，種々雑多の全国組織）や多くのカナダ国民一般からの提言をもとにした審議が行われ，全国各地域で17回パブリック・セッションも実施されるなど，意見交換の機会が設けられた．特別委員会も招集され，学識者委員会，図書館と公文書，博物館，史跡と歴史的建造物に関する特別委員会が設置された．さらには各テーマに沿った特別研究，政府機関や政府団体からの情報提供をもとに委員会は審議を推進した．

　報告書の概略としては，第二次世界大戦後に深まったアメリカの経済的・文化的帝国主義の脅威が強

調され，軍事的防衛と同様に文化的な防衛もカナダには重要であり，この二つは分離できないとの指摘，カナダの人種・宗教・言語・地理における複層性と多様性こそがカナダを国家として一つのものとしてかたちづけるとした主張，文化芸術の振興，国家支援の文化政策の推奨，アームズレングスという言葉こそ出てこないものの国家は芸術を支援するが支配はしないという原則などについて言及があり，検討がなされている．

そして何よりもこの報告書を特徴づけているのは，全体にわたって「national」と形容された単語が列挙されていることである．　たとえば「national interest」「national feeling」「national welfare」といった言葉が登場するが，文化による「national unity（国民的な統合）」が最大の眼目として据えられ，この言葉が多用されている．さらにはアメリカの脅威を物質主義の脅威と重ね，物質的な資源だけでなく，精神的な資源（spiritual resources）の必要性を訴えていることにもその特徴がある．

このような概要のマッセイ報告書であるが，エアハートの先行研究の指摘に立ち返ってみると，はたしてそれは「文化」と「キリスト教」の分離を促すような内容になっていたのだろうか．カナダ合同教会は1949年11月16日に教会内の「文化委員会」が作成した提言をマッセイ委員会に提出している．合同教会は第二次世界大戦後，キリスト教のキャンペーンや礼拝集会，ラジオ放送や多くの出版物に喚起されて教会会員数も上昇し全盛期を迎えていたが，教会の総会事務局は大きな変化を見せつつある戦後のカナダの文化状況を鑑み，現代文化の研究を宣教社会事業部局に委嘱し，1947年に「文化委員会」が結成されていた．この委員会の調査結果は『教会と世俗世界（*The Church and the Secular World*）』という報告書にまとめられ，マッセイ委員会に提出され，教会会員内でも共有された．文化委員会の調査に盛り込むように要請された要素は

a)　現代文化の起源と発展の調査
b)　文化とキリスト教との今日における緊張関係の要点
c)　現代人の習慣，慣習，思考とキリスト教信仰を結びつけるうえでの問題点
d)　ラジオ，映画，テレビ放送，出版などの表現の様式を含む文化を，キリスト教のパターンに変容していく技術
e)　悪とされる要素から文化を救済するための教会の役割

となっていた．完成した報告書の第1章では「西洋文化の起源と発展」が概説され，第2章では「現代文化の調査」と題して，自然科学，現代人の心理学的問題，教育，地方の生活と教会，都市のコミュニティ，カナダの経済的発展，カナダの家庭生活，現代文化における道徳と宗教，出版・ラジオ・テレビ・映画などのメディアによるコミュニケーション，文学・演劇・音楽・美術における文化表現といった視点から現代文化の特徴が挙げられ，世俗世界の文化の新しい側面が紹介されている．第3章では「キリスト教と文化」と題して，教会が評するところの現代の「文化の危機（人間の自己中心化・自己神格化，人間の非人格化）」についてキリスト教的解釈が述べられ，最後には「キリスト教信仰の社会的価値」について，キリスト教信仰を現代の世俗世界の文化的問題のなかにいかに根付かせていくかの提言で締めくくられている．

1949年の合同教会の広報誌の記事では，マッセイ委員会によって教会からの提言が無事受理された報告とその提言の主要なポイントが列挙され，教会の提言は法制化されることはないかもしれないが，教会が社会悪を攻撃するだけでなく，さまざまな社会的文化的生活について研究し現代社会において創造的な活力となって機能することに意欲的であることをマッセイ委員会に伝えられただろうと推察している[21]．

こういったキリスト教会側の提言に対し，マッセイ報告書はどのような見解を示したのだろうか．以下ではエアハートの著作では詳述されていない，マッセイ報告書におけるキリスト教への言及，キリスト教団体や宗教との関わりについてみていく．

マッセイ報告書の調査にあたり，前述したようにカナダの「三大宗教団体」の提言は，ほかの文化関係団体と同様に重視されている．また，報告書の第一部で検討されているカナダにおけるボランティア組織についての報告では，ボランティア団体というものが民主主義，カナダの近代の歴史において大きな役割を果たしてきたことが説かれ，そのようなボランティア組織の代表として宗教団体や政治クラブが挙げられている（Massey Report 1951：66）．同じ項では，カナダのボランティア組織を代表する三大宗教コミュニティが，マッセイ委員会が取り扱う文化の問題に対し世論を形成していく責任感を担っていることを歓迎する記述もみられる（同上：77）．

そしてカナダ合同教会については，放送に関する報告箇所にその名前が登場する．国営放送が存在しないならばアメリカのシステムやアメリカ制作の番組のコピーばかりを持つことになってしまうとのカナダの労働協議会の発言に賛同した多くの団体や個人のなかにカナダ合同教会も含まれていること（同上：28），またラジオ放送に関しては国営放送のいくつかの宗教番組の良質性について合同教会は称賛し，それらの放送の改善と聖書朗読のラジオ番組設置を提案したことが記載されている（同上：31）．エアハートはカナダ合同教会が早くから放送による布教活動の賛同者であり，カナダ国営放送の宗教番組に放送素材を提供していたことを指摘し，マッセイ委員会は大衆娯楽を"異教的なもの"（もしくは少なくとも悪しきアメリカ的なもの）といった調子でいつも嫌悪しているという側面において，カナダ合同教会を有用な同盟者とみなしていただろうと推察している（Airhart 2014：207）．

しかし，プロテスタント教会であるカナダ合同教会の立場は三大宗教団体のうちのひとつとされ，むしろ委員会の委員にはケベックの大司祭が指名されているなど，カナダ合同教会はプロテスタント教派最大の教会でありながら委員会の中枢に合同教会のメンバーはいなかった．「すべての人種，宗教，言語，地域性の複層性と多様性を通じてカナダを一つの国として成り立たせ，それによってのみカナダが一つであり続けられるような力が形成されようとしている」（Massey Report 1951：4）といった報告書の記述からは，むしろプロテスタントとカトリックがカナダで併存していることこそが是とされていたと考えてよいだろう．

さらにはキリスト教会の文化形成における中心性はすでに過去のものになっていることを示唆するような箇所も散見される．たとえば，マスメディア登場以前のカナダの文化状況について，

> ラジオ・テレビ放送，映画などのマスメディアの問題を検討する前に，カナダの国民の半分は1923年より以前に生まれ，これらの高齢者層のほとんどは彼らの人格形成期をラジオもなく，映画鑑賞が国民に浸透した習慣であるというよりはむしろ特別な興味を持つ人のものであり，結果としてほとんどの共同体の文化的な生活が教会や学校，地域の図書館，地方紙に集約されているような社会で過ごしていたことを指摘しておくのは意義のあることだろう（下線筆者）（同上：19）

といった記述がみられる．さらに，当時30代かそれ以上のカナダ人のほとんどは，彼らが若かりし頃に触れた音楽の多くが教会によってもたらされ，教会の聖職者の書棚がコミュニティの唯一の図書館であり，それらの人々の演劇体験が教会での毎年の聖劇であったような文化状況に生きていたことを指摘している箇所もある（同上：19）．

また，国際的な文化交流についての勧告に関する箇所でも，

> それ〔文化交流〕との連想から通常は考えられてこなかったが，*カナダからの宣教師は2世代以上に*
> *わたって外国の宣教地において，最も効果的なやり方を通じて，カナダに関する知見を広めてきた*
> ——それは彼らの直接の目的〔宣教〕に対しては副次的な結果だったが．（括弧内・下線筆者）（同
> 上：254）

など，キリスト教会が派遣した宣教師が過去において国際文化交流に果たしてきた役割を論じる箇所も
みられる．この記述が，マッセイによって執筆されたのか否かは定かではないが，マッセイは世界宣教会
議の世界大会に教会の代表として参加していた人物であり，キリスト教会の宣教事業の国際的な意義や
規模，その文化的な波及効果や歴史的役割について熟知していた．しかし報告書がすでにそれらを過去
のものとしてとらえていたことに呼応するように，その後実際に，マスメディア（印刷物・映画・ラジ
オ，マッセイ報告書が爆発的な普及を予見していたテレビなど）の発達による国際情報の充実，ビジネス
や旅行・留学などの海外渡航などを通じた国際的な文化交流の機会の多様化と拡大，プライベートセク
ターのボランティア団体ではカバーできなかった規模での政府の国際間援助が進んだことなどによって
キリスト教会の宣教事業が有していた特権は薄れていった．

　以上をまとめると，マッセイ報告書は文化的なアクターとしての教会団体の存在を認めつつも，カナ
ダの国民を統合していく力の中心に，キリスト教の信仰心を基盤としたプライベートセクターである教
会組織をもはや据えてはいなかった．大戦後の世界のなかで変動の大波に耐えうるためには，カナダに
とって「文化」の防衛力こそが必須であり，その「文化」には国家的な規模での支援が不可欠であるとマッ
セイ報告書は訴えた．

　さらに重要な点は，報告書で頻出する精神的な資源（spiritual resources）といった主張についてであ
る．「精神性」についての言及は，マッセイの1948年の著作のなかでも再三繰り返されている．たとえば

> 今日，どのような国家も心的な事象に属する分野についての責任から逃れえない．われわれがあま
> りにもよく知りすぎることになった全体主義国家の政府もこの領域を無視していない．彼ら全体主
> 義者の戦略は，民主主義者もこの点につい注意深く絶えず精進しなければならないという論拠を強
> 化したといえる（Massey 1948：47-48）

といった記述も見受けられる．戦時中のたとえばナチス・ドイツの国家主義を鼓舞する文化政策に対し
英国が行った「精神戦」ともいうべき文化政策の展開をカナダに援用しようとしたマッセイの戦略の核
心には，カナダの国民の精神的な資源を司る役目を一身に担おうと試みていたカナダ合同教会のごとき
キリスト教は存在しなかった．カナダの人々の精神性を担い国民的な統合を実現していくのは「文化」
の力であることをこの報告書は広く国民に印象付けたといえる．

IV．マッセイ報告書以後　「多様性」をめぐって

　1951年のマッセイ報告書の勧告によって，その後カナダでは連邦規模での文化政策が遂行されてい
くための足がかりとなるような機関が誕生していく．たとえば，1953年には国立図書館（現 カナダ国立
図書館・文書館）が設立される．それ以前にも議会図書館や各大学図書館は存在していたものの，中心

性を欠き，自国カナダに関する資料，十分な配架スペースや防災装置を完備した施設，運用資金，専門性の高いスタッフ等が不足していることを報告書は指摘し，カナダに関する情報を網羅し集約していく中央機関としての国立図書館の必要性を訴えた（Massey Report 1951：101–110, 327–334）．さらに報告書は，英国のアーツ・カウンシルやブリティッシュ・カウンシルを参照しつつ，カナダにおいては教育・文化省を設置するのではなく，文化活動を行うボランティア団体と政府を中間的につなぎ，加えて国際的な文化交流，ユネスコとの連携も並行して担っていくような芸術評議会の設置を提言し（同上：370–382），これも1957年のカナダ・カウンシル創設へとつながっていった[22]．

　しかし，カナダの国民統合をめざした報告書のナショナル・アイデンティティの主張が，ケベックではケベックの特権への攻撃として受け取られ，ケベック州首相モーリス・デュプレシは，マッセイ報告書をカナダの二重のナショナリティへの挑戦として受けとめていく．エアハートは，マッセイの「national unity」のモデルはキリスト教文化に対してだけでなく，ケベックの自治要請とも衝突する道筋を辿ったと指摘している（Airhart 2014：209）．その後，複数化していく「nation」をめぐる議論がカナダでは展開されていく[23]．

　さらにカナダでは[24]，1960年にジョン・ディーフェンベーカー首相が「カナダ権利の章典」を制定し，人種，民族的出自，肌の色，宗教，性などを理由にした差別の禁止（ただし連邦政府内でのみ適用）を提唱するが，1960年代にはケベックの近代化とともに文化の多元化が焦点となっていくケベックでの「静かな革命」が進行していく．そのなかで，1963年にレスター・ピアソン首相によってローランドー＝ダントン委員会（「二言語・二文化に関する王立委員会」）が設置され，フランス語圏の国民の問題がクローズアップされていく[25]．1969年の公用語法では英語とフランス語の二公用語主義が導入されるが，これがむしろ英仏系以外の国民の不満を招くことになり，1971年ピエール・トルドー首相は多文化主義宣言を行い，1982年には「1982年憲法」が公布され，「権利と自由の章典」も発効され，先住民の人権保障や信教・良心の自由が盛り込まれていく．1988年には多文化主義法が制定され，2005年のユネスコの「文化多様性条約」締結に際しては，各国へのカナダによる働きかけが大きな影響を与えたことが指摘される[26]など，多文化主義政策の展開においてカナダは，現在に至るまで耳目を集めている．

　カナダの文化政策を特徴づける多元主義への取り組みであるが，すでにその萌芽はマッセイ報告書のなかにあったと考えてよいだろう．「多様性（diversity）」の問題は，マッセイ個人においてもすでに1920年代から意識されているテーマであった[27]．フィンレイはマッセイの多様性の概念について，ジェンダーや先住民に関しての限界を指摘しながらも，ケベックも含めたカナダの地域特性，人種，宗教の多様性に目を向けていたマッセイの視点について，その著書のなかで再三言及している．

　フィンレイによって引用されているマッセイの1926年のaddress（演説記録）では，カナダが二言語の国であり，異なる人種，宗教（プロテスタントとローマ・カトリック），社会文化（social　culture）を持つカナダの多様性こそが，アメリカによる画一化や標準化という危機に対抗し得るカナダの共通財産であると語られている（Finlay 2004：65）．

　多様性を包含したところの「一つとなったカナダ」という「national unity」の理念は時代的な制約をはらみ，その後ケベックの反発を招き，さらなる多文化主義の議論への問題提起の契機となりつつも，地域的，人種的，宗教的な多様性をも許容していく文化という領域に光を当て，「national unity」という理念を具現化する文化政策を推進していったマッセイの画期を生み出した業績は特筆されるものだろう．

　一方，「national church」という理念を掲げ，プロテスタントのキリスト教を宣教していったカナダ合同教会は第二次世界大戦を経た戦後，全盛期を迎える．マッセイ委員会への教会側からの提言はそのよ

うな時代に提示された．しかし，マッセイ報告書の示した国民の統合のモデルは，合同教会が指向した
カナダ社会・文化のキリスト教プロテスタント教会による一元的な統合とは相反する，宗教も含めた多
元性を標榜するものだった．続く1960年代にカナダ合同教会は，激変する社会状況に応じるため教会改
革を断行し，創設以来の理念を大きく転換し，大胆な組織改革や教派活動の根底に関わる宣教方針の再
考を推進していく．カナダへの移民の急激な増加による社会構成員の変化，消費社会の浸透，教会活動
の担い手であった女性の社会進出などさまざまな外的要因も重なり，カナダ合同教会はその社会への影
響力を急速に失っていく．多文化主義を指向するカナダ社会のなかで，キリスト教的な一元性を排し，い
かに自らの存在価値を表出していくのか．カナダ合同教会は現在に至るまで過剰とも一部には評される
リベラル路線[28]を展開しつつ，世俗の「文化」との共存をめぐって模索を続けている．

V. 結論

　1925年設立のカナダ合同教会は，カナダの国民国家形成過程において，国民的（national）な，ひいて
は国の精神性を担うような組織であることを標榜し，広大な国土に広がる移民を含んだ「新しいカナダ
人」のなかにキリスト教を基底としたカナダ文化を涵養すべく，教派活動を展開していた．その理想であ
る「national church（国民的な教会）」という概念は，西洋キリスト教国の歴史の末尾の段階において，キ
リスト教が社会において依然活力を持ち，政教関係もある部分厳格でないカナダという国[29]だからこそ
可能だった，キリスト教と政治と文化とが分かちがたく共存していた時代のうちに夢想されえた．
　そのようなカナダのプロテスタント教会の在り方を，メソジスト信仰の篤い一家の出身ゆえに体感し
ていたヴィンセント・マッセイであったが，彼の文化観が如実に反映された1951年のマッセイ報告書に
おいては，「national unity」を推進し，カナダ国民の精神的な資源として意識されるべきものは「文化」の
力であった．そこにおける「文化」というものは，過去において支配的だったキリスト教的な文脈から自
律し，カナダのナショナル・アイデンティティ形成に益するものとして存在するものだった．マッセイ
は第二次世界大戦下の英国滞在の経験を経て，全体主義やアメリカによる文化帝国主義の脅威に対し，
カナダにおける国家支援の文化政策の必要性を訴えていく．さらにマッセイはカナダを特徴づけるのは
地理的，人種的な「多様性」であると主張し，そこには宗教的な多様性（プロテスタント教会とローマ・
カトリック教会の併存）も含まれていった．
　マッセイ報告書は結果として，カナダ合同教会がめざしたプロテスタントのキリスト教による一元的
なカナダ文化・国民精神形成という方向性を排し，その存在を否定することはなかったものの，宗教組
織の存在を非中心化し，多様性のうちに布置していったといえる．マッセイ報告書が打ち出した新たな
「文化」の在り方は，かつては「宗教」のもとにあった「文化」が，自律した「文化」として分化されうるこ
とを示す大きな転換をもたらした．
　「文化」の自律を可能にした背景として，以下のことを押さえておくべきだろう．19世紀のヨーロッパ
において市民社会が成立し，ブルジョワジー（産業資本家層）が台頭したことによって文化経済に大き
な変化がもたらされ，ブルジョワジーを顧客とした文化的市場が成立したことはつとに指摘されてい
る．王侯貴族や教会などとの関係から文化経済が成り立っていた時代からの移行がみられたわけである
（河島 2001：26–31）．カナダにおいても産業社会の到来によってマッセイ一族のように巨万の富を得た
ブルジョワジーが出現し，文化的市場を形成し，世俗的であることが可能な（宗教的な権威から自由であ
ることが可能な）経済領域が獲得されていった．
　さらにマスメディアの発達がもたらした新たな公共空間の出現も重要な背景である．チャールズ・テ

イラーは西洋近代をかたちづくる社会形式のひとつとして「公共圏」を挙げ，それを「印刷メディアや電子メディア，さらにはじかに面会する形態もふくむ多種多様なメディアをつうじて，社会の成員が互いに出会うことが想定されている，一つの共同空間のことをいう」と定義している．さらには「公共圏」の出現によって「王や宗教的な集会といったものを中心に置いて社会をとらえるのではなく，むしろ特定の立場に固定されないような観察者がもつような，横に拡がる水平的な観点」を可能にする「直接アクセス型の社会」の到来がもたらされたとも指摘している（テイラー 2011：119, 227）．これを敷衍するならば，前述のマッセイ報告書のマスメディアの問題を検討する章の記述にあるように，当時のカナダの国民の半分を占める高齢者層は共同体の文化的な生活が教会や学校，地域の図書館，地方紙に集約されているような社会で過ごしていたとの指摘に合致がみられるだろう．そのような前時代の，教会などの権威に媒介されたアクセスにもとづく「垂直的」な社会からの脱却がマッセイ報告書提出時の時代に浸透しつつあった．社会と文化の機制をマスメディアが変容させていくことを報告書は予見し，それは新たな共同空間におけるコミュニケーションについて検討を重ねるものとなった．

　また，テイラーは「美的なものというカテゴリーでとらえられた新しい芸術観念」の誕生について，たとえば18世紀のヨーロッパにおける音楽を例に，音楽が公的・礼拝的な機能から分離し，「主観化の進展」——すなわちわれわれがどう反応するかによって定義されるような審美的な享受の対象である芸術として拡充されていったことを指摘している（同上：153）．本稿でみてきたような宗教的価値観から分離されていくマッセイ個人の芸術観の変遷もまた，このような帰趨をなぞらえたものとしてとらえられるだろう．

　上記のような社会的背景のもとに，「文化」「文化芸術」は自律し，ひいては近代的な「文化政策」が生じ得る領域が用意された．「文化」はもはや「宗教」にもとづく必然性はなくなっていく．テイラーは「近代とは世俗的である」と断言し，「ここでいう世俗的という言葉は，（中略）宗教の不在ということを意味しているのではなく，むしろ宗教がかつてとは異なる独特の位置を占めているという事実を意味している」とし，西洋近代の誕生をもたらした大きな転換の基底に世俗化を据えている（同上：282）．

　マッセイ報告書以後に展開される国家主導のカナダの文化政策は，資本や組織力においてプライベートセクターである教会組織を上回り，教会が過去において担ってきた文化的な役割を駆逐し，縮小していくことになる．カナダのナショナル・アイデンティティを強化し，カナダ国民の統合の力と目されていくようになっていったのは，政府支援によって真に「national」な規模と内実が加味されていく「文化」であった．

　また，マッセイ報告書が提唱した「多様性」は時代的な制約をはらみ，さらなる「多様性」についての議論を巻き起こすきっかけを生み出すことにはなっていくが，その後のカナダの多文化主義政策の展開は，70年近く前のマッセイ報告書における多様性の重視の延長線上にあるといえる．カナダ合同教会もまた，創設時の「national church」の描いた一元的キリスト教世界の理想を排し，文化多様性を国是としていくカナダ社会のなかでリベラルな教会の在り方を模索している．

VI. おわりに

　昨今，トランプ大統領政権下の隣国アメリカ[30]との対比から，多文化主義を堅持し寛容であることに挑戦しつづけるカナダの政策が注目されている．しかし，寛容であること，特に宗教的に寛容であることは決してたやすいことではない．マッセイは報告書に先行する自らの著作 *On Being Canadian* において，カナダにおける英語圏とフランス語圏住民間の宗教的な寛容の伝統について語っているが（Massey

1948：23-25)，それは裏を返せば，世界史における熾烈を極めた宗教戦争の歴史，カナダにおいてもローマ・カトリックとプロテスタントとの鋭い対立構造があるからこそその寛容の希求にほかならない．

　そして，カナダ合同教会も1960年代以降，創設以来の理念を抜本的に改革し，組織改革を敢行し，カナダ社会の多文化主義に併行するようにカトリック教会のみならず他宗教をも容認していくような新たな宣教方針を提唱し，従来の宗教的な禁忌に対してもリベラルな方針を推進していくが，近年教勢の急激な衰退に直面している．

　本稿はカナダの文化政策の始点に遡り，カナダ合同教会を事例に挙げ，社会的影響の強かったキリスト教会が「文化」という概念の前景化によって相対化され，やがては多元性への寛容を受け入れていくことになる契機を探った．人間の精神に大きな影響力を持ち，時には一元性を主張し，不寛容に陥る可能性も危惧される「宗教」という事象であるからこそ，近代立憲主義にもとづく政治や文化における多元性を担保するには，宗教的な影響の制限や統御が要請されていく．多文化主義を考察する際に，宗教がひとつの重要なファクターであるのはそのためである．本稿では論述しきれないが，多文化主義と宗教の問題についてはさらなる考察が必要であろう．

　最後に，本稿はカナダを事例としているが，日本文化政策学会の2016年度の第9回研究大会特別シンポジウムでは，宗教学の島薗進によって政教分離が自明であるはずの日本において，政教関係が問われるべき問題が指摘された[31]．欧米キリスト教国のみならず日本も含めた近代立憲主義を掲げる国における政教関係を今一度検証し，民主主義社会が指向するところのリベラルな多元性について再考することは，今日的な課題である．文化政策研究においても，広く多様性の問題が問われているのであれば，そこにおける「文化」と「宗教」の関係について考察することもまた，本研究分野の深化につながるだろう．

注

1　たとえばフランスでは，フランス革命以来，カトリック教会勢力と共和国政府が国家統合をめぐる対立の歴史を繰り広げた．教会が支配的な力を及ぼしていた婚姻，戸籍，教育制度等においていかに宗教的な中立性を確立し，カトリック教会に限らない複数の宗教間の平等と宗教の自由を実現していくのかという，いわゆるライシテ（国教を立てることを禁じ，いっさいの既成宗教から独立した国家により，複数の宗教間の平等ならびに宗教の自由，すなわち個人の良心の自由と集団の礼拝の自由を保障する，宗教共存の原理，またその制度）確立への模索により，フランスでは特定の宗教から独立した国家による法や社会制度の中立性が保障され，近代国家的な枠組みが獲得されてきたとされる（ボベロ2009：9）．

2　語源・語義については Oxford Dictionary of English（2005）を参照．

3　本稿ではマッセイ報告書やヴィンセント・マッセイが言及していたところの「diversity」を「多様性」と訳し，たとえばカナダの文化政策にみられる「multiculturalism」は「多文化主義」とした．また，「多様性」に対し，より高次な抽象概念として「多元性」「多元主義」の表現を用いた．

4　ここでは「キリスト教」と一括りにしているが，プロテスタント教会と併せてのローマ・カトリック教会の存在についても，カナダの宗教を考察する際には看過できない．マーク・ノルが隣国アメリカとカナダとの最大の違いを「カナダは一つのキリスト教国というよりはむしろ，カトリックとプロテスタントとのふたつのキリスト教国である」と記しているように（Noll 1992：284），英国による植民地政策の結果から，カトリック勢力が広くケベック地方に残存したことはカナダの大きな特徴である．しかし，本稿では先行研究も多いケベックについては取りあげず，むしろカナダ文化についてアングロ・コンフォーミズム（英国優先主義）がしばしば言及されるなかで，アングロサクソン社会の精神的基底をなしていたであろうにもかかわらず日本のカナダ研究では十分に着目されてこなかった，カナダのプロテスタント教会と文化との関わりについて検討していく．

5　この研究書はカナダ合同教会推奨図書，2015年カナダ人文科学賞，2016年カナダ宗教研究協会の書籍賞を受賞している．

6　内田によればカナダでキリスト教の国内宣教を行ったのはプロテスタント教会だけではなかったが，ローマ・カトリック教会やカナダの英国国教会が西部の宣教事業において自己の文化類型に同化させて新しいカナダ類型としようとしたが成功しなかったと指摘している（内田1964：122,142）．

7　すでに1886年からプロテスタント諸派は教会合同に向けた委員会を結成したものの，教会財産の問題とともに一番には教義的な伝統の融合をめぐって，教会合同問題はアングロサクソン社会に大きな論争を巻き起こした．第一次世界大戦の勃発もあり，その足取りは遅々としていたが，1924年には「カナダ合同教会法案」が連邦議会を通過し，カナダのキリスト教プロ

テスタント教会諸派（おもに会衆派，メソジスト派，長老派のうち分裂した半数）は1925年にカナダ合同教会として超教派の合同を実現する（Airhart 2014：4-64）.

8　内田の論文（1964）では「国家的な教会」との記述があるが，それに対応する原語が「national church」であるのか同論文では確認できなかった．「national」という言葉も「国家的な」「国全体の」「国を代表する」など訳出が難しい語であるが，本稿では「national church」を「国民的な教会」と訳した.

9　ちなみに同年1931年のカナダの教派別国勢調査をみると，キリスト教徒のうちローマ・カトリック教会の信者は41.2％，カナダの英国国教会の信者は15.7％であるが，カトリック信者を構成する仏系住民・移民に対し，英系支配層の力が強力であったカナダの社会的，政治的背景を勘案すると，1925年以後一気にプロテスタントの多数派に浮上したカナダ合同教会の社会的存在感は小さくはなかったと推察される.
　Canada. Dominion Bureau of Statistics 'Population of Canada, 1931, by religious denominations'.
〈https://archive.org/details/1931981931b211932engfra〉（参照2017-4-14）.

10　カナダ合同教会法に付帯した合同の原則である「The Basis of Union」には，「合同教会の組織は合同の精神を強化するものであり，カナダに関する限り，この合同の意志というものが然るべき時に国民的（national）と形容されるのにふさわしくなった教会において具現化されていくであろうという望みとともにある」との条文が付されている.

11　"Board of Home Missions and Social Service", *The United Church of Canada Year Book 1926*, p. 330.

12　カナダは自治領になる以前，一部の地方で英国国教会が税収を得たり，議会のメンバーに必ず聖職者が就任するなど特定の宗派が公的に優遇されてきたが，他教派からの反対により廃止された経緯がある（加藤2013：13-20）.

13　日本のカナダ研究ではあまり言及されないカナダ合同教会の存在であるが，たとえば『カナダ史』（1999）では，1920年代のカナダ社会へのアメリカ文化の流入傾向に対する重要な出来事としてカナダ合同教会の誕生が取りあげられており，「メソディスト，長老派，組合派教会が合同して，カナダ人の世俗化と教会離れを防ぎ，また社会改革運動の熱気を取り込もうとしたのである．旧セクトの信者すべてが賛成したわけではなかったし，長老派教会の動機はスコットランド系による教会支配の確保にあったとされる．合同教会の指導者は，禁酒，安息日厳守，賭博禁止などで政府に圧力を加えようとしたが，大きな成果を上げるにはいたらなかった」（264頁）といった記述がみられる.

14　フィンレイによるとマッセイはメソジスト主義とピューリタン主義を同一視していたという（Finlay 2004：27）．ピューリタン主義（清教主義）について本稿では詳しく述べないが，メソジスト的な生活信条については以下の来日カナダ人メソジスト教会宣教師の生活・文化の特色に関する記述が参考になるだろう.
　　メソジストは非常に厳格な倫理的戒律と質素，倹約をかかげ，「芝居・寄席に出入りすべからず」「酒・タバコの類いは無駄で，有害なり．用いるべからず」「衣類など派手にすべからず」といった教条を守り，聖日である日曜日の娯楽，トランプや賭け事などを禁止するなど万事につけ禁欲的であったという（深町2010：122-123）.

15　ヴィンセント・マッセイは，公的な文化政策が存在する以前の時代に，信仰にもとづくボランティア精神と個人的なパトロネージュによってなされていた文化支援の在り方をマッセイ一族の行動を通して実見し，自らもパトロンとして振る舞うことが可能な特異な地位にあった．それだからこそ，のちに信仰の流布ではなく文化芸術を振興し，民間的なパトロネージュではなく政府支援の文化支援を提唱していく発想の転換が同じ一人の人物であるマッセイのうえに起こったことは興味深い.

16　この大会はキリスト教史においてエキュメニズム（教会一致運動，世界教会運動）の先駆となる画期的な大会だった．マッセイはこの会議の趣旨に大きな感化を受け，自らの日記において，彼にとっては不条理で狂信的にさえ思われた従来の宣教事業が見直され，今後は「正気の」人々のもとで宣教活動は展開されていくであろうこと，異教の信仰に対しても寛容と知性を伴った姿勢で向かい，何よりもプロテスタントの教派間・さらにはプロテスタント教会とカトリック教会やギリシア正教会間の協働の可能性が提唱されたことを称賛していた.

17　所属教派は社会階層と関わりがある．たとえばカナダの作家ルーシー・モード・モンゴメリの『アンの夢の家』では長老派とメソジスト派の階層差についての言及がみられ，「貧乏なメソジスト」といった社会認識がうかがえる（2017年1月28日村岡花子記念講座「宣教師から花子へ，そこに学びつつある心の妹たちへ」における村岡恵理による指摘を参照）.

18　マッセイのナショナリズム意識の高まりの要因はさまざまであるとしながらもフィンレイは（1）ナショナリズムの温床であったメソジスト主義からの影響（メソジスト派はカナダ・ナショナリズムの最大の提唱者であったという歴史家ゴールドウィン・フレンチによる指摘がある），（2）連邦政府検事ジョージ・パーキン卿の娘であった妻アリスからの影響，（3）第一次世界大戦での従軍経験（マッセイは自著のなかで，第一次世界大戦にカナダがカナダという「国家単位」で参戦したことを，カナダが独立性を勝ち取るための第一歩目の過程だったと指摘している［Massey 1948：72］），（4）アメリカのワシントンにおいて公使として過ごし（1927～1930年），カナダという国家を国際的な視点から知見したことによる自国意識の高まりを挙げている（Finlay 2004：116）.

19　前述したように1920年代のカナダには広大な国土開発のため，大量の移民が流入した．その人種は「英系，仏系，オーストリア人，ベルギー人，ルーマニア人，中国人，チェコ人，オランダ人，フィンランド人，ドイツ人，ギリシア人，ユダヤ人，ハンガリー人，インディアン（先住民），イタリア人，日本人，アフリカ系黒人，ポーランド人，ロシア人，スカンジナビア人，セルビア＝クロアチア人，スイス人，トルコ人，ウクライナ人」など実に多岐にわたっていた（"Racial Origins of People in Canada according to Census, 1921", *United Church Record and Missionary Review*, September 1925, p. 12.）しかしマッセイは，

カナダは北方人種の国であるという人種的に限定された前提にあったこともフィンレイは指摘している（Finlay 2004：3-4）.

20 管見の限りでは，この報告書の記載，エアハートの先行研究の文献でも具体的に三大宗教団体がどの団体を指すのか判然としなかったが，1951年時点でのカナダの国勢調査の教派別信者数は多い順に，ローマ・カトリック教会，カナダ合同教会，カナダの英国国教会となっているため，この三大教派を指すものと想定した.
'Population of Canada, 1951, by religious denominations',
〈https://en.wikipedia.org/wiki/Canada_1951_Census〉（参照2018-3-25）.

21 "The Commission on culture", *The United Church Observer*. December 1, 1949, p.4.

22 Joseph Jackson, René Lemieux, Political and Social Affairs Division. 'The Arts and Canada's Cultural Policy (93-3e)', 〈https://lop.parl.ca/content/lop/researchpublications/933-e.htm〉（参照2017-12-26）.

23 前カナダ首相のハーパーが在職中に「ケベックは nation を構成している」との公式発言を行い，先住民も「first nations」と呼ばれるなど，カナダでは複数の nations という言説が展開されていく（2017年3月25日の日本文化政策学会研究大会における藤井慎太郎のコメントより）.

24 以下，カナダの多文化主義政策の変遷についてはおもに宝利（2001）を参照.

25 この委員会において，従来暗黙裡に「二つの人種」と関連付けられていた「二つの宗教（プロテスタント教会とローマ・カトリック教会）」については，ほとんど言及されなくなっていったという．宗教，宗派による社会分類はすでに社会のなかで意味をなさなくなっていったという歴史家のラムゼイ・クックの見解をエアハートは自著のなかで紹介している（Airhart 2014：210）.

26 ユネスコの「文化多様性条約」締結を推進したカナダの国際的な文化政策のネットワークについては，藤野（2007：11-12）を参照.

27 フィンレイは，カナダでは1920年代までにはすでに多様性に関する重要な議論が芸術，歴史，イデオロギー，地域や民族の問題などの分野で行われていたと指摘している．それゆえに，たとえば移民に対する当時の緊迫状態が弾圧的な法規制を生み，他方では進歩的な社会事業活動をもたらしたとしている（Finlay 2004：126）.

28 たとえば，カナダ合同教会は1988年に同性愛などの性的指向を理由にその人を牧師の立場から排除しないということを教会の総会で決議するに至るが，その合意形成には教会を二分するような激しい議論の応酬があり，教会員の減少，教会内の分裂，献金額の減額を招いたという（ハントリー 2003）.

29 加藤は，カナダの政教関係はアメリカ型でもなく，イギリス型でもなく，いわばカナダ型ともいうべきものであると指摘している（加藤 2013）.

30 加藤は「筆者はこれまでカナダの連邦制や憲法の研究について考察を重ねてきた（中略）しかし正直なところ宗教については，筆者にとり大きな争点としてこれまで取り上げることがなく，関心の対象からは基本的に外れていたと認識せざるを得ない．しかし，米国の政治を見れば，キリスト教原理主義の思想や運動が米国政治に大きな影響を与えており，また政教分離という学問的にも重要なテーマとして位置づけられている．宗教という要素を抜きにして米国政治の現状を考察することはあまり現実的ではない，ということも言えよう」と記し，カナダにおける国家と宗教についての論文執筆が，カナダの隣国アメリカの今日的な政教関係を対照としつつ展開されたことを述べている（加藤 2013：3）.

31 島薗進「権威主義的国家への回帰と精神文化―宗教と学問の自由・自律の危機―」（2016年3月6日　日本文化政策学会第9回研究大会　特別公開シンポジウム講演）

参考文献・参考資料

Airhart, Phyllis. (2014) *A Church with the Soul of a Nation: Making and Remaking the United Church of Canada*, McGill-Queen's University Press.

ボベロ，ジャン（2009）『フランスにおける脱宗教性（ライシテ）の歴史』（三浦信孝／伊達聖伸訳）白水社.

Finlay, Karen. (2004) *The Force of Culture: Vincent Massey & Canadian Sovereignty*, University of Toronto Press.

Flatt, Kevin. (2013) *After Evangelicalism: Sixties and the United Church of Canada*, McGill-Queen's University Press.

藤野一夫（2007）「『文化多様性』をめぐるポリティクスとアポリア―マイノリティの文化権と文化多様性条約の背景―」『文化経済学』第22号，文化経済学会.

深町正信（2010）「カナダ・メソジスト教会宣教の系譜から」『カナダ婦人宣教師物語』東洋英和女学院.

ハントリー，アリソン，C.（2003）『カナダ合同教会の挑戦　性の多様性の中で』（ウィットマー，ロバート／道北クリスチャンセンター共訳）新教出版社.

加藤普章（2013）「カナダにおける国家と宗教の関係―歴史的に見た考察―」『大東法学』第22巻1＆2号，大東文化大学法政学会.

河島伸子（2001）「文化政策の歩み」『文化政策学』有斐閣.

木村和男編（1999）『カナダ史』山川出版社.

小林真理（2004）『文化権の確立に向けて』勁草書房.

小檜山ルイ（2005）「アメリカにおける海外伝道研究の文脈とその現在」『日本研究』30，国際日本文化研究センター.

Massey, Vincent. (1948) *On Being Canadian*, J. M. Dent & Sons Ltd.

森本あんり（2006）『アメリカ・キリスト教史』新教出版社.

Noll, Mark. (1992) *A History of Christianity in the United States and Canada*, William B. Eerdmans Publishing Company.

（マッセイ報告書［Massey Report]）Royal Commission on National Development in the Arts, Letters and Sciences. (1951) *Report of the Royal Commission on National Development in the Arts, Letters and Sciences, 1949–1951*, King's Printer. 〈www. collectionscanada.gc.ca/massey/h5-400-e.html〉（参照2017-3-3）

テイラー，チャールズ（2011）『近代　想像された社会の系譜』（上野成利訳）岩波書店.

Tippett, Maria. (1990) *Making Culture: English-Canadian Institutions and the Arts before the Massey Commission*, University of Toronto Press.

内田政秀（1964）「カナダ合同教会の設立」『神学研究』第13号，関西学院大学.

United Church of Canada（1924）「The United Church of Canada Act（カナダ合同教会法）」
関西学院大学学院史編纂室所蔵．資料ID：[AA/8-/] カナダ合同教会設立前後の印刷物（特に CHURCH UNION について）
1924-1925のうち12. Chapter 100：An Act Incorporating The United Church of Canada/ 1924.

United Church of Canada.(1950) *The Church and the Secular World: A report of the Commission on Culture.*
United Church of Canada Archives 所蔵．資料ID：PAM. BR115 U5 C5.

[Abstract]

This paper explores the rise of cultural policy in Canada and its impact on the changing relationship between culture and religion. Using the method of documentary historical analysis, it focuses on the starting point of the cultural policy that is known today as Canada's policy of multiculturalism.

In 1951, the Report of the Royal Commission on National Development in the Arts, Letters, and Sciences (known as the Massey Report because of its chairperson, Vincent Massey) appealed to the Canadian people for the need of a cultural policy supported by the federal government that would make "culture" the power to strengthen national identity. The Massey Report came to be recognized as the origin of Canadian cultural policy.

Before cultural policy was developed as a national strategy, Christianity played an important role in culture formation in Canadian society. The United Church of Canada established in 1925 became the largest Protestant denomination and promoted itself as a "national church" in the formation of Canada as a nation-state. The United Church aimed to cultivate the entire Canadian nation based on the Christian faith.

This paper contrasts the vision of Massey Report with that of the United Church, both of which were strongly conscious of "national unity." By investigating the changing outlook of Vincent Massey, who was connected deeply with both cultural policymaking and Methodist faith, the paper ultimately aims to examine the process by which an autonomous "culture," rather than religion, came to be regarded as the power that supported national unification.

Keywords: Cultural policy and religion, Cultural policy in Canada, Massey Report, National identity, diversity, Nation-state building and Christianity, The United Church of Canada

1959年から1965年までのシンガポールの文化政策
―マラヤ文化の形成めぐる事例を中心に―

Cultural Policy in Singapore from 1959 to 1965:
A Case Study in Building 'Malayan Culture'

神戸大学大学院国際文化学研究科 博士課程後期課程 / 大阪音楽大学 非常勤助手　南田　明美

Ph.D. Candidate, Graduate School of Intercultural Studies, Kobe University / Research and Teaching Associate, Osaka College of Music

MINAMIDA Akemi

[要　旨]

　1959年から1980年代までのシンガポールは，一般的に「文化の砂漠（Cultural Desert）」と呼ばれている．しかし，先行文献から，1959年から65年までの人民行動党政権が「マラヤ文化（Malayan Culture）」という新たな文化概念を提示し，その実践として「みんなのバラエティショー（マレー語表記は Aneka Ragam Rakyat，英語表記は People's Variety Show）」と呼ばれる大衆向けのショーを行っていたことが分かっている．だが，先行文献は，具体的な政策／事業内容のほか，芸術家や市民がそれらをどのように受け止めていたのかについて，十分に明らかにしていない．

　そこで，本論文は，マラヤ文化形成政策に関わる「みんなのバラエティショー」と，その文化政策に対する批判を展開したエンライト事件を通して，1959年から65年までのシンガポールの文化政策の実態を究明した．

　一次資料として，シンガポール国立公文書館所蔵のオーラル・ヒストリー，写真，スピーチ原稿，シンガポール国立図書館所蔵の「シンガポール年間行政報告書（Singapore Year Book）」と The Straits Times の新聞記事を用いた．

　事例研究を通して，その当時と現代の文化政策に関する共通点を二点明示した．①政府が主催・後援を行うコミュニティ対象の芸術文化活動では，国家と芸術家は協調関係を結ぶ一方で，学者がそのアジェンダに批判することは難しいこと．②2012年の文化政策の転換に伴う，政府系機関によるコミュニティ・アート事業とみんなのバラエティショーには，運営面やコンセプトにおいてパラレルな関係にあることである．

キーワード：シンガポール，文化政策，マラヤ文化，みんなのバラエティショー，エンライト事件，
　　　　　　コミュニティ・アート，市民社会

Ⅰ．はじめに

1．研究の背景と研究目的

　1959年から1980年代までのシンガポールは経済発展を至上命題としていたため，非実用的な文化は「贅沢品」と考えられていた．そのため，当時のシンガポールは，特段の文化政策に関する議論はなく，一般的に「文化の砂漠（Cultural Desert）」と呼ばれていた（岩崎 2013；Kwok and Low 2001）．しかし，Frost & Balasingamchow（2009）や Ng（2010）の研究などから，1959年から65年までの人民行動党政権が「マラヤ文化（Malayan Culture）」という新たな文化概念を提示し，その実践（実験）として「みんなのバラエティショー（マレー語表記は Aneka Ragam Rakyat[1]，英語表記は People's Variety Show）」と呼ばれる大衆向けのショーを行ったことが分かっている．しかし，これらの先行文献は，マラヤ文化形成のための文化政策が行われたと記述するが，具体的にどのような事業が行われ，それを芸術家や市民がどのように受け止めていたのかについて，十分に明らかにしてはいない．

そこで，本研究は，マラヤ文化形成政策に関わる「みんなのバラエティショー」と，その文化政策に対する批判を展開したエンライト事件を通して，1959年から65年までのシンガポールの文化政策の実態を究明する．その考察を通じて，国家と芸術家の協調関係，国家と学者との対立，国家と市民との離齬を解明したい．そのことで，シンガポールの文化政策研究と市民社会[2]研究に新たな視座を投じることを目的とする．

　なお，本研究の問題意識は，現在のシンガポールの文化政策の原点を探ることにある．2012年以降の文化政策では，「コミュニティ・アート」が重要な政策課題となった．だが，ここで問題としたいことは，とりわけコミュニティ政策を司る人民協会が行う PAssionArts や，国立芸術評議会の Arts in Neighborhood と Community Arts and Cultural Node は，欧米で行われるものとは様相が異なることである[3]．英国のコミュニティ・アートは，「ボトムアップ式」，「芸術家と参加者の対話と制作過程の重視」，「芸術家と市民の創造性による共同作品」などを意図するのに対し，シンガポールのそれは「大衆動員」，「トップダウン式」，「芸術家と市民から生まれる創造性を基礎にした共同作品ではなく，政府の決めた方針に従う」ことなどを特徴とする[4]．マラヤ文化の形成をめぐる文化政策が既にコミュニティを対象としたものであったことから，ここに原点があったのではないか．そして1960年頃の文化政策が，今日のコミュニティ・アートにまで脈々と継承されているのではないか，という仮説を立て，その検証を試みたい．

　本研究で使用する一次資料は，国立公文書館所蔵の14のオーラル・ヒストリー，約100枚の写真，4件のスピーチ原稿，国立図書館所蔵の「シンガポールの年間行政報告書（Singapore Year Book）」と，The Straits Times の記事である．当時の The Straits Times は，1974年の新聞報道法改訂[5]前のものであるため，ジャーナリズムの中立性が担保されており，当時の文化政策への批判的記事も多数寄稿されている．そのため，政府と市民の意見の離齬や対立を浮き上がらせることが可能であると考える．

　ただし，当時の識字率は，約52.3％であり[6]，The Straits Times の歴史を調べた de Silva は，「1947年より，政府は英語教育に力を入れたが，識字率の問題から，多くの新聞は大衆ベースではなかった」という（de Silva 1988：14）．The Straits Times の読者層は，教養層やエリート層のごく限られた人々であったと予測される．

　一方，本研究で使用した国立公文書館所蔵のオーラル・ヒストリーは，検閲制度が確立した1990年代以降のものである．そのため，みんなのバラエティショーに関する事実は発言者の記憶違いでない限り正しいが，発言者の意見は彼らの自己規制を含むと考えられる．これらが本研究の限界である．

　本研究の構成は，以下の通りである．第Ⅱ章では，当時の文化政策の概要とマラヤ文化形成政策について明示する．第Ⅲ章では，みんなのバラエティショーの事例研究を行う．第Ⅳ章では，エンライト事件を追究する．第Ⅴ章では，事例研究の結果を纏めるとともに，市民社会史におけるエンライト事件の位置づけと，国家と芸術家の関係，国家と学者との対立，国家と市民との離齬を描き出すことを試みる．また，現行のコミュニティ・アート政策とみんなのバラエティショーを比較し，その類似性を提示する．

2．本研究における文化政策の定義

　なお，本研究での文化政策の定義は，狭義の文化政策，つまり芸術政策を指すのではなく，広義の文化政策，すなわち国民文化生成政策を指すことを，ここで述べておきたい．さらに，シンガポールの国民文化生成政策は，本研究でもみるように，多人種主義[7]に基づくため，副次的にエスニシティの問題を取り扱うことになることも注記しておきたい．

文化社会学者である川崎賢一も述べるように，「文化政策（Cultural Policies）は，その内容と実行主体にはさまざまなバリエーションが存在することはいうまでもない」（川崎 2006：26）．ただし，シンガポールの芸術文化政策に詳しい芸術社会学者である Chong は，芸術政策と文化政策の違いを以下のように分けた．芸術政策は「公的助成を伴いながら，ローカルの芸術家と芸術シーンの育成，発展に努める政策」である（Chong 2010：132）．これは，川崎（2006：26）も述べる点である．一方，文化政策は「イデオロギー的役割を持つもので，政府によって，芸術文化と社会の関係性が規定されること．この意味で，文化政策は，芸術のための芸術ではなく，与党のイデオロギー，価値，利益に副次的にコミットすることになる」（Chong 2010：132）．この意味で，シンガポールの文化政策は，Kwok（1998 = 2009：169）も述べるように，国家建設と国民文化形成に深いかかわりがある[8]．

一般的に，文化政策は，上記の Chong や川崎が述べるような，西洋起源の芸術や伝統芸能をサポートする政策を意味する．だが，本研究は，民族／人種調和を経ながら国民文化を形成することに主眼を置いているゆえに，Chong（2010：132）や Kwok（1998 = 2009）の「文化政策」の定義を踏襲したい．

3. 1959 年から 65 年までのシンガポールの政治的変化

シンガポールがペナン島やマラッカとともに海峡植民地であったこと，1942 年から 1945 年まで日本統治下にあり「昭南島」と呼ばれていたこと，さらに日本統治時代以降は再びイギリスの支配下となり 1965 年の独立まで政治的変化が激しかったことは，多く知られているところである．本研究は，1959 年から 65 年までの文化政策を述べるが，より理解を深めるためにも田村慶子（2011；2016 など）や岩崎育夫（2013），坂巻可奈（2017）の研究を参照しながら，1945 年から 65 年までの政局変化について概説しておきたい．

1945 年から 55 年までは，先に述べたようにイギリスの支配下にあったのだが，1953 年にシンガポールは直轄植民地となり，1955 年にはレンデル憲法の下で最初の選挙が行われた．この際，リー・クアンユー（Lee Kuan Yew）率いる人民行動党，デーヴィッド・マーシャル（David Marshall）率いる労働戦線，進歩党，民主党から立候補者が現れた．選挙の結果，勝利を収めたのは，労働戦線であり，デーヴィッド・マーシャルがシンガポール自治州第一代主席大臣になった．しかし，デーヴィッド・マーシャルは，イギリスと自治裁量をめぐって対立し，1957 年に辞任した．その後，同党のリム・ユーホック（Lim Yew Hock）が党首となる．リムはイギリス協調路線と反共産主義を強調していた（坂巻 2017：20）．だが，労働者のストライキや共産ゲリラの活動，華語学生の運動が活発化し，不安定な政治情勢が続いたことで，顕著な政策を打ち立てることはできなかった（岩崎 2013：69）．

続く 1959 年の選挙で圧勝したのが，リー・クアンユー率いる人民行動党であった．人民行動党は，1954 年に，1500 人余りの労働組合活動家と華語・英語学校関係者や知識人によって結党された．彼らは，「反植民地主義と独立」を掲げていた．この理念と重なるのが，本研究で取り扱うマラヤ文化形成政策である．

政権獲得後，リー・クアンユーは，1957 年に先に独立していたマラヤ連邦への統合による独立を目指した．その理由は，以下の二点に集約される（田村 2011：84）．第一に，土地が狭いことから農業生産は乏しく，天然資源もなかったこと，第二に，シンガポールは，マレーシアという後背地を欲していたことである．シンガポールは，中継貿易地点であったが，近隣諸国の独立によりその機能は相対的に衰微しつつあった．工業化推進のためには，スズやゴムの産出が必要であり，かつ内需を潤すだけの人口も必要であった．

1961年に，マラヤ連邦の首相トゥンク・アブドゥル・ラーマン（Tunku Abdul Rahman）は，マラヤ連邦にシンガポールが加入する可能性を示唆した．労働組合や学生運動が盛んなシンガポールが独立すれば共産主義国が誕生するのではないかとトゥンク・アブドゥル・ラーマン首相が恐れたからであった．そして，1963年6月に，シンガポールは，サバ，サラワクとともに，マラヤ連邦と合併し，マレーシア連邦が結成された．

しかし，二年後の1965年に，シンガポールは連邦から追放された．その理由として，第一に，マレー人と華人の経済格差からマレーシアとシンガポールの政治的対立が激化したこと[9]，第二に，両国間の多文化主義をめぐる見解の違いがあった．

とりわけ，第二の理由は，本研究と密接な関係がある．マレーシアとシンガポールは，ともに華人，マレー人，インド人からなる多民族国家である．よく知られるように，華人やインド人と比べて，マレー人には経済的遅れがあり，シンガポールでは，これをマレー問題と呼ぶ．連邦政府は，その解決策として，マレー人優遇政策である「ブミプトラ政策（bumiputra，マレー語で〈土地の子〉）」[10]を推奨した．すなわち，連邦政府は「マレー人のマレーシア」を目指した．他方，華人がマジョリティ集団をなすシンガポールは，ブミプトラ政策が不都合なものであった．対立案として，シンガポールは，英国植民地政府より継承する多人種主義に基づいて「マレーシア人のマレーシア」を打ち出した．これは，すべての民族を平等に扱い，他者性や差異を尊重し合う社会を目指すものである．こうした両国の民族政策の違いが，社会でも激しい民族対立を起こす結果をもたらした．歴史的に語り継がれている一番激しい暴動は，1964年9月16日から1週間にわたるもので，23人の死者と454人のけが人を出した．この暴動が引き金となり，シンガポールはマレーシアから追放されることになった．

さて，本研究では，みんなのバラエティショーを取り扱う．1959年から65年までの「シンガポール政府年間行政報告書」にある文言から，この事業は三期に分けることができる．第一期は，1959年から61年までの「マラヤ文化形成」期，第二期は，1962年の過渡期，第三期は1963から64年までの「マレーシア文化形成」期である[11]．ただし，公文書館に収められている資料から，以下で紹介するサンサ・バスカーの文言（Bhaskar 2009：Real/Disk 4）以外，これら三つの時代のなかで政局変化に連動してアートマネジメントやプログラム面が変化したことが見られないことをここで注記しておきたい[12]．

II. 1959年から65年までの文化政策の概要

1. 文化省の設立

1955年に自治権を得たばかりのシンガポールの文化政策の問題は，主に二つあった．第一に，民族別のコミュニティから国家レベルの「ネイション」をどのように作るのか，第二に，周囲の国から「華人の国」と思われず，多人種主義をどう形成・維持していくのかであった．

1959年に政権を得た人民行動党政府は，文化省を設立した[13]．初代長官に，リー・クアン・ユーの側近であったシナサンビー・ラジャラトナム（Sinnarthamby Rajarathonum）[14]が就任した．

当時の文化省の役割は，五つあった．第一に，ナショナル・アイデンティティの創生，第二に，民族ごとに分裂したコミュニティを統合し，そうした分裂状態を消滅させること，第三に，民主主義の価値を広めること，第四に，国語（マレー語）の受容を広げていくこと，第五に，民主社会主義者（democratic socialist）の生活を理想としその実現を目指す．その一方で，完全なる独立を実現するために，プロパガンダ戦略を練っていくことであった．文化省は，五つの部署から成り，事務を担うヘッド・クォーター，ニュース部，宣伝部，放映部[15]，図書部，博物館部，印刷部があった（Ministry of Culture 1959：190）．文

化省の予算は536万シンガポールドル（2.2％）であった[16]（Ministry of Culture 1961：70）.

2. マラヤ文化構想

　マラヤ文化とは，シナサンビー・ラジャラトナムが提唱した，多人種主義を維持しながら国民統合を目指すための道具となる，あらたな社会工学的文化概念[17]である．これは，国民統合政策であると同時に，マレーシアとの統合という政治的目標も持ち合わせていた．だからこそ，「シンガポール文化」という呼称ではなく「マラヤ文化」と名付けられたのである（Ng 2010：311）.

　当時のシンガポール人は，各民族別に集落を形成して暮らしていた．各集落では使用する言語が異なり，また人々は互いの舞踊や音楽を知らなかった．マラヤ文化形成政策は，互いの芸術文化を知ることで，民族間対立を和らげる目的もあったと考えられる．その具体的な実践例が，後述する「みんなのバラエティショー」である．

　マラヤ文化は，「西洋の眼差しを通したアジアの見方」ではなく，「マラヤ人（Malayan）としての物の見方（Malayan Outlook）」を推奨するものであった．その見方を通して，共通のアイデンティティ，目的，努力，運命を国民が分かち合うことをシナサンビー・ラジャラトナムは願ったのである（Ng 2010：310）.

　ここで，「西洋の眼差し」が意識されているのは，脱植民地主義と反イエロー・カルチャー・キャンペーン（Anti-Yellow Culture Campaign）による．イエロー・カルチャーは，華語の「黄色文化」から由来し，19世紀の中国[18]におけるギャンブル，アヘン，ポルノグラフィー，売春，破産などによる退廃的で堕落的な文化を意味する（Lee 1998：326；Yao 2007：54, 国立図書館；2017年5月11日取得[19]）.「黄色文化」という言葉は，中国からきた教師によってシンガポールに伝わった．左翼系のジャーナリストらは，この言葉をクリーンで，正直で，ダイナミックで，革命的中国として表した．リー・クアンユーは，毛沢東政権のアイディアを借りたという（Yao 2007：54）.シンガポールでのイエロー・カルチャーは，快楽主義や個人主義を促し，時には対抗的運動と結びついて改革を起こそうとする西洋伝来の文化を指した（南田 2015：11）.

　とはいえ，急激に自国の文化を創生することは不可能である．シナサンビー・ラジャラトナムは，シンガポールにある華人系，マレー系，インド系，その他の四つの文化が個別に成長するのではなく，平等に発展し互いに刺激しあうことで，マラヤ文化が誕生すると考えていた[20].1960年の「シンガポール政府年間行政報告書」は，マラヤ文化の形成について以下のように説明した．

> 政府は，文化的統合を促進する一つの方法として，互いの芸術形式を相互的に分かち合うことで，私たちの社会にある様々な共同体間に，それら各文化から抽出された共通の文化的要素（a catholicity of taste）をマラヤ文化に還元すべきだと信じている．それは，相互的な理解と好意的な批評を通して，個々の民族的な遺産の再生産ではなく，むしろ，マラヤ的なものとしての新しい芸術形式が生まれることを願う．（Ministry of Culture 1960：203）

　さらに，「マラヤ文化」は政府の独断的活動によって生まれるものではなく，人々との協働によって作られるものだという考えがあったようである．続く1961年の「シンガポール政府年間行政報告書」では，以下のように，政府は述べている．

政府の文化政策は，多人種的社会のなかでネイション形成を達成するのだという信条のものとにある．それは，共通のライフスタイル，共通の考えと価値観そして社会的な行為の基準を享受すること，共通の感情的な応答のシステム，そして，これらすべてを反映し，理想化した共通の芸術表現のイディオムを構築することである．

　この文化政策は，政府のレベルで実施されるのではない．政府が思う文化的発展に影響されるような人になるよう仕向けはしない．互いにその船にのり，意見を交換しあい，新しいマラヤ文化を受け入れていくのである．（Ministry of Culture 1961：221）

　この1961年の報告書内の言葉は後の考察において非常に重要となるものである．実際，一般大衆は，その政府が提供するマラヤ文化という国民形成を目的とした「船」に乗せられた．一方，みんなのバラエティショーに参加した芸術家は，その「船」を利用して，芸術家としてのキャリアを積もうとした．そして，大学教授や新聞を読める教養層は，この「船」に反感を覚えたのである．

III．事例研究1：みんなのバラエティショー

1．概要と第一回目のみんなのバラエティショー

　みんなのバラエティショーは，現在，国立公園局（National Parks Board）と国立芸術評議会（National Arts Council）が管轄する「植物園コンサート」の原点であるとされている（National Library Infopeida 2015年10月31日取得）．みんなのバラエティショーは，第一回目の1959年8月から1965年まで，計約200回行われた．ほぼ毎週末，コミュニティ・センターや地方の村（Kampong）の周辺の大通りを中心として，無料で催された．独立記念日や海外から来賓があった場合は，市庁舎前の階段やカトン公園（Katong Park），ホン・リム公園（Hong Lim Park）で開催されたようである．

　公文書や新聞記事から，みんなのバラエティショーは，文化省と各地域のコミュニティ・センターの共同で開催されていたとみられる．だが，1961年の「シンガポール政府年間行政報告書」によれば，国立劇場計画委員会，国立劇場建設委員会，国立劇場助成金委員会，年次文化フェスティバル委員会も関わっていたようである．

　プログラムの内容は，ハーモニカ・オーケストラやハーモニカ独奏，ウクレレよるインドネシア歌曲《Bangsawan Solo》の演奏，ジャグリングとアクロバットな演技，お笑い，マレー舞踊，インド舞踊，獅子舞，マレー系音楽，中国伝統音楽，中国弦楽合奏，インドネシア舞踊音楽（ronggeng music）などであった．

　出演者は，アマチュアの団体が多かった．同郷会館（Clan Association），人民協会や学校関係，タミル代議士協会といった組合関係の合奏団や合唱団，舞踊団が舞台に立った．そのほかにも，シンガポール放送交響楽団（Singapore Radio Orchestra）やバスカー・ダンス・アカデミー（Bhaskar Academy of Dance）などのプロの団体も出演していた（巻末表2）．

　一つの演目に対して支払われる給料は，30ドルだった（Bhaskar 2001：Real/Disk 21[21]）．当時は，録音機器もなかったので，音楽を使用するのであれば，生のバンドを引き連れる必要があった．依頼したバンドの交通費もその30ドルから賄わなければならなかった．会場に楽屋はなく，衣装を着て会場に向かわなければならなかった（Bhaskar 2001：Real/Disk 21）．

　みんなのバラエティショーは，毎回ラジオやテレビで放映された．音楽家であったアレックス・アビシェガナデン（Alex Abisheganaden）は，みんなのバラエティショーは，「人々が，人種，言葉，宗教を超えて，一つであるということを考えるためのジェルだったと思う」と回想している（Abisheganaden

1994：96）．

　第一回目のみんなのバラエティショーは，1959年8月2日に植物園で行われた[22]．それには，1）工業・商業オールド・ボーイズ組合の合奏団と合唱団，ハーモニカ・オーケストラ，シンガポール・インド人音楽組合などが出演した（The Straits Times：1959年8月3日）．また，首相であるリー・クアンユー，副首相であったトー・チンチャイ（Toh Chin Chye），そして文化省第一書記官のリー・クーン・チョイが出席した．リー首相は，詰めかけた二万二千人の前で，マラヤ文化の創生とそれに基づくアイデンティティ形成についての演説を行った．

　　　私たちは，様々な豊かな文化が相互的に刺激しあうことで，新しい文化の特徴を育てることができ
　　　ると希望をもっています．その新しい文化こそ，マラヤ文化なのです．（中略）このみんなのバラエ
　　　ティショーは，シンガポールの人々が文化的なものに目覚める一つの表現なのです．これが，私たち
　　　がナショナル・アイデンティティを探す小包なのです．（The Straits Times 1959年8月3日の記事
　　　をもとに，抜粋）

　ここで問題にしたいことは，この演説のなかにある「これが，私たちがナショナル・アイデンティティを探す小包なのです」という言葉の意味である．「みながナショナル・アイデンティティを探す小包を創り出すのか」，それとも，「政府が用意した小包のなかでみながナショナル・アイデンティティを探すのか」のどちらを示しているのかは，ここでは明確ではない．この点は，現在のPAssionArtsのプロパガンダ性と国民文化の創生，すなわちシンガポールの文化政策を考えるうえでも重要である．結論を先に言うと，以下で見ていく芸術家などの証言により，その小包は，政府が作ったものだと見受けられる．

2．みんなのバラエティショーの特性：大衆の動員と四つの文化の平等的な扱い
2-1．大衆の動員
　みんなのバラエティショーで最も特徴的なことの一つは，毎回，二千人から二万人の観客が詰めかけ，「大衆」を動員していたことである．この大衆の動員は，文化省長官であったシナサンビー・ラジャラトナムが願っていたことの一つであった．なぜなら，当時の芸術文化活動は，主に都市中心部にあるヴィクトリア劇場（Victoria Theatre）で行われており，ここに詰めかける人々は，英語教育を受けたエリート層であったからである．

　資料からはどこまで強制力があったのかは分からないが，この大衆動員の仕方は，半ば強制的であったと映る．音楽家のアビシェガナデン（Abisheganaden）は，オーラル・ヒストリーの中で，以下のように回想している（Abisheganaden 1994：96）．

　　　1960年代初頭に，みんなのバラエティショーというコンサートがあった．もしくは，50年代後半だ
　　　ったかもしれない．みんなのバラエティショーでは，歌や踊りが披露された．それは，典型的なマレ
　　　ー舞踊や中国伝統歌曲，インド音楽や西洋音楽をすべて一度に披露するものだった．しかし，すべ
　　　てのコミュニティは，そこに来なければならなかったし，聞かなければならなかった．インド人は華
　　　人系の舞踊や音楽をすすんで鑑賞しなければならなかったし，マレー系は，インド系の舞踊を見な
　　　ければならなかった．

図1　第一回みんなのバラエティショー
出典: National Archives of Singapore, Access NumberMedia - Image No:19980001961 - 0031)

　東アジア文化祭の事務官であったヤップ・ハンホン（Yap Han Hong）も，「観客がみんなのバラエティショーに来て，留まり，ショーを楽しむことを確実にすることが，事務官の義務であった」と，オーラル・ヒストリーのなかで答えている（Yap 1989：63）．しかし，どのようにして人を集めたのかは資料から読み取ることができない．だが，例えば，1959年10月5日にブキット・パンジャン（Bukit Panjang）地区で行われたみんなのバラエティショーに約7000人が詰めかけたと The Straits Times は報道した．当時の同地区の人口が61,522人であったことから（Census of Population 1957：108），単純に考えれば約10人に1人がみんなのバラエティショーに参加していたことがわかる．

　義務的に来ていた観客であったと見られるが，テレビ放送の黎明期だったこともあってか[23]，会は盛大だったようである．当時，みんなのバラエティショーに参加したインド舞踊のダンサーであったサンサ・バスカー（Santha Bhaskar）は，以下のように当時の観客層を回顧する（Bhaskar 2009：Real/Disk 4）．

> 当時の観客がどうだったかはよくわからない．その時の観客のレベルの問題もある．しかし，中華街で行った公演では，拍手をいただいた．モチベーションの高い観客だった．批判もなかった．いつも「いいね」とお客さんから励ましの言葉をいただいた．シティ・ホールのパダンでの公演の観客もすごくよく，楽しかった．（筆者要約）

　アレックス・アビシェガナデンとヤップ・ホンハン，サンサ・バスカーの証言を比較すると，当時の聴衆は，参加が半強制的でありながらも，かなり積極的に演奏や舞踊を鑑賞していた可能性があることが考えられる．

2-2．プログラムの内容：プロパガンダによる多人種主義の可視化に対する対処

　ここで注目しておきたいことは，みんなのバラエティショーのプロパガンダ性である．みんなのバラエティショーでは，毎回のように地域の国会議員あるいは首相が出席した．彼らは，みんなのバラエティショーが果たす人種調和の役割のほかに反共産主義を掲げ民主主義国家を目指す演説を行っていた．多

様性の中の統合と民主主義を目指すことは，マレーシアとの統合を意図した[24]．一回の公演で，華人系，マレー系，インド系，西洋系の舞台芸術を観客が見られるようになっていた．これは，多人種主義に重きを置きながら，新たな「マラヤ文化」形成に対する戦略だった．

しかし，実際の運営には問題があった．華人系，マレー系，インド系の団体はみんなのバラエティショーの出演に好意的な反応を示した．だが，西洋系の団体は，みんなのバラエティショーに積極的に協力する姿勢はみせなかったという．インド舞踊団を主宰していたクリシュナ・ピレイ・バスカー（Krishana Pillay Bhaskar）[25]は，当時の出演者の様相について以下のように話す（Bhaskar 2001：Real/Disk 21）．

> 華人系の舞踊団は，いつもアマチュアで学校や協会から派遣されたものだった．それらは，独自の財源から出費を賄っていたはずである．西洋の舞踊団[26]は，地方に来ることはなかった．（中略）政府は，西洋系の団体を招致した．シンガポール・オーケストラ[27]を招致したのだ．基本的に，西洋系の団体は，地方に来ることを拒んだ．（中略）マレー系，インド系，華人系，カトリック系[28]の団体は，政府から助成を受けようが受けまいが，みんなのバラエティショーに来て舞踊を披露した．たぶん，その理由は，みんなのバラエティショーに出演することを誇り高きものと考えたからであろう．

ここから，みんなのバラエティショーが国家的催しであったからこそ，出演者は金銭的対価よりもそこへの出演を一つのキャリアの積み重ねや誇りとしていたことが予想される．

一方でクリシュナ・ピレイ・バスカーは，みんなのバラエティショーのプロパガンダ性を理解していた．彼は，国立公文書館のオーラル・ヒストリーの中で「みんなのバラエティショーは，人民行動党の高官が演説をするための前座みたいなものだった．芸術文化を使えば，みなその会場に集まったからだ」と述べている（Bhaskar 2001：Real/Disk 21）．

マレーシアとの統合が決定したのち，プログラムは，文化省が提示する統合や調和というテーマに沿ったものに変化した．1963年の「シンガポール政府年間行政報告書」でも，文言が「マラヤ文化」の形成と促進から，「共通のマレーシアの文化的アイデンティティの創生」へと変化した．舞踊者であったサンサ・バスカーは，その変化について，以下のように述べる（Bhaskar 2009：Real/Disk 4）．

図2　1963年6月2日，建国記念日の祝賀会のためにシティ・ホールで開催されたみんなのバラエティショー
（出典：National Archives of Singapore, Media - Image No:19980000488 - 0099）

大勢の人がみんなのバラエティショーに来るので，政治家が演説を行った．披露されるものは，何かしらマレーシアと繋がるのだという概念を表すものになった．幸せな家族を想起させるような振付とか．チームがみんな幸せであるような振付とか．華人，マレー，インドの舞踊がすべて一緒になって踊っているとか．それらは，文化省の動機に沿っていた．家族が一緒になろうと．三つのグループが一緒になって踊った．学校からの生徒も一緒に踊った．統一に関係するテーマを掲げて踊った．

　サンサ・バスカー自身は，統一や人種調和を舞台で可視化するために，マレー系や華人系の衣装を着てインド舞踊を踊るほか，使用する音楽にマレー系や華人系音楽の音階を混ぜた．各民族の踊りや音楽に伝わる規則を飛び越えて新しいものを作ろうとするからか「かなり幻想的なものだった」と彼女はオーラル・ヒストリーで回想している．また，当時の舞台は，プロパガンダ以上のものではなかったと彼女は述べている．彼女は，プロパガンダ作品を踊ることに抵抗はなく，義務として受け止めていた．自己の自由な表現に関して，彼女は，「健全性」の担保[29]はみんなのバラエティショー以外の場所でも必要であったが，ほかの場所で自己表現をすればいいと割り切っていたと述べる（Bhaskar 2009：Real/Disk 4）．

3．小括
　以上のように，1959年から65年にかけて行われたみんなのバラエティショーは，無料の大衆向けの鑑賞会であったことが明らかになった．アレックス・アビシェガナデン（Abisheganaden 1994）やヤップ・ホンハン（Yap 1989）の証言から，聴衆は，それに参加しなければならなかった可能性がある．それは，人種調和とマレーシアの統合という政治性の強いものだった．それでも，芸術家は，芸術が政治利用されていることや首相や政府高官の演説の前座として位置づけられていることを割り切り，国家的行事とその鑑賞会に参加できることを名誉なものと感じていたのであった．政府は，みんなのバラエティショー等を通して，社会工学的にマラヤ文化を形成させようとしたのであった．

IV．事例研究2：マラヤ文化形成への批判としてのエンライト事件

1．エンライト事件の概要
　このような文化政策に対して，批判がなかったわけではない．マラヤ大学英文学科に所属していたイギリス人教授デニス・ジョセフ・エンライト（Dennis Joseph Enright）[30]が，マラヤ文化形成と反イエロー・カルチャー・キャンペーンに関する文化政策を批判し，連日の新聞を賑わせたことは，特に注目すべき事件である．
　当時の The Straits Times の記事を整理する限り，デニス・ジョセフ・エンライトは，1960年11月17日に行った講義「ロバートソン・グレーヴスと近代化の陰り（Robertson Graves and Decline of Modernization）」で，主に以下の点を批判した（筆者要約）．

　　　(1) 政府は，反イエロー・カルチャー・キャンペーンに即してジュークボックスを禁止したが，どの文化にもイエロー・カルチャー的対抗精神が備わっていること
　　　(2) 文化は，政治によって作られるのではなく，自発的に成長するものであること
　　　(3)「反抗精神のある芸術でなければ，その芸術文化活動は創造性の欠いた「善良ぶった（goody goody）」ものにすぎないこと」（The Straits Times 1960年11月16日）
　　　(4) 当時の国民文化は観光業のためにあるとし，実生活の文化はどこかに置き去りにされている状

況を踏まえて，マラヤ文化を「時代錯誤の無意味なパントン（Puntun）詩[31]競争を伴ったサロン[32]文化（Sarong Culture）の実施」と揶揄したこと

(5) 当時のマレーシアとシンガポールの両者に一番重要なことは，文化的開放性をもつこと

(6) このような文化政策では，マラヤ文化の形成は難しいであろうと予測したこと

2. 政府のエンライトへの警告：国外追放処分

デニス・ジョセフ・エンライトは，この講義の以前にも人民行動党政府による文化政策を批判していた．首相と内閣官僚は，マラヤ文化形成を嘲笑われた[33]ことに激怒し事件翌日の同年11月18日に声明を出した（The Straits Times 1960年11月19日）．デニス・ジョセフ・エンライトは，あくまで政府の文化政策を批判しただけであるが，それが表現の自由，大学の自治，外国人の内政干渉の禁止と問題が拡大した．以下は，1960年11月19日の The Straits Times に発表された政府の見解である（筆者抜粋）．

エンライト教授の義務は，大学で英語を教えることである．（中略）政府は，選挙の前であろうが後であろうが，外国人が我々の政治領域に踏み込むことを許しはしない．（中略）ジュークボックスの禁止も，マラヤ文化の強化も，この国の人々が決めることである．（中略）たまたま通りかかった外国人が，我々の政治を嘲ることに対処することに費やす時間は，私たちにはない．（中略）もう一度我々の政治領域に踏み込むならば，1960年1月に取得した専門職パスを取り上げる．

リー・クアンユー首相は，外国人がシンガポールの政治領域に踏み込んだことに激怒し，トー・チンチャイ副首相は，デニス・ジョセフ・エンライトを「物乞い教授（mendicant professor）」と詰った．さらに，文化省長官であったシナサンビー・ラジャラトナムは，政府が大学の自治を侵食するようなことはしないと表明した一方で「政府がマラヤ文化を形成するという使命を果たすのだ」とデニス・ジョセフ・エンライトに抗議した．

3. 大学関係者から政府への抗議：学問の自由を求めて

この問題を受けて，まず，マラヤ大学の学生ユニオン，マラヤ大学教職員組合，華人の大学である南洋大学[34]が意見を表明した．マラヤ大学学生ユニオンは，同年11月19日午前11時5分から12時45分まで集会を開いた．そこには，学生529名が参加した．学生ユニオンは「大学はステレオタイプな人間を作るところではない」「（政府の対応は）大学における表現の自由を奪うものだ」「政府の意見と対峙するものは，すべて排除されてしまうのではないか」と強く政府に抗議した（The Straits Times 1960年11月20日）．また，マラヤ大学教職員組合は，リー・クアンユー首相との接見を2回行い，同年11月23日に協議をし，11月26日に声明を発表した．それは，「エンライト教授は教職員としてたぐいまれなる才能をもつ人物だ」と抗議したものであった．さらに，南洋大学は，The Straits Times の取材に対して，「この文化政策は，シンガポールの現状に適合しており，大衆をサポートしていた．しかし，大学での学問の自由を侵害してはならない」と難色を示した（The Straits Times 1960年11月23日）．

4. 市民からの政府への抗議とエンライト事件の終息

シンガポール国立図書館の新聞記事デジタルアーカイブに The Straits Times に掲載された13件の市民からの投書[35]が残されている．それらには，政府の行動に賛同するものもあったが，多くは政府に抗

議するものであった.

　たとえば, 政府に賛同する投書者は「エンライト教授は, シンガポールの文化的土壌の問題点を挙げているが, 政府は文化を選んでいる. エンライトは, 個人を放っておくべきだと主張したが, それは不可能だ. シナサンビー・ラジャラトナムは, サロン文化 (Sarong Culture) やパントン文化 (Pantun Culture) の土壌を作ろうとしているのではない」と述べた (筆者要約: The Straits Times 1960年11月22日).

　一方, 政府に反対するものは, 文化政策から表現の自由, 外国人の政治的領域への関与まで言及した. 最初の投書者は, トー・チンチャイ副首相が, デニス・ジョセフ・エンライト教授を「物乞い教授 (mendicant professor)」と詰ったことに抗議した. また, 「政治と学問との間に境界線があるべきで, エンライト教授は, 重要な人物である」「エンライト教授の意見は, 破壊的ではなく, 建設的である」と投書者は述べた (筆者抜粋: The Straits Times 1960年11月22日). 翌日11月23日に数本の投書が掲載された. ある投書者の意見を整理すると, 以下のようなものである.

> 　政府の対応に憤慨している. というのも, 寛容性がなく, 批判を展開できないからだ. 今回の事件では, 外国人が政府への批判を展開したが, 彼らは本当に表現の自由を持っていないのだろうか.
> 　政府が特別な文化形態を作ろうとしているが, 何年もかけて作られたその文化は, 豊かさや美しさを兼ね備えているのだろうか.

この投書者の批判は, 民衆の手によって文化を創り出さなければ, その芸術文化は形骸化することを意図しているであろう.

　1960年11月25日の The Straits Times に, デニス・ジョセフ・エンライトから政府への手紙が公開された. そこで, 彼は「この国の市民ではないため, この国の政治に関与しない」と宣言した. また, エンライトが政府からの事情聴取にも応じたことで, 同年11月28日の The Straits Times はこの事件の終息を伝えた.

　しかし, 同年12月1日の The Straits Times で, 投書者は, 11月23日の投稿者のように, 芸術文化の生成について言及し, 事件終息への反感を示した.

> 　11月28日に, The Straits Times は, エンライト事件の終息を伝えた. (中略) しかし, 本当に終息したのであろうか. 政府が, どのようにエンライトに面接を行ったのか詳細が公表されていないではないか. (中略) エンライトは, シンガポールで文化について話すことがどれだけ繊細な問題であることを気づいているのであろうか. しかし, 彼は, 文化は, 個人によって作られるものであると主張した. 政府の後援を受けた文化が, 外国人が疎外された状況で形成されるとすれば, それは「(批判精神のない) 民俗的 (folksy)」なものになるか, (過度なナショナリズムを掻き立てる) 過激なものになるのではないか. (筆者抜粋, 下線は意訳上の筆者による加筆)

　この投稿者の意見は, 政府や社会的状況を鑑みている点で, 同年11月23日のものと異なる. だが, これらの投書者の意見の共通点は, 文化は, 外国人もシンガポール人も関係なく, 民衆の手によって作り出されるものであるということである. 先に, 第一回目のみんなのバラエティショーにおけるリー・クアンユー首相の演説を紹介したが, そこで問題となったのは, 「誰が小包を作るのか」ということであった. この点と投書者の点を照らし合わせると, 「政府がナショナル・アイデンティティ創生のための小包を

作る」というアジェンダが明確となる．エリートによってマラヤ文化の方向性が決められていたことになる．結局，シナサンビー・ラジャラトナムがエリート主義的文化政策からの脱却を目指したが，それが果たせていたのかという疑問を抱かざるを得なくなる．しかし一方で，文化政策が「与党のイデオロギー的役割」を持つ限り，エリート主義的側面は避けられない[36]．ここに，文化政策がコミュニティに関与した時のアポリアが映し出されるのではないだろうか．

V．まとめと考察

1．まとめ

本研究は，政府の年間行政報告書やシンガポール国立公文書館所蔵のオーラル・ヒストリー，英語新聞 The Straits Times の分析を通して，1959年から65年におけるシンガポールの文化政策の実態とそれをめぐる議論を追究した．

当時の文化政策の核となった「マラヤ文化」概念は，文化省長官であったシナサンビー・ラジャラトナムによって提唱されたもので，反共産主義，反植民地主義，ネイション形成，そしてマレーシアとの統合という政治的目的を達成するための道具であった．マラヤ文化は，シンガポールにある華人系，マレー系，インド系，西洋系の芸術文化が相互的に刺激しあうことで形成すると考えられた．

その実践として行われたのが，みんなのバラエティショーであった．そこでは，首相や政府高官が毎回出席し，文化が果たす政治的役割を説明した．それは，無料の大衆向けの催しだった．各コミュニティの構成員はそれに参加しなければならなかった可能性もある．それでも，芸術家は，そのプロパガンダ性を割り切り，国家的行事としてのみんなのバラエティショーに参加できることを名誉なものと感じていた．

一方，マラヤ大学英語学科教授であったデニス・ジョセフ・エンライトは，当時の文化政策を批判した．それは，当時の反イエロー・カルチャー・キャンペーンとマラヤ文化形成政策に対するものであったが，表現の自由，学問の自由，外国人の内政干渉の問題まで広がった．この事件を受けて，連日のようにThe Straits Timesに大学や市民からの意見が掲載された．南洋大学は，政府の大衆的文化活動に賛同しつつも，大学での学問の自由を侵害してはならないと表明した．市民の意見は二分化したが，多くは政府を非難するものであった．政府関係者や大学関係者のみならずThe Straits Timesの読者がエンライト事件への言説空間に関わったことは，人々にマラヤ文化構想の趣旨が伝わっていた可能性を示しているのではないだろうか．

2．考察①：マラヤ文化形成政策をめぐる国家と芸術家，大学関係者，市民の関係

ここで強調しておきたいことが二点ある．それは，当時の市民社会におけるエンライト事件の位置づけと，政府と芸術家／大学関係者との関係である．

エンライト事件の起きた1960年の人民行動党は，1961年に社会主義戦線（Barisan Socialis）を立ち上げた華語教育グループの共産主義者を巻き込むことで市民からの支持を得ていた．その後，人民行動党政府は，反共産主義を掲げるマレーシア連邦への加盟に向けて加速し，社会主義戦線と離別した．政府は，人民協会を中心とするコミュニティ政策や治安維持法，団体法（Society Act）の制定で共産主義を取り締まっていった．この時代，すでに，政府の管理下にある市民社会を意味する「公民社会」の萌芽が見られる．

他方，1960年の市民社会は，民族別のアソシエーション[37]，貿易関係の団体や労働組合，学生ユニオ

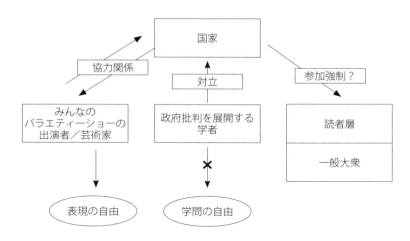

図3　マラヤ文化形成政策をめぐる国家と芸術家／大学関係者の関係　　　出典：筆者作成

ンから構成されており，それらは左翼的思想を基に活動を行っていた．反植民地主義を受けて，英国統治時代のなかでも1959年ごろが市民社会の隆盛期であった（Gills 2005：197）．とりわけ，大学関係のユニオンは，英国伝来の学問の自由を求めながらも共産主義思想を持つ者もいた（Gills 2005：190‐191）．当時の社会は，英国派かそれとも中国派かに分かれており，さらに民族別のコミュニティから成っていた．そのことを踏まえると，大学関係のユニオンは，民族間や英国派対中国派どちらにも捕らわれない折衷的な市民社会であった（Gills 2005：191）．

　新聞記事に投書した市民がどのような階層と思想を持っていたかは明らかではないが，少なくとも，投書者の名前からみて民族コミュニティに捕らわれず，また共産主義と自由主義の垣根を超えた市民社会運動であったと言えるであろう．その市民社会運動の結実として，政府は，エンライト事件を受けてか，「シンガポール政府年間行政報告書」（本研究「Ⅲ‐1」参照）で，市民と相互的関係を築きマラヤ文化を構築していくことを宣言した可能性が考えられるのではないだろうか．いずれにせよ，エンライト事件は，文化政策を発端としたが，シンガポールの市民社会史を再考するうえで，重要な事件であることは間違いない．

　なお，政府と芸術家の関係性は，一定の協力関係がみられる．当時の「みんなのバラエティショー」の出演者が，政府のプロパガンダ性に妥協する姿勢は，現在の芸術家が人民協会主催のコミュニティ・アートの場で見せる姿勢と同様である．普段の彼らは，社会問題に敏感に反応しながら自己の表現の自由を追求するが，その現場では，政府の指定されたプロパガンダ的テーマに寄り添い活動を行う（筆者参与観察：2013年4月〜2017年8月）．他方，政府批判を展開する大学関係者は，現在でも政府の意向に背かう論文を出版すると解雇される危険がある．ここに，過去と現在の類似性が確認できる．

3．考察②：現行のコミュニティ・アート政策とみんなのバラエティショーとの比較と類似性

　本研究は，2012年以降のシンガポールにおけるコミュニティ・アート，特に人民協会が主催するPAssionArtsには，英国のコミュニティ・アートとは異なる特徴がみられることから，みんなのバラエティショーを事例に，シンガポールにおけるコミュニティを対象とした芸術文化活動の特性に関する歴史的検証を行ってきた．

まず，英国のコミュニティ・アートの特性は，「集合的創造」，「非専門家の参加」，「カルチュラル・デモクラシー」である（小林 2016：9-11）．一方，現在の PAssionArts Festival の方針は，〈共創〉と〈協働〉を運動の核に置き，英国のコミュニティ・アートと同様に「集合的創造」と「非専門家の参加」を促す．さらに，2012年の文化政策の転換の原因には，市井の人々からのエリート主義的文化政策への批判とその脱却があった．その政策方針は，「カルチュラル・デモクラシー」の要素も含まれるものと考えられるだろう．だたし，その運動の起こり方が「ボトム・アップ」なのか「トップ・ダウン」なのかという違いがある．

しかし，ここで問題にしたいことは，PAssionArts Festival が英国と類似したコンセプトであるにも拘わらず，ワークショップ は芸術家と住民が水平的な対話を可能とするようなものではなく，〈共創〉と〈協働〉が果たし切れていないことである（筆者参与観察：2017年2月から6月）．みんなのバラエティショーを事例に歴史的にその原因を考察すると，以下の類似点がみられる．

まず，PAssionArts の運営面においては，人民協会が KPI を気にしながら大衆を動員するほか，PAssionArts Festival は各地域につき一日3時間のみであり，そこには地区選出の人民行動党の議員が必ず視察に訪れる．また，ワークショップで「芸術家」と呼ばれる者は，アマチュアとプロの両者が混じっている．何よりもここで特筆すべき点は，プロの芸術家らは，PAssionArts の作風が人民協会のミッションである人種調和と社会的結束といったプロパガンダに画一化されることに違和感を覚えている．だが一方で，彼らは，金銭的対価や芸術文化の発展への希望をもって，それらの点を割り切って参加していることである（芸術家へのインフォーマル・インタビュー：2017年7月）．

一方のみんなのバラエティショーも，上記で確認したように，大衆を動員していたこと，また，一回きりの演奏会であり，必ず人民行動党の議員や高官が出席していたことが明らかとなった．また，芸術家に関しては，アマチュアとプロの両者が出演していたことが，当時の新聞記事のプログラム告知から分かった．そこに出演していた芸術家は，みんなのバラエティショーのプロパガンダ性を割り切って出演していた．さらに，みんなのバラエティショーも，現在の PAssionArts と同様，エリート主義的芸術文化政策からの脱却を目的としていた．

こうしたプロパガンダ性の強調やエリート主義的芸術文化政策からの脱却は，1970年代に文化省主催・人民協会協賛で行われた「みんなのための芸術（Arts for Everyone）」に引き継がれていく（南田 2017）．このことを踏まえると，現在のシンガポールのコミュニティ・アート運動は，グローバル化と新自由主義によって生み出された社会的歪みを是正するために世界的に隆盛している参加型アートに影響しているばかりではなく，シンガポールのコミュニティを対象とした芸術文化政策の歴史にも大きな関わりがあると言えるであろう．

さらに，本研究は，文化政策が「イデオロギー的役割を持つもの」（Chong 2010：132）で，「政治的正当化と関係するものであり，市民社会の中に浸透しながら，効率的に国民を支配すること」（Kwok 1998=2009：168）にも関与していることを改めて確認したと言える．すなわち，「理論レベル」の政策から，政策実行とそれに関わる事業運営の「現場レベル（＝アートマネジメント）」に移行したときに，一言にコミュニティ・アートといえども，運営方法や表象の仕方が，その国の国体のメディアになりうるのである．つまり，それは，英国の民主主義に対して，シンガポールの開発主義を色濃く反映している可能性があると示唆したのである．

表1 みんなのバラエティショーのプログラムと出演者

項目	みんなのバラエティショー	PAssionArts Festival
運営面	大衆の動員	KPI重視
	一回きりの演奏会	一日3時間のみのフェスティバル
	人民行動党の高官の出席	地区選出の人民行動党の議員の視察
芸術家	アマチュアとプロ両者が出演	アマチュアとプロ両者が芸術家として関わる
	プロの場合，プロパガンダを割り切る	プロの場合，芸術作品の画一化とプロパガンダ性，そして「芸術家が人民協会のデザイナー化」していることに違和感を覚えつつも，芸術振興の希望を持ち続けている
コンセプト	人種，言語，宗教を超えて一つになるというもの	多人種主義の可視化，社会的結束
	エリート文化に対抗して	コスモポリタンらが享受する芸術文化に対して，芸術家と市民の〈共創〉と〈協働〉を通して「ハートランドに芸術を届ける」ことをミッションとする

出典：筆者作成

4. 今後の課題

　今後の課題は，以下の点に整理できる．まず，本研究では，マラヤ文化形成政策やみんなのバラエティショーに対する市民からの声を The Straits Times の投書をもとにして分析を行った．だが，当時の識字率から英語話者は教養層であることが考えられ，市民の声を十分に拾えたわけではない．そのことから，実地での聞き取り調査が必要である．また，紙面の都合上，華語新聞の投書欄を分析することができなかった．これらの現場の声と華語話者の投書を分析することが今後の課題の一つである．

　また，1970年代以降の「大衆」を対象にした芸術文化活動がどのように展開したのかを分析することも今後の課題である．みんなのバラエティショーの「大衆性」は，現在の人民協会が行うコミュニティ・アート政策に繋がっていると考えられるからである（南田2017）．この問題を追求することで，シンガポールの文化政策がどのように展開したのか，下からの芸術運動はどのようなものだったのか，さらにシンガポール政府が望む〈一枚岩のコミュニティ〉とはどういったもので，その〈一枚岩〉が歴史的にみて普遍的／不変的なものなのかを再考することに寄与するであろう．

［謝辞］本研究は，平成28年度採用・日本学術振興会特別研究員奨励費（16J03889）の支援を得て，南洋理工大学人文社会学部英文学科での在外研究中に行われたものです．まず，在外研究中，筆者のメンターとなり，研究室まで用意してくださったC. J. Wee Wang Ling 教授に厚くお礼申し上げます．また，本稿は，第10回日本文化政策学会大会における発表を発展させたものです．討論者であった駒沢大学の川崎賢一教授に感謝の意を表するとともに，本稿の二名の査読員の方々にもお礼申し上げます．さらに，本稿執筆にあたり，兵庫県立芸術文化センター職員の寺田卓矢氏と，シンガポール国立大学大学院博士課程の齋藤梨津子氏に草稿を見ていただき，神戸大学大学院での指導教官である藤野一夫教授には，ご不便をかけながらも海外に住む筆者のためにメールを通してご指導をいただきました．本当に有難うございます．

[論文] 1959年から1965年までのシンガポールの文化政策

表2 みんなのバラエティショーのプログラムと出演者

日付	場所	The Stratis Times が伝えるプログラムの内容	The Stratis Times の掲載年月日
1959.8.31	The Botanic Garden	リー首相が家族と訪れる. 10分間のアクロバティックなショーに5000人以上の人が詰めかけた. 他に6つのコンサートプログラムがあった	The Straits Times, 31 August 1959, Page 4
1959.9.16	The Botanic Garden	10歳の女の子のウクレレ演奏によるインドネシアの歌《Bangsawan Solo》. 20歳の男性によるジャグリングとアクロバットな演技. お笑い等	The Straits Times, 16 September 1959, Page 4
1959.9.20	Bukit Timah Community Centre	5000人を超える人. 3時間のプログラム. CC のレクレーション・オーガナイザーの企画. 15のプログラム構成. 10歳の Kong Nam による Chinise "Koon-Tow dance やタミルの伝統舞踊, マレーのダンスと獅子舞	The Straits Times, 20 September 1959, Page 4
1959.9.27	Katong Park	15000人の観客	The Straits Times, 28 September 1959, Page 4
1959.9.28	Kantong Park	マレー系とインド系. インド系の学校の子供たちが披露	The Straits Times, 27 September 1959, Page 13
1959.10.5	Bukit Panjang	前回は7000人が詰めかけた	The Straits Times, 5 October 1959, Page 4
1959.10.11	The Botanic Garden	詳細不明	The Straits Times, 11 October 1959, Page 4
1959.10.12	The Botanic Garden	5000人の観客. マレー系音楽と中国伝統音楽 (Thaw Yong Amateur Musical Association による). インドネシア舞踊音楽 (ronggeng music). ハーモニカの独奏	The Straits Times, 10 October 1959, Page 4,The Straits Times, 12 October 1959, Page 4
1959.10.26	Pulsu Bukom Kenchil	国家発展省長官が鑑賞. 3000人を対象	The Straits Times, 26 October 1959, Page 4
1959.12.6	Bukit Panjang	詳細不明	The Straits Times, 6 December 1959, Page 5,The Straits Times, 6 December 1959, Page 1
1960.1.10	Strathmore Avenure, Queenstown	14のプログラムから成る. 6000人の観客	The Straits Times, 11 January 1960, Page 4
1960.1.11	Strathmore Avenue, Queenstown	6000人が来客, 17回目, 14の歌とダンス, 劇, ジャグリング, マジックがあった	The Straits Times, 11 January 1960, Page 4, The Straits Times, 10 January 1960, Page 9
1960.2.8	Pulau Tekong Besaj	詳細不明	The Straits Times, 7 February 1960, Page 5
1960.2.23	The Botanic Garden	詳細不明	The Straits Times, 20 February 1960, Page 4
1960.3.4	Katong Park	Derek Plumstead and Qeartet による, モダンダンスと音楽. 国立レクレーションセンターの男子によるトランポリンとタンバリンの演奏. ベトナムのバンブーダンス, お笑い, マレーダンスと歌	The Straits Times, 4 March 1960, Page 4
1960.3.21	Thomson Road	the Singapore Hnoh Kung Association による中国弦楽合奏. 福建省の歌と音楽を奏でる. 初出演	The Straits Times, 21 March 1960, Page 4
1960年4月下旬	Hong Lim Park Theatre	Hong Lim Park Theatre の開館に合わせて	The Straits Times, 22 April 1960, Page 4
1960.4.4	Tuas Village, Jurong Raod	7回目と報道	The Straits Times, 3 April 1960, Page 11
1960.4.11	Ferrer Park	タミル同朋協会による映画鑑賞つき	The Straits Times, 11 April 1960, Page 4
1960年5月上旬	場所不明	National Economic Development Fair と共催	The Straits Times, 1 May 1960, Page 5
1960.8.7	The Botanic Garden	インドネシアから文化交流で来ている Pak Kasur による Angklung のレッスン	The Straits Times, 7 August 1960, Page 5
1960.10.1	Ama Keng Village	18回目, 9つのプログラム	The Singapore Free Press, 4 October 1960, Page 7
1960年10月中旬	場所不明	60のエンターテイナーが参加	The Straits Times, 18 October 1960, Page 7
1960.12.12	Hong Lim Green Region Theatre	詳細不明	The Straits Times, 11 December 1960, Page 11
1960.12.25	Woodland Roads	マレーと中国の歌, ダンス, お笑い, 中国雑技	The Straits Times, 23 January 1960, Page 4
1961年3月下旬	場所不明	Singapore Air Show と共に. 9夜連続	The Straits Times, 22 March 1961, Page 4
1961.6.5	City Hall Steps	1万人を目標に	The Straits Times, 5 June 1961, Page 16
1961.8.19	Hong Lim Park	Cultural Festival との共同開催	The Straits Times, 7 August 1961, Page 4
1961.8.19	Gaylang Serai	Cultural Festival との共同開催	The Straits Times, 7 August 1961, Page 4
1961.8.21	Ama Keng Village	Cultural Festival との共同開催	The Straits Times, 7 August 1961, Page 4

文化政策研究　第11号　2017

日付	場所	The Stratis Times が伝えるプログラムの内容	The Stratis Times の掲載年月日
1961.8.21	Pulau Tekong Besaj	Cultural Festival との共同開催	The Straits Times, 7 August 1961, Page 4
1961.8.22	Sembawang	Cultural Festival との共同開催	The Straits Times, 7 August 1961, Page 4
1961.8.22	Pasir Panjang	Cultural Festival との共同開催	The Straits Times, 7 August 1961, Page 4
1961.8.23	Tuas Village, Jurong Raod	Cultural Festival との共同開催	The Straits Times, 7 August 1961, Page 4
1961.8.24	Upper Serangoon, Pulau Bukom	Cultural Festival との共同開催	The Straits Times, 7 August 1961, Page 4
1962.3.27	National Library car park	National Language Week の開催に合わせて. Lembaga Tetap Kongres, Chin Woo Association and Bhaskar's Academy of Dance の出演	The Straits Times, 24 March 1962, Page 4
1962.6.3	場所不明	National Day Celebration と合わせて	The Straits Times, 9 May 1962, Page 5
1962.6.4	Hong Lim Theatre	詳細不明	The Straits Times, 4 June 1962, Page 4
1962.6.4	Ferrer Park	詳細不明	The Straits Times, 4 June 1962, Page 5
1962.6.4	Gaylang Serai	詳細不明	The Straits Times, 4 June 1962, Page 6
1962.6.29	National Library car park	National Language Week に合わせて. 音楽と共に, マレー語による論文大会が行われる	The Straits Times, 22 March 1962, Page 1, The Straits Times, 26 March 1962, Page 1
1962.8.21	Hong Lim Green Region Theatre	中国の扇子を用いた舞踊. Little Cowboys によるダンス. フラワー・ドラム	The Straits Times, 21 August 1962, Page 4
1962.8.23	Crawford Park	詳細不明	The Straits Times, 21 August 1962, Page 5
1962.8.28	Tiong Bahru Estate	詳細不明	The Straits Times, 21 August 1962, Page 6
1962.8.29	Tiong Bahru Community Centre	リー首相による演説あり	The Straits Times, 28 August 1962, Page 4
1962.8.30	Banda Hill	詳細不明	The Straits Times, 21 August 1962, Page 6
1962.10.17	Kranji Road, Woodland Road	地方の新しいクリニックのオープンを記念して	The Straits Times, 17 October 1962, Page 4
1962.10.25	Bukit Panjang, Geylang Serai, Pasir Panjang and Sembawang	シンガポール文化祭との共催	The Straits Times, 25 October 1962, Page 5
1962.11.3	Bukit Panjang	詳細不明	The Straits Times, 31 October 1962, Page 6
1962.11.5	Geylan Serai	詳細不明	The Straits Times, 31 October 1962, Page 7
1962.11.7	Pasir Panjang	詳細不明	The Straits Times, 31 October 1962, Page 8
1962.11.9	Sembawang	詳細不明	The Straits Times, 31 October 1962, Page 9
1962.11.25	Sin Nam School, Jurong Road	マレー, 華人系, インド系の 舞踊. 人民協会, タミル代議士カウンシル, Taman Bachaan Omuda Pemudi Malayu Singapore からの芸術家による	The Straits Times, 24 November 1962, Page 4
1962.12.16	Thomson Road	リー首相が来る. マレー, 華人系, インド系の舞踊と歌. 人民協会, Perkumpulan, Seni and Bhaskar's Academy of Dance の芸術家による	The Straits Times, 15 December 1962, Page 7
1963.1.13	Kompong Kembabgan Community Centre	120回目, CC のオープニングセレモニー, リー首相が訪れる	The Straits Times, 12 January 1963, Page 11
1963.2.7	Hong Lim Green Region Theatre	第121回目	The Straits Times, 6 February 1963, Page 16
1963.3.4	Bukit Panjang	詳細不明	The Straits Times, 3 March 1963, Page 3
1963.3.11	Nee Soon	リー首相が出席	The Straits Times, 10 March 1963, Page 4
1963.3.25	Chong Pang Road	詳細不明	The Straits Times, 10 March 1963, Page 5
1963.3.25	Kampong Tengah Community Centre	リー首相が出席	The Straits Times, 24 March 1963, Page 8
1963.6.16	Thomson Road	ワンヤンが披露される	The Straits Times, 16 June 1963, Page 8
1963.8.6	Gaylang Serai	詳細不明	The Straits Times, 5 August 1963, Page 6
1963.8.29	City Hall Steps	マレーシアとの統合を記念して	The Straits Times, 29 August 1963, Page 4
1963.9.9	Hong Lim Park Theatre	National Language Week を開催, 様々なダンスとマレー語による聖歌隊(80名)とマレー語によるお笑い劇. ラジオ・オーケストラとポピュラーシンガーによるポップ・ソング	The Straits Times, 8 September 1963, Page 8
1963.9.16	5会場で.	Malayisa Day にあわせて	The Straits Times, 16 September 1963, Page 7
1964.2.28	City Hall Steps	22のプログラム・1000人のアーティスト. シンガポール放送交響楽団とラジオとテレビでのトップ歌手. Chin Woo Athletic Association による獅子舞. Rkumapulan Seni and Perwanit によるマレーダンス. リー首相出席	The Straits Times, 27 February 1964, Page 6

098

日付	場所	The Stratis Times が伝えるプログラムの内容	The Stratis Times の掲載年月日
1964.5.16	① Grange Road, infront of Tanglin Beasr Malay School, ② Hong Lim Park	詳細不明	The Straits Times, 16 May 1964, Page 4
1964年6月上旬	City Hall Steps	リー首相が出席. National Day Celebrarion	The Straits Times, 1 June 1964, Page11
1964.6.2	City Hall Steps	王様の誕生日を祝して	The Straits Times, 2 June 1964, Page 4
1964.6.3	City Hall Steps	National Day Celebration と合わせて	The Straits Times, 3 June 1964, Page 4
1964.9.17	City Hall Steps	詳細不明	The Straits Times, 16 September 1963, Page 7
1964.9.18	Hong Lim Green Region Theatre	詳細不明	The Straits Times, 16 September 1963, Page 8
1964.9.19	Tanjong Katong	詳細不明	The Straits Times, 16 September 1963, Page 9
1964.9.20	Farrer Park	詳細不明	The Straits Times, 16 September 1963, Page 10
1964.9.21	City Hall Steps	詳細不明	The Straits Times, 16 September 1963, Page 11
1963.7.15	City Hall Steps	マレーシアとの統合を記念して	The Straits Times, 12 July 1963, Page 4
1963.7.16	City Hall Steps	マレーシアとの統合を記念して	The Straits Times, 12 July 1963, Page 5
日程不明	Katong Park	シンガポール放送交響楽団による Ahmad Ja'afar 作曲「Dupa Kenchana」. 西洋の合奏様式によるマレー音楽. 歌手をゲストに迎える. ラジオ・シンガポールのコメディアン. 近代的インドの合奏. Duman Chinese Middle School の聖歌隊	The Straits Times, 31 October 1959, Page 4
日程不明	場所不明	華人のラジオでユーモアな話を届けるストーリーテラー. the Kalaimagal Tamil School から16人の女学生によるインド舞踊. Pancharagam Janhara と Singapore Harmonic Qartet による音楽	The Straits Times, 7 September 1959, Page 7
日程不明	Katong Park	Bamboo Dance. 2000人. 3時間. マレー舞踊と音楽	The Straits Times, 7 March 1960, Page 4
日程不明	Senbawang Esatate & Pulau Tekong	展覧会に合わせて, インド舞踊が舞われた	The Straits Times, 23 August 1961, Page 4

出典：The Straits Timesを基に筆者作成

注

1 みんなのバラエティショーは，Aneka Ragam Ra'ayat と表記される場合もあるが，本稿では，国立遺産局の出版物である『Singapore: A Biography』に基づき，「Aneka Ragam Rakyat」と記す.

2 市民社会は，政治的状況，政府，社会と政府との関係などによって，大きく異なる（Chong 2005：273）. 独立以降のシンガポールでは，一般的に，二種類の市民社会が観察されてきた. 一つは，人民行動政府が管理する「公民社会」（civic society），もう一つは，NGO が望む政府の規定する領域から独立した「市民社会」（civil society）である（南田・斎藤 2016）.「公民社会」は，1991年に，政府により「国家と家族の間の層」と定義づけられている（The Straits Times 1991年6月21日）. この限りにおいて，シンガポールの市民社会は，中央集権化し，中産階級の政治的承諾を統治するものとなる（Chong 2005：295–296）. これは，「特に個人の自律と社会集団の目標を調整したり，自由とその限界のバランスを保ったり，多様性と統一を維持しつつも複雑な社会の効率と公正を保つ方法を模索したりしながら，どうすれば平和に生活できるのかを探ること」（Edwards 2004 = 2008：26）を主眼とする西洋の市民社会論とは一線を置く.「政府は，国民の意見には耳を傾ける価値はあるが，個人の欲望と利益を追求し政治的混乱を引き起こす西洋の価値観に基づいた市民社会の発展は歓迎しないという立場をとっている（Francesch-Huidobro 2008; Lim 2014）. 東欧革命の中で形成された国家権力に対する抵抗の場，ハーバーマス（1990 = 1993）の言う討議の場であり，政治参加の拠点としての市民社会の概念を想定するならば，シンガポールでは国家が「疑似市民社会」を上から創りだそうとしているということになるだろう（岩崎育夫2005：264）」（南田・斎藤 2016：133–134）. 本研究が取り扱う1959年から65年までの時代は，統治者に対する左翼的抵抗運動があった一方で，1960年代に人民協会が設立され，徐々に，「公民社会」の核を担う「草の根組織」制度（本注釈後述）が整備され始めた時期である. よって，この時代を「公民社会」＝「疑似市民社会」の建設の萌芽期として位置づけられると考えられる.（シンガポールでは，住民ボランティアから成る地域組織を「草の根組織」と呼ぶ. 主なものとして，コミュニティ・センター運営会（1964年設置），婦人会（1967年設置），青年会（1971年設置），住民委員会（1978年設置），老人会（1980年設置）等がある. とりわけ，地域組織のなかで，コミュニティ・センター運営会と住民委員会は，各地域に必ず設置されているものであり，シンガポール公民社会制度を観察するうえで重要である.）

3 2012年以降，人民協会と国立芸術評議会以外にも，国家遺産局に同様のコミュニティを対象とした部門が設立している. また，国立劇場のような位置にあるエスプラネード劇場にも，コミュニティ・アートを専門とする部署が開設された（南田・斎藤 2016）. なお，本研究が比較対象とするコミュニティ・アートとは，人民協会の PAssionArts を指すものとする. という

のも，シンガポールのコミュニティ・アートの特徴は，「規格化」と「画一化」にあり，それが，国立芸術評議会のコミュニティ・アートの運営や2012年のマスター・プランに確約されたグラウンド・アップの実現にも影響を与えているからである．

4 Low (2016) や南田明美 (2017) も批判するように，国立芸術評議会のコミュニティ・アートの最大の欠点は，対話と〈共創〉の概念の欠如にある．とりわけ，Arts in Neighboourhood では，「質の高い芸術をハートランドに届ける」ことをミッションとしているが，その方法は，「芸術家が国立芸術評議会に提出した企画書通りにアウトリーチすること」にほかならず，市民から生まれる創造性を反映したプログラムとは言い難い（筆者フィールドワーク：2016年11月，2017年2月と3月）．Arts in Neighourhood が「1組のプロの演奏団体による1時間のプログラム」を提供するという側面は，本研究が扱う「みんなのバラエティショー」とは異なる．だが，Arts in Neighboourhood がホーカー・センターやコミュニティ・センターの隣にある広場で週末の夜に行われる様は，「みんなのバラエティショー」と変わりない．Community Arts and Cultural Node の一つである Our Gallery @Taman Jurong では，複数回にわたる美術ワークショップが行われるが，住民委員会の半強制参加が問題となっている（南田 2017）．

5 1974年の新聞報道法改訂に関しては，田村慶子 (2016) を参照のこと．

6 ここでの識字とは，10歳以上で何かしらの言語の読み書きができることを指す．識字率が一番高かった人種は，「その他」で94.0％であった．インド系の75.2％，マレー系の62.2％，華人系の46.2％と続く（Report on the Census of Population 1957：76）

7 多人種主義とは，「様々な『人種』の文化と民族アイデンティティに対して，平等に地位を与え調和させるイデオロギー」を指す（Benjamin 1976：115）．多人種主義については，鍋倉聰 (2011) に詳しい．

8 さらに，Kwok (1998 = 2009：173–174) は，シンガポールの文化政策の特徴を以下の四点にまとめている．1)「文化政策」の領域における国家の役割りは，芸術，遺産，教育，観光事業，コミュニケーションにわたる広範なものであること．2) シンガポールのイギリス植民地の歴史を考えると，国民文化の問題は大きいこと．とりわけ，独立以降の介入主義的国家が主導した急速の近代化では，記憶の消去，伝統の発明，歴史の書き換えをもたらしたこと．3)「国民文化の主張することにはらむ問題は，シンガポールがコスモポリタン的「グローバル都市」として，そして，「新しいアジア」や「アジア・ルネサンス」の典型として自らを位置づける状況にも関連しているということ」（Kwok 1998 = 2009：174）4)「シンガポールの文化政策は，国家建設における非経済的要素を完全に無視するわけではないが，経済学的根拠を強調する傾向があるということ」．（Kwok 1998 = 2009：174）

9 経済格差を見てみると，マレーシア市民の月給は220ドルに対し，シンガポール市民のそれは511ドルであった．この所得格差から，中央政府は，シンガポール州政府が工業化進行のために提出した外国企業の投資認可申請を無視した．中央政府は，シンガポールの工業化よりもマレー人の農地開発を優先したかったからであった（田村 2011：84）．

10 ブミプトラ政策は，独立の際に定められた「マラヤ憲法」(1957年改訂) にも記されている（山川 2011）．マレー人とは，マレー半島に住むムスリムの人々とその先住民を指し，マレーシアに住む経済的に裕福な華人やインド人は，非ブミプトラとなる．

11 1959年から1961年の「シンガポール政府行政報告書」には，「共通のマラヤ文化」を形成すること，促進することが，みんなのバラエティショーの務めだと示されている．第二期の1962年のものには，マレーシア・キャンペーンを展開したと紹介されたのちに，みんなのバラエティショーの紹介がある．そこには，「新しい国家的存在になるための私たちの多人種的文化の統合を促進する」と書かれている．第三期の1963年，1964年の「みんなのバラエティショー」の説明には，「共通のマレーシアの文化的アイデンティの創生」と書いている．そして，独立する1965年のものには，「みんなのバラエティショー」に関する言及はない．

12 この結果は，本研究が取り扱う資料での分析の限りである．しかし，分析上，特段の変化がないことを見ると，みんなのバラエティショーは，マレーシア連邦政府の「マレー人のマレーシア」政策に暗喩的に対抗していたという仮定も見いだせるかもしれない．

13 文化省設立前，首相リー・クアンユーが推進しようとしたものは情報省（Ministry of Information）であり，「文化省」ではなかった．しかし，シナサンビー・ラジャラトナムと後に国立劇場トラストの責任者となったリー・クーン・チョイ（Lee Khoon Choy）は，反植民地主義と反共産主義を掲げながらナショナル・アイデンティティを創生し，国民統合を行っていくためにも，文化省の必要性をリー・クアンユーに説き，その設立を実現させた（Ng 2010：301–302）．なお，文化政策の反植民地主義として，まず行われたのは，植民地政府時代を想起する公的機関の名前を変更したことである．例えば，「ラッフルズ国立図書館（Raffles National Library）」を「国立図書館（National Library）」に，「ラッフルズ博物館（Raffles Museum）」を「国立博物館」に変えた．

14 シナサンビー・ラジャラトナム（Sinnarthamby Rajarathonum 1915–2006）は，スリランカ生まれの移民で，1980年から85年にかけて副首相を務めた．ロンドン・キングス・カレッジ出身．

15 1963年，文化省が中心となり，テレビの放映が始まった．

16 文化省の立場は，予算の順位から，他の省庁と比べて高いものではなかったとラジャラトナムについて研究を行った Ng (2010：305) はいう．シンガポール政府の1960年度歳出が約2億4千万ドルに対し，保健省の予算が2955.9万ドル (12％)，教育省の予算が5710万ドル (24％) であり，予算の配分は，当時の社会的ニーズに応じていたと Ng は述べる．当時は，外交と防衛に自治権が与えられておらず，それらの予算は国家予算に含まれていない．それらを入れると，文化予算のパーセン

17 社会工学とは,「工学の手法を応用して社会制御と問題解決を目指す立場」である.「社会システムを相互連関する一群の変数としてモデル化し,このモデルによって,一定の要因群を変化させた場合にシステム全体がどうなるかを予測し,システム変革のための代替諸案の優劣を判断する」(柴田 2012:584).本研究の対象のマラヤ文化形成政策は,民族間紛争とマラヤ人としてのシンガポール・アイデンティティを形成するために行われた.そのことから,これは,政治が社会文化を工学的に計画,統制,管理している典型的な事例だと考えられる.

18 Lee(1998:326)は,反イエロー・カルチャー・キャンペーンの理由を19世紀の中国の社会風紀の乱れに準えている.「なぜ,19世紀の中国にまで遡るのか」については明らかにしていないが,アヘン戦争(1840〜42)でイギリスに負けた中国の状況を反面教師としていると考えられる.

19 http://eresources.nlb.gov.sg/history/events/47129576-377a-44fe-a05f-fefddf0cb765#2

20 Ng(2010:316)は,シナサンビー・ラジャラトナムのマラヤ文化概念は,プラグマティズムに沿って,かなり緩いものだったのではないかと指摘している.

21 シンガポール国立公文書館に収められているオーラル・ヒストリーには,文字起こし原稿が収蔵されているものと,収蔵されていないものがある.以下で,オーラル・ヒストリーの証言を引用する際,文字起こし原稿が収蔵されているものには,ページ数をつける.一方,収蔵されていないものは,筆者が文字起こしをしたものであり,それを引用する際は,Real/Disk 番号をふる.なお,オーラル・ヒストリーと新聞資料を引用要約あるいは抜粋する際,本文で,筆者引用要約あるいは抜粋と記すか,鍵かっこを用いずに記す.資料引用の場合は,何も記していない.

22 2016年5月28日から9日間にかけて行われた,新しい年次イベントである「シンガポール植物園文化遺産週間(Singapore Botanic Garden Heritage Week)」では,みんなのバラエティショーを讃えて再現しようと,文化コミュニティ青年省の長官であるローレンス・ウォン(Lawrence Wong Shyun Tsai)を迎えて,みんなのバラエティショー(People's Variety Show)が行われた.

23 シンガポールのテレビ放映の開始は,1963年2月15日からであった.当時は,ライセンス制を採用しており,開始当時,35000のライセンスが申し込まれた.同年の11月23日に二つ目のチャンネルが放送を始めた(Ministry of Culture 1963:261).

24 文化省長官であったシナサンビー・ラジャラトナムは,1960年2月27日にシンガポール・ラジオで,民主主義の根幹をなす三つの要素を発表した.その際に,シナサンビー・ラジャラトナムは教育の重要性を挙げており,その一つとしてみんなのバラエティショーを挙げた.当時の政府は,みんなのバラエティショー等を通して多様性の中の統合を進めることでマレーシアとの統合を目指していた(The Straits Times 1961年8月20日)が,マレーシアとの統合は,共産主義に対抗することを意味していた(The Straits Times 1963年6月3日).そもそも,シナサンビー・ラジャラトナムの文化省の設立は,共産主義よりも良い政治・文化システムの開発を意図していた(Ng 2010:302).

25 クリシュナ・ピレイ・バスカー(Krishana Pillay Bhaskar 1925-2012)は,南インドのケララの出身.トラヴァンコール・ロイヤル・ダンス・スクールで舞踊を学んだ.1952年,オーストラリアへ向かう途中だったバスカーは,シンガポールに移住を決め,バスカー舞踊学院(Bhasker's Academy of Dance)を設立.シンガポールとマレーシアでインド舞踊を教え始めた.彼は,シンガポールの文化政策にも大きな影響を与えた人物でもあり,文化省の舞踊諮問委員会長を務めるほか,人民協会,国立劇場トラスト,クレタ・エヤー(Kreta Ayer)人民劇場,国立劇場クラブ,シンガポール芸術フェデレーションの役員を務めた.(http://www.bhaskarsartsacademy.com/people/founder/ 2017年5月21日取得).

26 どの舞踊団を指しているかは,アーカイブや新聞記事からは読み取れない.

27 1979年に設立されたシンガポール交響楽団とは異なる.政府系のオーケストラは,シンガポール放送交響楽団であり,それを指していると思われる.ただし,Tan(2012)が述べるように,当時のオーケストラは,すべてアマチュア演奏家によって構成されていた.1960年代,70年代のオーケストラとして,シンガポール音楽協会(Singapore Music Society),シンガポール室内合奏団(Singapore Chamber Ensemble)があった.また,短い活動期間ではあったものの,シンガポール国立交響楽団(The Singapore National Orchestra)が存在していたことが分かっている(Tan 2012:281).

28 なぜ,ここで急に「カトリック系」と彼女が述べているのかは,資料からは分からない.だが,キリスト教を信仰する「ユーラシアン」のことを指すのではないだろうか.

29 サンサ・.バスカーがどういったものを「健全なもの(Healthy)」と捉えていたかは,オーラル・ヒストリーからは伺えない.しかし,1959年と1960年の「シンガポール政府年間行政報告書」によれば,映画分野ではすでに検閲制度が存在した.すべての映画は,映画検閲局(The Board of Film Censors)からの許可を得なければ,上映できなかった.検閲項目は,性的行為,暴力,過度な残忍行為,長く続く虐待行為,ホラー,宗教観を傷つけるもの,人種差別,植民地主義であった(Ministry of Culture 1960:220).これらは,現在,検閲機関であるメディア発展局(Media Development Authority, MDA 2014)の項目と類似する.現在の芸術文化界でもこれらの検閲項目を含むものは,どのような芸術文化分野/媒体であれ,公にすることはできない.以上から,バスカーが述べる「健全性」とは,映画検閲局が禁止する項目を排除したものだと考えられる.

30 デニス・ジョセフ・エンライト(Dennis Joseph Enright 1920-2002)は,ケンブリッジ大学出身のイギリス生まれの詩人,小説家,批評家で,マラヤ大学では1960年から1970年まで教壇に立った.

31 パントンは,15世紀のマラッカ王国時代から受け継ぐ四行詩のこと.恋愛ものが多いが,マレーの風景や教訓,価値観を盛

り込むものもある.

32　インドネシアやマレーシアなどで着用する筒型の腰布のこと.

33　デニス・ジョセフ・エンライトは，1960年11月25日の The Straits Times で政府への手紙を公開し，マレーの芸術やマレーの生活方法を冷笑したのではないと弁明している.

34　当時のシンガポールには，二つの最高学府があった.1949年にイギリスが設立した英語教育のマラヤ大学と，中華総商工会理事長であったタン・ラークサイ（陳六使）が華語教育の最高学府として1953年に構想した南洋大学である.しかし，当時のイギリス植民地政府と後に続く人民行動党政府は，華人のための南洋大学の設立が，英語とマレー語を核とするマラヤ人意識醸成政策と相反するほか，共産主義を蔓延しかねないとして，設立に反対した.それでも，タン・ラークサイは，その設立を諦めず，1953年に南洋大学有限公司として南洋大学を設置した.その大学創立宣言に，政府への反抗精神がないことと，南洋大学が「大学」として政府から認可を受けるためにもマラヤ文化の発展を目指すことが明記されている.つまり，南洋大学は，シナサンビー・ラジャラトナムによるマラヤ文化構想を支持していたと考えられる.南洋大学の誕生と滅亡に関しては，田村慶子（2013）に詳しい.

35　「はじめに」で述べたように，シンガポール国立図書館に，1950年代から60年代の新聞読者層に関する研究や資料は残っていない.そのため，投書を行った市民がどのような階層に位置するかは，明確ではない.しかし，1950年代の識字率を考えると，少なくとも英語教育を受けたエリート層であった可能性は高い.当時の政治社会情勢から考えると，華語教育を受けたものは共産主義の政治家を応援したが，英語教育を受けたものは英語教育を受けた政治家と同一の思想を持つ可能性が高い.これらの市民からの意見は，人民行動党幹部の支持者からの反対意見であった可能性も考えられる.

36　「与党のイデオロギー的役割」としての政府の文化政策に対して，オルタナティブな実行主体として，市民社会が重要となることは，言うまでもないだろう.

37　当時の民族別のアソシエーションのリーダーは，その民族のなかでも富裕層でかつ発言力のあるものが担っていた.人民行動党政権が生まれるまでは，民族別のアソシエーションが政治的関与を行おうとしていた.だが，政権設立後，それらは，政治的圧力により，ただ単なる文化的団体に変えられてしまった.これらのリーダーは，1960年以後のコミュニティ・センターのリーダーと密接な関係にあった（Gills 2005：180-181）

引用参考文献

二次資料

Benjamin,G.（1979）"The cultural logic of Singapore's 'Multiracialism'" in Hasssan,R.（ed）. *Singapore: Society in Transition*, Oxford University Press.

Central Intelligence Agency.（1960）"The 1960 Soviet Budget" https://www.cia.gov/library/readingroom/docs/DOC_0000326152.pdf　（参照2017年6月2日）.

Chua, B-H.（2007）"Political Culturalism, Representation and the People's Action Party of Singapore", *Democratization*. 14:5, pp. 911-927.

Chong, T.（2005）"Civil Society in Singapore: Popular Discourses and Concept", *Journal of Social Issues in Southeast Asia*. Vol. 20. No. 2. pp. 273-301.

Chong, T.（2010）"The State and the New Society: The Role of the Arts in Singapore Nation Building", *Asian Studies Review*, 34, pp. 131-49.

De Silva, G.F.（1988）*The Straits Times 1945-1975*, Department of History National University of Singapore.

Edwards.M.（2004）*Civil Society (1st Edition)*. Polity Press.（＝堀内一史訳（2008）『市民社会とは』, 麗澤大学出版会）.

Franscesh-Huidobro. M.（2008）*Governance, Politics and the Environment: A Singapore Study*, Institute of Southeast Asian Studies.

Frost, M.R. and Balasingamchow, Y-M.（2009）*Singapore: A Biography*. Edition Didier Millet.

Gillis, E.K.（2005）*Singapore Civil Society and British Power*. Talisman.

Habermas, J.（1990）*Strukturwandel der Öffentlichkeit*, Suhrkamp.（＝細谷貞雄・山田正行訳（1993）『第2版　公共性の構造転換──市民社会の一カテゴリーについての探求』未来社）.

伊志嶺絵里子（2010）「シンガポールにおけるパフォーミング・アーツを中心とした芸術政策の変遷──ブランド戦略の確立へのプロセス」,『アートマネジメント研究』第11号, pp. 48-61.

岩崎育夫（2005）『シンガポール国家の研究：「秩序と成長」の制度化・機能・アクター』風響社.

岩崎育夫（2013）『物語　シンガポールの歴史』中央公論社.

川崎賢一（2006）『トランスフォーマティブ・カルチャー』勁草書房.

小林瑠音（2016）「1960年代から1980年代における英国コミュニティ・アートの変遷とアーツカウンシルの政策方針」『文化政策研究』pp. 7-23.

Kwok, K-W. and Low, K-H.（2002）"Cultural Policy and the City-State -Singapore and the "New Asian Renaissance"". In Crane, D., Kawashima,N. and Kawasaki, K (ed). *Global Culture - Media, Arts, Policy and Globalization*. Routledge, pp. 149-168.

Lee K-Y.（1998）*The Singapore Story*. Singapore. Press Holding.

Low, F.（2016）*Autogenous Culture as Political Form: An Investigation Through Participatory Art with Communities in Singapore*.

Trafford.

南田明美（2015）「国家威信が重視されたオーケストラの文化政策とアートマネジメントのジレンマ——シンガポール交響楽団を事例として」『文化経済学』，第12巻（第1号），pp. 1–13.

南田明美（2017）「転換期を迎えたシンガポールの文化政策（2）：1960年代・70年代と現在のコミュニティ・センターを中心とする芸術文化活動の共通点と相違点」「日本文化政策学会第10回年次研究大会予稿集」，pp. 72–75.

南田明美・齋藤梨津子（2016）「転換期を迎えたシンガポールの文化政策—政府機関のコミュニティ・アート事業—」，『文化政策研究』第9号，pp. 129–147.

鍋倉聰（2011）『シンガポール「多人種主義」の社会学：団地社会のエスニシティ』世界思想社.

National Library Infopedia.「Aneka Ragam Ra'ayat」，〈http://eresources.nlb.gov.sg/infopedia/articles/SIP_1380_2008-11-22.html〉（参照2015年10月31日）

Ng, I.（2010）*The Singapore Lion: A Biography of S. Rajaratnam*. Institution of Southeast Asia Studies.

坂口可奈（2011）「シンガポールにおける『多人種主義』再考」，『早稲田政治公法研究』第97号，pp. 17–30.

柴田悠（2012）「社会工学」，大澤真幸，吉見俊哉，鷲田清一編『現代社会学事典』弘文堂，p.584.

田村慶子（2011）「シンガポール—『超管理国家』の繁栄とジレンマ」，清水一史・田村慶子・横山豪志編著『東南アジア現代政治入門』ミネルヴァ書房，pp. 79–100.

田村慶子（2013）『多民族国家シンガポールの政治と言語：「消滅」した南洋大学の25年』明石書店.

田村慶子編（2016）『シンガポールを知るための65章第4版』明石書店.

Tan, B.T.G.（2012）Goh Keng Swee's Cultural Contributions and the Making of the Singapore Symphony Orchestra. In Chew, E and Chong, G.KWA.（ed）*Goh Keng Swee A Legacy of Public Service*. World Scientific: S Rajaratnam School of International Studies, pp. 279–298.

植村邦彦（2010）『市民社会とは何か——基本概念の系譜』平凡社.

山川貴美代（2011）「シンガポール多人種主義の成立：国民形成におけるマイノリティ」龍谷大学博士論文.

Yao, S.（2007）*Singapore: The State and the Culture of Excess*. Routledge.

Zvorykin, A. and Golubtsova, N.I. and Rubinovich, E.I.（1970）Studies and Documents on Cultural Policies 8 Cultural Policy in the Union of Soviet Socialist Republics. UNESCO. http://unesdoc.unesco.org/images/0000/000012/001240eo.pdf（参照2017年6月2日）.

一次資料
● 公文書

Media Development Authority of Singapore（2014）Proposed Amendments to the Public Entertainments and Meeting Act Public Consultation.

Ministry of Culture（1959–1965）Singapore Year Book.

Report on the Census of Population 1957.

● 新聞

The Straits Times

● オーラル・ヒストリー

Abisheganaden, A.（1994）Oral History, National Archives of Singapore. Accession Number 001461, Reel/Disc 10.

Bhaskar, K.P.（1990）Oral History, National Archives of Singapore. Accession Number 001167, Reel/Disc 7.

Bhaskar. K.P.（2001）Oral History, National Archives of Singapore. Accession Number 002568, Reel/Disc 11.

Bhaskar, K.P.（2001）Oral History, National Archives of Singapore. Accession Number 002568, Reel/Disc 16.

Bhaskar, K.P.（2001）Oral History, National Archives of Singapore. Accession Number 002568, Reel/Disc 21.

Bhaskar, S.（2009）Oral History, National Archives of Singapore. Accession Number 003390, Reel/Disc 4.

Yap, Y-H.（1989）Oral History, National Archives of Singapore. Accession Number 001041, Reel/Disc 7.

● 写真

National Archives of Singapore, Media - Image No:19980000488 – 0099.

National Archives of Singapore, Media - Image No:19980001961 – 0031.

● ホームページ

Bhaskar's Arts Academy ホームページ　http://www.bhaskarsartsacademy.com/people/founder/（参照2017年5月21日）.

Media Development Authority. https://www.imda.gov.sg/（参照2017年6月2日）.

文化政策研究　第11号　2017

[Abstract]

Singapore until the 1980s has generally been called a 'cultural desert'. Many researchers, however, point to the People's Action Party, the ruling party in Singapore, and its campaign upon a cultural policy of 'Malayan Culture' between 1959 and 1965 during the process of nation building. Also, the government provided the masses with *Aneka Ragam Rakyat (the People's Variety Show)*, a series of public performances, as an experiment in promoting such 'Malayan Culture'. However, few researchers analyzed the details of (1) this 'Malayan Culture' policy, (2) the programmes of the *People's Variety Show*, and 3) how the masses and, in particular, the artists accepted them.

In order to analyse these issues, this study will examine case studies of the *People's Variety Show* and the 'Enright Affair'. This latter incident is crucial to an understanding of critiques of the state-sponsored Malayan Culture. I used oral histories, pictures, and speeches from the National Archives of Singapore. I also read through issues of the *Singapore Year Book* and articles from *The Straits Times* at the National Library Board of Singapore. As a result of my research, I not only describe the details of Malayan Culture policy but also analyse two similarities between the period between 1959 and 1965 and the present. The first regards the relationship between the state and civil society, and in particular, ① corporatist relationships between state and artists in the government-sponsored community-based arts programmes, and ② a complete lack of space to criticize the government even from academia. The second regards the parallels between the *People's Variety Show* in the mid-20th century and the community arts programmes run by government agencies under the cultural policy since 2012.

This research will identify new factors that will be central to the studies of cultural policy and civil society in Singapore in the period between 1959 and 1965. In particular, the second historical similarity mentioned above shed light upon the current uniqueness of the community arts movement in Singapore and offer a basis for comparison with the case of community arts in England.

Keywords: Singapore, Cultural Policy, Malayan Culture, People's Variety Show, Enright Affair,
　　　　　　Community Arts, Civil Society

研究ノート
Research Notes

大蔵真由美

竹口弘晃

1940年を中心とした
日本における文化政策論の背景と特質

A Study on the Background and Characteristics of Cultural Policy Theories in the Japan:
Centered on 1940

松本大学教育学部　大蔵　真由美
OKURA Mayumi

［要　旨］

　本稿はアジア・太平洋戦争期，特に第二次近衛文麿内閣が誕生し，新体制運動が推し進められていくようになる1940年を中心的に取り上げ，この時期の文化政策論がいかなる思想的・社会的背景のもとに提出され，どのように展開されたのか明らかにするものである．まず，教学局の報告をもとにして文化政策論を論じられるようになっていった背景について整理するとともに，新聞データベースに見られる文化政策論の動向について分析を行った．さらに，代表的な論者であった三木清及び岸田国士の文化政策論の特質について明らかにした上で，宮原誠一の文化政策論についても検討を行った．

　以上を通して1940年の文化政策論は新体制運動の進展を受けて盛んに論じられるようになり，それは政治の文化性を追究することのみならず，学校教育及び社会教育を通して人々の士気発揚を喚起しようとするという特質があったことが明らかとなった．

キーワード：文化政策論，三木清，岸田国士，宮原誠一，アジア・太平洋戦争

I.　問題意識

　近年，近代日本における個々の芸術文化政策やそれに付随した活動の実態の解明が進んでいる．こういった個々の芸術文化政策や芸術文化活動を広く含んだ「文化」という語を用いて論じられた文化政策論はいつ頃多く見られるようになるのであろうか．国家の近代化が進むなかでこうした文化政策論がどのように位置付けられていったのかを明らかにすることは個々の芸術文化政策と広い意味での文化政策論を結びつけて理解する視点を提供し得る．本研究では先行研究の知見に基づいてアジア・太平洋戦争期を中心とした時期に対象を定めて検討を行う．

　文化政策の概念の成立を解明するにあたり，重要な先行研究を2つ参照する．まず，永島茜の研究は1935年から1945年の間に出版された文化政策論に関して出版された資料の分析を行い，文化

政策論の系譜を明らかにした（永島2003）．永島はそれまで積極的に論じられてこなかった戦前の文化政策論は全てが翼賛的な内容ではないという視点から，文化政策論に関する重要な資料を取り上げている点で注目に値する．しかし，永島が1941年の太平洋戦争開戦をもって文化政策論変遷の画期とした点には疑問が残る．戦局の変化のみならず，政治的な状況の変化なども検討すべき要素となるだろう．

　さらに，当時の言論における自由さについてもより内在的な検討をする必要があると考えられる．永島は戦争を遂行することと「国民精神の統一」を直線的に結び付けて文化政策論がその理論的根拠となったと述べた．当時の戦争のあり方の変化を見ると，第一次大戦以降，国家同士の戦争は武力戦，経済戦という側面のほかに思想戦，宣伝戦という側面も生み出し，これらをいかに一体化

して総力戦体制を形成するかということが課題となってくる．これに呼応するように知識人・文化人から出された当時の文化政策論は彼らが国家の監視の眼をかいくぐりつつ，論理を鍛え上げていく試練の場としての側面があったと考えられる．可能な限り文脈に即して文化政策論の検証をすることが必要だろう．

　さらに，中村美帆が「文化国家」概念の特徴を通時的に明らかにした研究も戦前の文化政策概念と近似的な文化国家概念を扱っている点で示唆的である（中村 2013）．中村によれば戦時期になると「文化国家」概念から反軍国主義のコスモポリタニズムが抜け落ち，「文化国家」概念を国防国家の対抗概念とした論調やあるいは国防国家を文化国家としてとらえ返した論調があらわれたという．すなわち，このような一見矛盾する論理が受け入れられていった背景には私的な精神の働きによるものと国家的なものとは矛盾するものではないという考え方を受容する素地がこの時期の社会にあったということではないだろうか．ひるがえって文化政策や文化行政といった用語についてはどうであろうか．中村の研究を参照しつつ，文化政策概念についてもそれがどのような文脈でどのように使用されたのかという観点から分析することが有効であると言える．

　本稿では文化政策という語が多く使用されるようになる時期としてアジア・太平洋戦争期，特に第二次近衛文麿内閣が誕生し，新体制運動が推し進められていくようになる1940年を中心的に取り上げて検討を行う．この時期において文化政策論がいかなる思想的・社会的背景のもとに提出され，どのように展開されたのか明らかにする．出版物，雑誌掲載論文，新聞記事等を主な対象として分析を行う．

II．文化政策論の展開

　本章ではアジア・太平洋戦争期における文化政策論の展開状況について述べる．はじめに教学局発行の『思想研究』における文化政策論に関する報告を取り上げる．それを受けて新聞データベースに見る文化政策論の状況を明らかにする．

1．思想調査の観点からの文化政策論への言及

　教学局は「教育警察」としての役割だけでなく思想動向の調査の業務を行っていた（荻野編 2008a：2）．ここではその教学局による逐次刊行物『思想研究』に掲載された文化政策論についての報告を取り上げる．この報告は，教学局が出版界における文化政策論の動向をどのように把握していたのかということを知る上で非常に重要な資料である．教学局は1937年に設置され，その前身の思想局から引き継いで思想調査の業務を行った．その他，教学刷新や日本諸学振興委員会の業務なども担当した．教学局はいくつかの逐次刊行物を刊行していたが，その内の『思想研究』では教学局の調査研究の成果及び文献や資料の紹介，日誌等を掲載していた[1]．

　1941年3月に刊行された『思想研究』第11輯に掲載された報告「文化統制及び科学，技術に関する一般論調」[2]では，1940年のジャーナリズムにおける文化論の展開について次のような内容が述べられた．1940年7月の第二次近衛文麿内閣成立，同年9月の大政翼賛会文化部の設置，同年10月の岸田国士の大政翼賛会文化部長就任を受けて文壇，劇壇を始めとするジャーナリズムにおいて重要問題の一つとして文化論が取りあげられるようになったという．このようなジャーナリズムの動きは「実際の文化運動と表裏を為すものであり，其の所論・問題は実際運動から生れ，それを地盤とし背景とする」と，言論と運動の関係性についての認識を示した．こうして文化団体の再編の急激な動きも表面化し，これと連関して文化論は「一つの明確な形態を茲に確立した」とされる．つまり，文化論は「他の経済，政治現象と連関しつつ，文化政策論として，より正確に云えば文化統制論として或は又かかる意味に於ける文化新体制論として取り上げられた」ものであるということであった．

　さらに，「夫々多様に見える種々の意見論策も，

現在に於て現在の問題を中心に展開せられる其の現象面からのみ之を抽象する時には，多くの場合宛も相似の貌を示している．この点，各自が各自の様々な立場を国家的方向に帰一せしめんとする努力の証左ともいえようが，同時に複雑多岐な思想の脈絡を辿るには又最も困難な事態といわねばならない」と述べ，各論者の文化論は似通っているがマルクス主義を含んだ左傾思想の問題として見るには別の角度から考察しなければならないとした．

さらに上述のジャーナリズムの全体的動向に続き，文化統制論を課題・性格・方策の3つの観点から整理するとともに「最も代表的であり且中心に在る」岸田国士の文化政策論と，「文化論の総括的且ジャーナリズムに於ける文化批評の典型的なるものの一つとして」三木清の文化政策論とについて述べた．岸田国士については大政翼賛会文化部長就任以前の「風俗の非道徳性」（岸田 1940a）「一国民としての希望」（同 1940b）「都市文化の危機」（同 1940c），就任後の「政治の文化性」（同 1940d）「新国民文化の検討」（岸田，上村 1940）を取り上げた．三木清については「文化政策論」（三木 1940）をまとめた[3]．上記のようにして岸田，三木の二人の文化論を概観した上で文化統制上の課題は次の5点に整理された．

(1) 現在の文化論はまず政治とのあるいは寧ろ「新政治体制」への連関においてとらえられている．すなわち政治の文化性の問題である．
(2) 文化への要求は従来の文化概念を変革した，国民文化の理念とされるものである．
(3) 国民文化の内容とは文化の日常性，具体性，総合性であり，さらに文化の創造あるいは独立性が要請させられている．
(4) 地方文化の問題が都市文化と表裏して重要な問題である．
(5) 文化の統合が何よりも求められる．

各分野の知識人や文化人らが文化に関する種々

の提言を出しているが，結局のところは上記の課題のどれかを取り上げて論じていたようである．

また，ジャーナリズム関係の学術論及び教育論について「相当自由主義的性格が残されているように思われる」（荻野編 2008b：99）という記述がある．教育論では「教育科学運動乃至国民教育論が中心とせられる」（同上：99）と述べ，著名な教育学者である城戸幡太郎や宮原誠一などが代表的な論者であるとされた．ここから自由主義的性格をいかに排除するかということが教学局の文化統制上の重要な課題であったということがうかがえる．

以上から，教学局は文化統制をする側からこれらの論稿の整理を行い，文化政策論については文化統制論のひとつの範疇として取り上げたものであったということが分かる．代表的な論者として岸田国士，三木清を取り上げたことからジャーナリズムやそれと連関していた文化運動に影響力のある人物が文化政策論の展開，すなわち文化政策の概念の形成に大きな役割を果たすと見なされていたと言える．

この論文では参考資料として87件の雑誌論文，対談，新聞記事があげられている[4]．発行された月日を見ると，1940年6月から12月の期間におさまっている．各界の代表的な論者の論述を中心にあげながら，全体的な動向と各領域の議論を整理している．文化政策の語を題名に冠している文章はそのうち6件であった．上述したように詳細に分析されたのは岸田・三木だけであり，その他は文化統制論の性格もしくは方策を著したものとして大まかに内容を紹介するにとどまっていた．

教学局が資料としてあげた論文については国立国会図書館等で収集を行い，概ねその所在を確認することができたが，『月刊文章』のみ所在を確認することができなかった．巻末に付属資料として一覧表を載せる．

2. 新聞記事検索による文化政策論の動向

前節では1940年の第二次近衛内閣の成立，大

政翼賛会文化部の設置，岸田国士の文化部長就任を受けて，文化論が重要問題として取り上げられたという教学局の分析について述べた．それでは実際の新聞記事ではこのような動向が確認できるであろうか．

読売新聞データベースおよび朝日新聞データベースを利用して，文化政策というキーワードを含む記事を検索した（図1，図2）．朝日新聞では総数71件でピークが1940年であった．先に取り上げた教学局の報告は朝日新聞の記事をもとにして論じられた動向であったことから，報告の内容と朝日新聞の記事数の推移は一致していると言える．一方，読売新聞は総数82件で1941年にピークを迎えており，朝日新聞とは異なってむしろ1941年のほうが多く取り上げていたことが分かる．こちらでも1943年まで文化政策に関する記事の存在が認められた．

III. 文化政策論の特質

本章ではそれぞれの文化政策論の特徴を分析する．前章では，文化政策論の隆盛は1940年から1941年をピークとしており，新体制運動の展開に伴ったものであったことを指摘した．それゆえ個々の文化政策論の内容を把握するには戦争または政治と文化政策との関係性をいかにとらえていたか明らかにすることが有効であると考えられる．具体的には次の2つの課題について検討を行う．①文化政策の主体をどのようなものとしてとらえているか．②国防国家建設の問題と文化政策との関係性についてどのように説明しているか．

ここで取り上げるのは，代表的な論者とされ，新体制運動推進側への影響力が大きかった三木清[5]と岸田国士[6]の文化政策論である．さらに，この二人と比較するために農村文化運動の演劇などの指導者として各地を訪れ，民衆の動向などの把握に努めていた宮原誠一[7]が1943年に上梓した『文化政策論稿』も取り上げる．また，後に詳しく述べるが戦争と政治との関係性をとらえるうえで重要な論点となった教育と文化の問題についても分析を行う．

1. 三木清「文化政策論」

三木清は「文化政策論」（三木1940）で，まず「政治に新しさを齎すものは何よりも文化政策である」（同上：4）と述べた．そこから，文化は単に贅沢なものや装飾のようなもの，つまり不要不急のものであるという考え方を変えていくことが文化政策の目標であるとした．

> 文化政策は重要であるが，それは文化主義というが如きものであってはならぬ．経済や政治の諸部門における政策から離れて文化政策を考えることは抽象的である．文化政策は綜合的な政策の一部でなければならぬ．かように政策の綜合性を要求することが真に文化的というべきである．しかしまた他方，政策綜合化或は一元化ということで，文化政策が文化政策として有する特殊性や独自性が否定されてはならない．真の綜合はその中に含まれるものの特殊性や独自性を殺すことでなく却って活かすことである．文化政策の如きにおいては殊にその特殊性や独自性を認めることが大切である．（同上：6）

三木の議論の特徴は上記のように文化政策のあり方を狭義の芸術文化だけでなく，経済や政治の諸部門も含めて総合的に進める方法であることを述べた点である．そのなかでも今日重要な文化政策の対象は厚生に関すること，科学，教育，宗教であるという．これらを含む文化政策の統一化の障碍となるものに行政機構があり，文化政策と言えばまず文部省であるが実際は主として学校行政に当たっていて特に重要な職業教育は商工省の管轄，ラジオは逓信省，厚生部門は厚生省，地方文化は農林省に属している．このような状態では統一的な文化政策の樹立や実行は困難なので行政機構を改革して文化省のようなものを作ることが必要であるという考えを示した．

さらに政治の文化性及び文化の政治性の問題についても注目すべき点がある．政治が文化性を担

[研究ノート] 1940年を中心とした日本における文化政策論の背景と特質

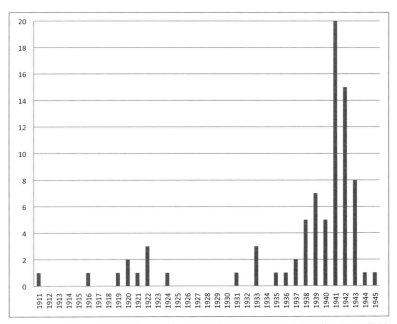

出所：ヨミダス歴史館キーワード検索の結果を元に筆者作成（2016年6月25日調査）

図1　読売新聞　文化政策　キーワード件数グラフ

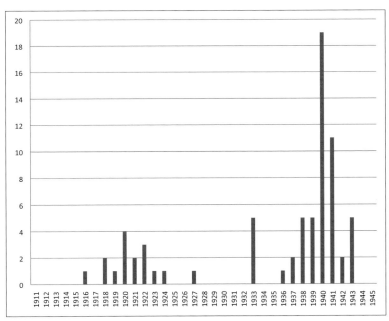

出所：聞蔵Ⅱビジュアルキーワード検索の結果を元に筆者作成（2016年6月25日調査）

図2　朝日新聞　文化政策　キーワード件数グラフ

うためには「政治家が文化についての理解をもって」いるとともに、「文化人がまた政治に対する理解をもつ」ことであるという。これは「文化政策の樹立や実行にあたってはやはり文化人の協力を求めることが大切である」（同上：8）ということである。

本論のなかでは国防国家と文化政策とを関連させて述べていると見られる部分はわずかに認められる。「最近軍部では国民の士気作興について政府に要請するところがあった。これは極めて注目すべきことである。国民の士気作興のために考えねばならぬことは多いであろうが、ともかくそれが士気作興という言葉であらわされるように、そこには或る心理的問題が横たわっており、文化政策のあずかるべき役割はその場合大きいであろう」（同上：5）という言及である。三木の議論では士気作興あるいは心理的問題をあくまで政治的問題としてとらえている。個人の自発性を涵養することと国家の政治に寄与することとを直結させた論理であったと言える。本論では国防国家について直接的に論じてはいないが、以上の点において関連性があると考えることができる。

2. 岸田国士の政治の文化性についての議論

岸田国士の「政治の文化性」（岸田1940d：4）という記事は評論家である河上徹太郎からの質問に答える形式をとっているが、岸田の文化政策論として読み解くことができる内容を含んでいる。

岸田は「現代の世界の到る処で、政治というものに本当の意味での文化性がなくなった所から、文化の擁護という言葉が出たのではないかと思います。日本で特にこの言葉が、知識層の頭に非常に印象を与えたことは日本の現代の政治というものが、又極端に文化性を失って居るからだといえるのです」（同上：88）として、政治家も官僚も翼賛体制を打ちたてるためによく考える必要があると述べた。岸田は文化性がないことの具体的な説明としていくつかの例をあげている。「例えば、議会の空気が非常に無味乾燥で、議員が人間の当然

持っているべき礼節を持っていないとか、或いは下級の官吏が民衆に対して尊大であるとか、斯ういう風な事も僕が言う文化性のないということの一つの証拠なんです」という説明や「今までの小学校の読本なんか、文化性という点から見ると、非常に欠陥が多い、普通の人間では考えられないような、馬鹿々々しい考え方が何処かにあるのです」という指摘がある（同上：89）。

以上のように政治から文化性が欠落していると指摘し、大政翼賛会文化部ですべきことについて次のように語った。

> （河上の「訓育上の依り所を、文化部の仕事として、何とか示す必要があるんじゃないでしょうか？」という質問に答えて―引用者注）そうです。ですから文化部では、一番大きい問題としては、ちゃんとした文化政策を先ず立てて、その文化政策に依った統一のある機関で、全文化機構を再編成することが差当りの仕事です。それに文化的な活動というものは、どうしても民間の自発性に俟たなければ本当の活動は出来ないものです。だからそういう民間の自発的な活動の中に、緊密な連繋を付けさせるということは、今は皆が必要を感じて居るから、ひとりでにでも出来る機運が十分にあると思いますが、そういう事を文化部で一つお手伝いしよう、斯う思って居るわけです。（同上：90）

以上から岸田は大政翼賛会文化部で部長として文化政策を立案し、それによって文化機構を再編成し、統一することを目ざしていることが分かる。すなわち文化政策を主体的に推進していく機構として大政翼賛会文化部をイメージしていたと言える。

上記の文章よりも2カ月ほど早くに刊行された論文「一国民としての希望」（岸田1940b）は大政翼賛会文化部長就任よりも早い時期の論考であると考えられるが、この時点では文化政策という形

での明確な言及はしていないものの，その原点と
もいうべき考えが示されている．安井英二内務大
臣の「正しいことを行うのに張合のある制度を作
る」という内容の言葉を用いつつ政治が「哲学的
に」考察されることを推奨し，学校教育と成人教
育とを含んだ社会教育の改革についての提案をし
た．社会教育への希望としてあげていることが
「一，芸術院を改組し，各専門部門に分け，それぞ
れ実質的な活動をなさしめること．例えば文学部
門で標準日本語辞典の編さんというような．二，
官立音楽学校，美術学校に対して，速かに，官立演
劇映画学校を設立すること．演劇映画の根本的改
善はもはやこれ以外に道はない．三，放送局の機
構を改め，文部，逓信二省の管轄下に置き，文部省
は放送番組を通じて社会教育の実をあげること．
四，図書及び興行検閲の主体を文部省に移管し，要
すれば内務省側の参加を求めること．五，全国の都
市農山漁村の娯楽教養施設に関し，その指導者を
本省より派遣，又は委託すること．六，文教に関す
る新事業が決して不急事業に非ることを戦時予算
の面にはっきり表してほしい」（岸田1940b：324-
325）ということであるから，これが後の岸田の文
化政策のイメージの原型となったと言えるだろう．

このなかで岸田は国防国家との関連において以
下のように述べた．

　　　現在および将来の日本は，それを好むと好ま
　　ざるとに拘らず，深慮ある政治家と機略に富
　　む武官との合体によって，国防国家としての
　　全機能を完備しなければならず，そして同時
　　に，首相の声明にもあるように，軍官民の強
　　力な提携のみが事変処理の鍵であり，社会各
　　般の改新と活発な進展とをもたらすものだと
　　すれば，この，軍部，官僚，国民の三者が，た
　　だ強制的，便宜的，形式的な結合だけで事足
　　れりとするようであっては，悔いを千歳にの
　　こすこと必定だと信ずるが故に，聊か私は歯
　　に衣きせぬ物の言い方をした．（同上：330-
　　331）

ここから岸田は国防国家としての機能を備える
ためには軍や官の問題だけでなく，国民も結合す
る必要があると考えていたことが分かる．岸田の
言葉では「日本を名実ともに正しい美しい国にす
るという理想の上にたった，自覚と情熱とを互に
持ち合わねばならぬ」（同上：331）ということで
あった．

3．宮原誠一の文化政策論

　次に宮原誠一の議論を取り上げる．宮原誠一
『文化政策論稿』（宮原1943）は1943年に刊行さ
れた著書であるが，掲載された論文の初出は
1940年秋から1942年秋との言及（同上：5）があ
るので前節までに見てきた論文と時期的に重なっ
ている．また新聞広告に出版情報も掲載されてお
り，一般大衆に広く読まれることも期待されてい
たこともうかがえる．

　宮原は「戦時文化政策の重点」で文化政策の観
念について次のように述べた．

　　　戦時文化政策が強行性と集中性という二つの
　　性格につらぬかれるためには文化政策の諸
　　分野が明確にされなければならない．この場
　　合，文化政策ということを，文化に関する政
　　策というように抽象的に考えて，文化そのも
　　のの本質規定，文化とは何ぞやということか
　　ら決めてかかろうとするような字義的解釈の
　　立場に立つことは危険である．そのような立
　　場に立つならば文化政策が政策としてなぜ
　　今日この段階において取上げられるようにな
　　ったかのゆえん，その政治的意義は見失われ
　　てしまう．（中略）このようにして文化政策と
　　いう観念は現代における国家総力戦下の政
　　治に関係する歴史的な範疇として把握されな
　　ければならないのである．

　　　しかし我が国の現状では，一般に文化政策
　　という観念は，何か漠然と文化に関する国家
　　の政策的な配慮として考えられ，文化という

観念が曖昧であるままに曖昧である．（同上：6-8）

このような宮原の提起の背景には官民各方面で文化政策に関して「手のつけようのない話題の混乱」があり，巡回映画の話があったと思えば育児や栄養，冠婚葬祭改善，国民詩朗読，科学教育振興，音楽の話，医療施設普及などと「文化という総括的な名称のもとに取入れられそうな問題が軽重前後の別なく取入れられ，かくしてすべてが有耶無耶に終る」という問題意識があった．新体制運動以後，文化の名の下に概念的にも実践的にも文化政策とよばれるものが肥大化したがそれを歴史的範疇として考えることによりその目的性や政策としてのあるべき姿が明らかになるとした．

宮原は「文化政策の諸分野は統一されなければならないと同時に，差別されなければならない」（同上：9-10）という．その差別化する方法を次のように示した．文化政策を国内文化政策と対外文化政策の二大部門とする．国内文化政策を宗教政策・教育政策・厚生政策・学術政策・科学技術政策・宣伝政策・芸能政策の七部門に大別する．職域にある国民の精神を最直接的に動員・指導する任務をもつという意味において宣伝政策・芸能政策の二部門を一括して狭義における文化政策と称してもよい．この国内文化政策諸部門の主務官庁を現制機構に擬すれば，教育・学術・宗教の三部門を文部省所管とし，厚生部門を厚生省所管とし，科学技術部門を技術院所管とし，宣伝・芸能二部門を情報局所管とすべきである．

以上のようにしてそれぞれの管掌範囲を明確にし，それぞれが邁進しつつ必要に応じて相互に連絡協力することが必要であると述べた．さらに各方面の論者からの求めがあるように，対外・国内情報宣伝の全分野を総合的に一元化する国家機関の確立の必要があると主張した．この官庁は国民の精神と意思の指導の問題と関わって東北・東海・近畿・北陸・関東・中国・四国・九州・北海道の9地方局からなる指導上のシステムを構想し

ている点に特徴がある．宮原は主務官庁の指導のもとの文化職能組織の構想も述べている．文化職能組織としては日本文化連盟，日本新聞雑誌協会，日本出版協会，日本著述協会，日本放送協会，日本映画協会，日本演劇協会，日本音楽協会，日本美術協会について構想し，「しばらくこれを或る程度の精鋭組織として運営し，活動の展開に伴い漸次拡大し，ついには網羅組織たらしめる」（同上：28-29）とした．

宮原は国民精神の指導の面，すなわち「国民士気の昂揚」に関しても実践的な側面から論じている．国民士気の昂揚のためには第一に情報宣伝方策を確立することであり，啓蒙宣伝活動は「あくまでも言葉の真の意味において『啓蒙宣伝的』でなければならない，いいかえれば『教育的』でなければならない」（同上：13）という．第二に休養・慰安対策を拡充することで「休養・慰安の観念は，月何回とか年何回とかいう行事的なものではなく，毎日々々の日常的なものにならなければならない」のである．

宮原の論は全体として高度国防国家体制建設のために文化はいかように動員されなければならないかという問題意識に貫かれており，それは先述の「文化政策という観念は現代における国家総力戦下の政治に関係する歴史的な範疇として把握されなければならない」という方法論から導かれている．すなわち宮原の議論は岸田や三木のような新しい機構を打ち立てる構想ではなく，現行の行政機構や職能団体のこれまでの位置づけを把握した上で整理し，それらを活かす形で国民を指導する方法について論じたものであったといえるだろう．

4. 教育と文化の関係

以上に見てきた論者は，国民の士気昂揚すなわち自発性の調達をいかに行い，それを国防国家建設という目的にいかにして寄与させていくのかという行政機構の問題として方法を構想して議論を文化政策論のなかで展開した．このような連携の議論のなかに国民の自発性の調達が位置づけられ

る時，それはすぐれて教育の問題となる．教育学者はもとより，三木や岸田も教育の問題に大いに関心をもっていたことが分かる．

岸田国士，三木清，評論家の津久井龍雄が参加した「文化問題を語る」（岸田，三木，津久井 1940）座談会で，岸田は，学校の教科書で語られている内容と現実とが矛盾しているように見えることをさして「そういう精神が今の教育の中に殆ど無意識の間に浸透して居わせぬかと思う．これは国民を健全に育てて行く上に非常に害を流す（原文ママ）と思う」（同上：177-178）と語った．

これを受けて三木はヒューマニズムの問題であるとし，「例えば納税なら納税ということだけに従属させてしまって，あとは人間でなくても何でもいいというようなやり方，考え方が非常に多い．ですから全体観とか何とかいうことは近頃喧しく言われているが，そういう全体的な人間の像というものが一寸も浮んでいないと思う」（同上：178）と述べた．

同様に，教育学者の長田新も，新体制と教育及び文化との関連で次のようなことを述べている．近衛首相の新体制に関する声明からは「文化の一領域としての教育が他の文化や経済の領域と如何に縦と横とに関係して万民翼賛の国民組織の一構成要素にたるべきかということの具体的な理解が甚だしく困難」（長田 1940）であるが，しかし「新体制運動を以て単なる政治運動と見るのは皮相であって，それは根本において寧ろ一個の思想運動でなくてはならない」ということである．軍人が政治に関係しないように教育者も政治に関係すべきでないが「政治と教育とはその本質において一体でなくしてはならない」と長田は言う．

以上のような論じられ方は社会教育についても共通していると見ることができる．小田成就，城戸幡太郎，桐原葆見，小林秀雄などの政府関係者や学者らが参加した「『文化政策と社会教育の確立』座談会」（城戸，桐原ほか 1940）では次のような発言があった．城戸は「社会教育と同時に，政治教育として新しい政治目標というものを国民に徹底させて行くような所謂啓蒙運動が開始されなければならない」，もうひとつは「一つの新しい体制が出来上ってしまった場合」は「国家の文化政策といったようなものを国民に徹底させて行こうとすれば政治教育というよりも寧ろ——それも政治教育かも知れませんけれども——政策を実行する為の社会教育というものが必要になって来る」（同上：133）と述べた．さらに文化啓蒙ということを考える場合には「現在どういう思想が要求されて居るかという所から入って来なければいけないのじゃないか」としている．したがって文化政策の根幹にあたる一つの思想原理が何かということがハッキリしないと社会教育の意義や方法もハッキリしないという城戸の指摘に対して文部省成人課長の小田は「なかなか難しい問題で，文化の難しい定義は専門家の皆さんから伺いたいのですが，さしずめ新体制に即応する文化をどう考えたらよいかということが問題になる」，「今後の文化政策というものはやはり国民文化の進展という事に帰一して行かなくちゃならぬのじゃないか」（同上：140-141）と述べた．

こういったいわば上からの教育と文化のあり方に関する議論に対し，宮原誠一は地方文化運動あるいは農村文化運動を媒介とした下からの教育と文化の議論を展開した点で注目することができる．宮原は一般的によく指摘される上意下達のみで「下意上通」の途がふさがれがちであるということについて上意下達の不手際さや不親切さを指摘するとともにその逆について「国民各自がはたしてどれだけの熱意と努力とを払ってきたか」（宮原：77-78）と述べている．これは文化的な職能に携わる人々だけでなく国民全体が文化の問題について考え，動き出さなければならないということであるが，特に強調すべきことは文化の創造の面よりもむしろ享受の面であるとした．宮原は「国民文化ということを，はっきり我々の同胞のための文化と考えて，国民の生活のなかから生れ，またそこに滲みこむ文化，都市や農山漁村にある国民の多数者の日々の生活における憩いや潤いや喜びや

感銘や力や教養やの糧となる文化」と考えると「国民の文化享受の手段や施設の方面」と「国民の文化享受能力の方面」（同上：80-81）から進めていく必要があるとし，手段や施設の充実が文化の創造につながることを示した．

具体的には「中央・地方を通じて図書館・博物館・美術館・公会堂および夫々の分館・分室等を飛躍的に増設すること，そうしてそれらのものがほんとうに地域の文化的中心基点となって活動し，そこからたとえば巡回文庫や移動展覧会や映画班・演劇班やラジオ集団聴取施設等がどんどん放射され，さらにそれらの網の目に結びつけて各種の同好者組織を職能別・地域別に生みだして行くこと，──そういう方面に，新文化体制建設の焦点がさだめられなくてはならないのではなかろうか」（同上：82）と示した．そのうえ国民教育の問題についても誰もが教育を受けた経験があり，子弟の教育について責任を帯びているのだから教育者と父兄と当局が協力して解決してゆかなければならないと主張した．

宮原のこのような下からの議論の立ち上げは国民が創造性をいかに発揮するかという道筋を示す上で重要な視点であったといえる．

IV．結論

以上，アジア・太平洋戦争期とりわけ1940年を中心とした時期にしぼって文化政策論がいかなる思想的・社会的背景のもとに提出され，どのように展開されたのか検討を行ってきた．以下，明らかになった点を述べる．

まず，文化政策論が重要な問題として取り上げられるようになったのは1940年の第二次近衛内閣の成立と大政翼賛会文化部の設置を契機とした新体制運動の盛り上がりが社会的背景としてあったということである．1941年3月の教学局の逐次刊行物『思想研究』に掲載された報告「文化統制及び科学，技術に関する一般論調」には上記のような言及があったことに加え，新聞記事データベースの検索結果からは文化政策に関する記事が多く掲載されたのは1940年あるいは1941年がピークであったということが分かった．以上をもって，当時の文化政策論は第一に政治体制が翼賛的な方向へと変化したことを受けて展開されたものであったと言える．主要な論者であった三木清と岸田国士を取り上げて見ると，新体制に期待することとして，具体的には政治家や官僚が文化への理解を深めると同時に，文化人も政策へ協力すべきという政治の文化性の問題について述べていた．さらに，三木や宮原誠一は行政機構のあり方についても論じており，文化省のような文化政策を専門に所管する官庁を創設することも構想しており，当時の知識人・文化人も多くこれを主張していた．岸田の主張からは，大政翼賛会文化部長という立場から，文化部として文化政策を立案するという意思があったことが分かる．

また，思想的背景については，自由主義をいかに排除するかという面からの思想統制を貫徹したい文部省の思惑があったことがうかがえた．このような思想統制の動向を各論者が察知し，防衛のために自由主義的な表現を避ける意図が働いた可能性はある．しかし，そうであったとして代替としてどのような表現が選択されたのか，あるいはより国策協力的な性格の表現へと変化したのかについてはさらなる検証が必要である．

加えて自発性をいかに調達して国家目的へと結び付けていくかという問題を考える際に，多くの論者が重視して述べていたのが教育論であった．ここでは，学校や社会にはびこる悪しき価値観を今一度考え直し，学校教育や社会教育における思想の問題すなわち道徳性の涵養の問題として教育をとらえようとする向きがあった．また，地方文化運動のなかから国民が文化の議論を立ち上げていくことへの提起もなされた．

以上に見てきたような知識人・文化人による文化政策と政治，教育あるいは地方文化運動との関係性の理論は，さまざまな実践のなかでいかに鍛え上げられてきたのかという点を解明することも今後の課題である．戦時期における文化政策論の

全体像を明らかにするうえで，実践と理論の相互形成作用について検討することが必要になるであろう．

注

* 引用文中の旧字体は新字体に改めた．
1　『思想研究』は，昭和12年9月以降各輯1600部発行されていたが，第11輯以後は1300部に減少したとの言及がある．これらは直轄学校，公私立大学，高等専門，実業専門学校，国民精神文化研究所，地方庁，関係官庁に配布されたが，表紙裏面には極秘と記載されている．（荻野編2008a）
2　「文化統制及び科学，技術に関する一般論調」『思想研究』第11輯，1941年，pp. 1-40および荻野編2008b．
3　三木の参考資料としては，「国民性の改造」『中央公論』（中央公論社，1940年6月），橘樸，三木清，永田清，小松清，津久井龍雄，菅井純一の対談「国民性の改造検討会」『中央公論』（中央公論社，1940年11月）も論文中にあげられているが，それらについては言及がない．
4　上・下に分けて刊行された論文や往復書簡がまとめて1件として記入されていたため，それらを別々の1件として数え直すと本来の数は92件である．
5　京都学派の哲学者で1940年以前には昭和研究会に参加しており，この時期も論壇で活躍していた．
6　劇作家や評論家として活躍し，この年に大政翼賛会文化部長に就任した．
7　教育学者で当時法政大学の講師を務めていた．農山漁村文化協会などを通じて農村を訪れて演劇指導などを行っていた．

参考文献

城戸幡太郎，桐原葆見，小林秀雄，志村義雄，杉野忠夫，鈴木舜一，留岡清男（1940）「『文化政策と社会教育の確立』座談会」『文芸春秋』文芸春秋社，1940年10月，pp. 133-166.

岸田国士（1940a）「風俗の非道徳性」『文芸春秋』文芸春秋社，1940年6月，pp. 124-134.

岸田国士（1940b）「一国民としての希望」『改造』改造社，1940年10月，pp. 314-331.

岸田国士（1940c）「都市文化の危機」『文芸春秋』文芸春秋社，1940年10月，pp. 168-184.

岸田国士（1940d）「政治の文化性」『文芸春秋』文芸春秋社，1940年12月，pp. 86-95.

岸田国士，上村哲彌（1940）「新国民文化の検討」『公論』，第一公論社，1940年12月，pp. 145-163.

岸田国士，三木清，津久井龍雄（1940）「文化問題を語る」『日本評論』日本評論社，1940年12月，pp. 170-183.

宮原誠一（1943）『文化政策論稿』新経済社.

三木清（1940）「文化政策論」『中央公論』中央公論社，1940年12月，pp. 4-15.

永島茜（2003）「わが国における文化政策論の変遷―昭和10年代における出版物を中心として―」『文化経済学』第4巻第1号，文化経済学会〈日本〉，pp. 57-65.

中村美帆（2013）「戦後日本の『文化国家』概念の特徴―歴史的展開をふまえて―」『文化政策研究』第7号，日本文化政策学会，pp. 135-156.

荻野富士夫編（2008a）『文部省思想統制関係史料集成』第5巻，不二出版，p. 2.

荻野富士夫編（2008b）『文部省思想統制関係史料集成』第6巻，不二出版，pp. 89-99.

長田新（1940）「教育新体制の根本問題」『日本公論』日本公論社，1940年11月，pp. 49-51.

[Abstract]

This paper is centered on the New Order Movement in the Asia-Pacific War period, 1940, to clarify the background of cultural policy theories and how it was developed.

First, from the paper of the faculty of studies, I describe their perspective on the status of the surrounding cultural policy theories. I then analyze the status of the cultural policy theory in the newspaper database. In addition, I clarify the characteristics of the cultural policy theory of Kiyoshi Miki and Kunio Kishida, a representative of those days. I then examine the theory of Seiichi Miyahara from another angle.

The conclusion I draw is that the cultural policy theories were developed in response to the change in the political system to the Imperial Rule Assistance, not only to pursue the culture of politics but also to boost the morale of the people through school education and social education.

Keywords: Cultural policy theories, Kiyoshi Miki, Kunio Kishida, Asia-Pacific War

文化政策研究　第11号　2017

付属資料　1940年に雑誌及び新聞に掲載された主要な文化統制関連記事　　　* 原著と考えられるものを参照して記載した

タイトル	著者	媒体	掲載月
人間と組織	谷川徹三	改造	6
文化科学の振興	土屋喬雄	改造	9
新政治体制と新教育体制	城戸幡太郎	改造	9
一元化と単一化	中島健蔵	改造	9
新体制と農本文化	和田伝	改造	9
国内新体制と娯楽文化	上泉秀信	改造	9
ジャーナリズムの方向と組織	青野季吉	改造	9
教育新体制の重点	宗像誠也	改造	9
新娯楽論	宮沢俊義	改造	10
美術の新出発	相良徳三	改造	10
一国民としての希望	岸田国士	改造	10
新体制下の文学	矢崎弾	月刊文章	10
新体制と文化政策	巻頭言	原理日本	10
岸田国士氏に呈す	蓑田胸喜	原理日本	10
新体制と宗教—主として教会合同問題に就て— *	今井三郎	公論	10
教育新体制の根本問題	長田新	公論	11
国民文化建設の基本姿勢 *	安部能成	公論	12
新しき国民性格の創造—東亜指導者として— *	赤松克麿	公論	12
国民文化の創造	城戸幡太郎	公論	12
新国民文化の検討	岸田国士・上村哲彌	公論	12
国民文化の根本概念	浅野晃	国民思想	11
新日本文化の創造（座談会）*	本荘可宗・尾崎士郎・長田秀雄・林房雄・林実・浅野晃・岩倉政治・細田源吉・渡辺武夫・長谷川忠・井上内閣情報官・司法省北条蜀・庄司保護司・池田嘱託保護司・梅地慎三・国民思想研究所（小林・沼田・金子）*	国民思想	11
勤労と文化	平野宗	国民思想	11
学問の自由と統制	古府路芳夫	国民評論	8
新体制・文化面 *	井沢真太郎	時局情報	十巻
時局と文学者の役割	中村武羅夫	新潮	9
演劇の潮流	菅原卓	新潮	9
映画の新体制	内田岐三郎	新潮	10
向上の道を阻むもの	中村武羅夫	新潮	10
演劇と精神的栄養に	北村喜八	新潮	10
文学の新体制	巻頭言	新潮	11
国民文学への道	浅野晃	新潮	11
国民性の改造　支那を視て来て *	三木清	中央公論	6
知識階級と新体制	蝋山政道 *	中央公論	10
官僚の国民化	清水幾太郎	中央公論	10
文学と文学者は別である *	保田与重郎	中央公論	10
学生の政治教育について *	中島健蔵	中央公論	10
演劇映画人の心構え *	権田保之助	中央公論	10
国内文化の刷新	清水幾太郎	中央公論	10
国民教育者の痛憤	留岡清男	中央公論	10
国民性の改造検討会 *	橘樸・三木清・永田清・小松清・津久井龍雄・菅井準一 *	中央公論	11
文化政策論	三木清	中央公論	12
文化の配給と消費	今野武雄	中央公論	12
適材　岸田氏に寄す *	高村光太郎	中央公論	12
岸田国士島木健作対談	岸田国士・島木健作	中央公論	12
文学の原則	窪川鶴次郎	中央公論	12

[研究ノート] 1940年を中心とした日本における文化政策論の背景と特質

タイトル	著者	媒体	掲載月
要は精神にある　文芸の新体制について（上）*	今日出海	東京朝日新聞	9月25日
強力な統合へ　文芸の新体制について（下）*	今日出海	東京朝日新聞	9月26日
世界的文化の母胎　大政翼賛会文化部長に就任して*	岸田国士	東京朝日新聞	10月20日
文化政策へ望む―映画―積極的に協力　精神的影響こそ重大*	飯島正*	東京朝日新聞	10月30日
文化政策へ望む―演劇（上）―　新体制の一翼へ　浮び出た演劇，映画*	山本修二*	東京朝日新聞	10月31日
文化政策へ望む―演劇（下）―　新文化建設へ　精神の芽生えを育てよ*	山本修二*	東京朝日新聞	11月1日
文化政策へ望む―科学（上）―　今こそ認識せよ　科学文化の精神的価値*	石原純	東京朝日新聞	11月2日
文化政策へ望む―文芸（上）―　文学の特殊性　文化人の決意と矜持に俟つ*	中野好夫	東京朝日新聞	11月14日
文化政策へ望む―音楽―　新体制の一翼へ　その向うところを示せ*	堀内敬三	東京朝日新聞	11月16日
新党と知識階級	津久井龍雄	日本評論	7
新政治体制の思想的基礎の問題*	船山信一	日本評論	7
新文化体制と知性	船山信一	日本評論	10
新文化体制と教育	宮原誠一	日本評論	10
国民精神の問題―ラスキンの美術批評に因んで―*	大熊信行	日本評論	10
来るべき文明の性格―特に都市文明の清算について―*	長谷川如是閑	日本評論	10
知識階級の要望	蝋山政道	日本評論	10
翼賛運動の文化的方向	東興太郎	日本評論	10*
言論政策の転換と新聞	東興太郎	日本評論	10
ドイツの出版統制	斎藤秀夫	日本評論	12
文化問題を語る	岸田国士・三木清・津久井龍雄*	日本評論	12
国民性の改造	阿南宏	日本評論	12
教学刷新の問題	安部・和辻・城戸・谷川	日本評論	12
風俗の非道徳性	岸田国士	文芸春秋	6
地方性の文化的価値	柳宗悦	文芸春秋	6
都市文化の危機	岸田国士	文芸春秋	10
農村文化のために	島木健作	文芸春秋	10
劇場人の立場から*	渋沢秀雄	文芸春秋	10
美術について訊く	宮田重雄	文芸春秋	10
映画統制への疑問と希望	森岩雄	文芸春秋	10
文壇の一人として	阿部知二	文芸春秋	10
音楽界からの要望	増沢健美	文芸春秋	10
今後の出版界	岩波茂雄	文芸春秋	10
独逸の演劇統制	邦正美	文芸春秋	10
職域の革新と内省　革新の心について―赤松克麿君へ―*	津久井龍雄	文芸春秋	11
職域の革新と内省　革新の心について―津久井龍雄君への返信―*	赤松克麿	文芸春秋	11
職域の革新と内省　文学の再建―横光利一君へ―*	尾崎士郎	文芸春秋	11
職域の革新と内省　文学の再建―尾崎士郎君への返信―*	横光利一	文芸春秋	11
政治の文化性	岸田国士	文芸春秋	12
国民的性格の錬成―社会時評―*	長与善郎	文芸春秋	12
望ましい文芸政策	津久井龍雄	文芸	11
外部の問題	清水幾太郎	文芸	11
生の均衡のために	芳賀檀	文芸	11
新体制と芸術	林広吉	文芸	11
文芸政策の諸問題	中島健蔵	文芸	11
文学の政治性	尾崎士郎	文芸	11
生活者の文化	島木健作・阿部知二	文芸	11

出所：「文化統制及び科学，技術に関する一般論調」『思想研究』第11輯，1941年，pp.7–12をもとに筆者作成

文化政策研究　第11号　2017

地域に展開する企業メセナの役割と特徴
―地域文化資源に着目した実践を事例として―

The Roles and Features of Corporate Mecenat in the Community:
Case Studies of Social Practices Focusing on the Cultural Resources

中央学術研究所　竹口　弘晃
Chuo Academic Institute　TAKEGUCHI Hiroaki

［要　旨］

　本稿の目的は，地域志向の企業メセナの実践事例を通じ，地域に果たした役割と実践の特徴を明らかにすること
にある．近年の企業メセナは，地域志向というトレンドを形成し，地域社会に関連する社会的課題へアプローチす
る活動を志向している．こうした変化を反映した企業メセナの事例を検討した結果，企業はメセナ活動を通じて地
域に文化創造の基盤となるインフラストラクチャーを形成することで，文化的資源の拡大的再生産の循環を生み出
し，地域の独自性や個性に依拠した潜在的成長力を育む文化主体としての積極的な役割を果たしていることが明ら
かとなった．その特徴については，地域の創造的発展の原動力を生み出す公共性の高い社会的実践として展開され
ている点を指摘できる．このように，企業メセナの実践が，社会創造という新たな局面へと高度化しているとの示
唆を得た．

キーワード：企業メセナ，地域志向，文化資源，高度化

Ⅰ．はじめに
―文化実践主体としての企業―

　今日では，企業が重要な文化実践の担い手であ
るという認識は広く共有されている．企業と文化
の関係性を広く社会に啓発したものとして，見返
りを求めない社会貢献としての文化支援活動を意
味する「企業メセナ」が大きな役割を果たしてき
たといえる．

　企業メセナ協議会が発足した1990年を企業メ
セナの一つの画期と見るならば，25年以上の歳月
を経て社会に定着した段階に入っており[1]，企業
が行う文化活動の意義に豊かな示唆を与える事例
もこれまでに多く蓄積されてきた（社団法人企業
メセナ協議会 2003, 2005）．

　その一方で，企業メセナに関する学術的議論の
視点においては，文化支援における資金面の貢献

という論点にやや限定的に言及されるきらいがあ
るのも否めない[2]．その要因の一つとしては，学術
的議論の俎上において，企業メセナの実践に関す
る具体的なケーススタディが乏しい点を指摘でき
るだろう．それ故，企業メセナの実践の実態を明
らかにしつつ，学術的な議論をより活発に展開し
ていくことが必要な段階にあるといえる．

　そこで本稿は，企業のメセナ活動における傾向
変化を踏まえつつ，具体的な事例に基づく実態把
握を通じて，企業メセナの実践が，地域に対して
どのような役割を果たしているのか．そして，その
実践における特徴とはいかなるものなのかを明ら
かにすることを目的とする．検討にあたり，本稿で
は企業メセナにおける社会的役割の側面に着目し
た議論を展開するものとする[3]．

　研究目的の達成に向け，本稿の議論は次のよう

に展開される．まず，先行研究に基づいて企業メ
セナに関する研究推移と潮流変化を概観した上で，
昨今の企業メセナの実践の特徴を明らかにし，先
行研究の知見を読み解きながら研究課題の所在を
明確化する．続いて，地域の文化資源に着目した
メセナ活動を展開する2つの事例研究を通じて，
企業メセナが地域で果たした役割を検討し，その
実践面における特徴を明らかにしていく．

II．企業メセナの傾向変化と研究課題の所在の探究

1．企業メセナに関する研究推移と潮流変化

ここでは河島伸子の研究に依拠して，メセナの
研究推移と潮流変化について確認することにする
（河島2016：282-287）．

当初のメセナ研究については，メセナの理論武
装の意味合いが強いという特徴をもち，1990年代
から2000年代初めまでは，メセナを行うべき理由，
時代的要請，具体例や進め方などを体系的に紹介
する必要が生じたと指摘している．メセナが発達
して10年を経た頃からは，研究者による企業メセ
ナへの評価が始まり，「企業経営にとって」という
観点のみならず，「文化や社会に対して」という観
点から特定の文化の分野や領域におけるメセナの
分析と評価を試みる研究も見られるようになった
という．今後は創造的な活動が経済活動の源泉に
なることを理論化し，実証する研究が求められる
との展望が示されている．

それでは，こうした研究推移においてどのよう
なメセナ活動に関する潮流変化が見られたのであ
ろうか．

河島は，1990年代におけるメセナの新しい3つ
の潮流として，①個々の芸術活動の創造や発表で
はなく，それを支えるマネジメントへの支援が始
まったこと，②鑑賞者参加型活動への支援が始め
られたこと，③地域のNPO（あるいはそれに近い
もの）を企画に巻き込む，という点を指摘する（河
島2001：125-129；河島2002）．

2000年代以降については，①メセナから撤退す

る企業があったこと，②企業メセナの内容と形態
における進化，③メセナ活動の評価，見直し，それ
に基づくプログラム改善というサイクルを作ろう
とする意識，体制が生まれ，なかでも，21世紀に入
ったあたりから，地域社会，特にまちづくりへの貢
献が重視されてきていると指摘している（河島
2016：278-282）．

以上のことから，研究推移においては，メセナが
「企業経営にとって」から「文化や社会に対して」
関心を寄せるようになってきていること．企業メ
セナの実践における潮流変化においては，地域社
会，なかんずく，まちづくりへの貢献が見られるよ
うになってきていることが理解される．これらの
ことから，メセナ活動の新たなトレンドとして地
域志向という点を指摘することができよう．

2．企業のメセナに対する意識変化

企業メセナの啓発と普及を牽引してきた企業メ
セナ協議会による調査を手掛かりに（企業メセナ
協議会2016），地域志向をもつメセナ活動に対す
る理解を深めながら，新たな傾向を示すメセナ活
動を対象とした研究課題の手がかりを探っていき
たい．

調査によれば，メセナの目的における1位は「芸
術文化支援」である．特に重視した点として，首位
が「芸術・文化全般の振興（74.1％）」で，次点とし
て「地域文化の振興（53.6％）」が挙げられている．
メセナの目的の2位は「社業との関連，企業価値創
造のため」であり，特に重視した点の首位が「地域
社会との関係づくり（79.5％）」である．メセナの
目的の3位は「芸術・文化による社会課題解決の
ため」であり，特に重視した点として首位が「次世
代育成・社会教育（58.5％）」で，次点に「まちづく
り・地域活性化（57.0％）」が挙げられている．こ
れらの統計結果から，企業メセナの地域志向や社
会課題解決型アプローチの重視という傾向を読み
解くことができる[4]．

企業メセナ協議会は，2011年に公益社団法人化
した際，協議会における企業メセナの定義を「文

化支援」から「芸術・文化振興による社会創造」へと変更している．従来の主流である「支援・助成」の側面に加えて「社会創造」という新たな側面が強調されている[5]．企業メセナの定義における「社会創造」が何を具体的に指し示すのかは必ずしも明確ではないが，本稿では社会創造を「文化芸術を通じた独自性のある地域社会づくり」として捉えることとする．こうした定義の変更という点からも，メセナ活動が広く社会的活動の源泉としての役割や機能を果たしていくことへの貢献意識が高いことを示していると考えられるだろう．

以上のことから，昨今の企業メセナの実践が，素朴な文化芸術支援から，より地域社会に関連する社会的課題へのアプローチを志向した活動として意識的に展開されていることがわかる．

3．研究課題の所在

それでは，文化芸術を通じた独自性のある地域社会づくり（社会創造）に関連すると考えられるメセナ活動の先行研究では，どのような議論が見られるのであろうか．先行研究の知見から研究課題の所在の明確化を試みたい．

古賀弥生は，文化政策は多様な主体によって担われるべきであるとの認識のもと，福岡市を調査フィールドとした企業メセナの実態調査を行い，地域の活力を生み出すメセナ活動の事例を通じて，民間セクター（行政・企業・市民）の文化政策における主体としての可能性を肯定的に論じた（古賀2004, 2008）．

古賀は，この他，企業メセナにおける連携に関心を寄せ，企業とアートNPOの連携の実態や特に地方都市における連携の現状の解明の観点からの論考もみられる．そこでは，地方都市の例として福岡県及び福岡都市圏をフィールドとして，全国との比較の観点から福岡県における企業メセナの傾向と大企業と中小企業における傾向の異同について論じた（古賀2006）．

さらに，三浦典子は，山口県の企業を対象に，地域社会における企業の社会貢献活動における企業と地域社会との連携を明らかにした上で，企業と地域社会の共存的かつ持続的な発展可能性を見出した．これに加え，企業メセナと現代アートのまちづくりの事例に着目し，企業の社会活動と地域住民の連携が地域を活性化させていく可能性を論じた（三浦2010）．

両者の研究が示すように，古賀におけるアートNPOへの着目や三浦における企業活動における現代アートを媒介とするまちづくりへの着目は，企業メセナの変化の潮流を踏まえた意欲的な研究である．しかしながら，古賀は「文化とは芸術文化を中心とした領域」として，いわゆるハイアートを中心とする限定的な文化領域を前提とした議論を展開している．また，三浦もハイアートであるところの現代アートを用いたアートプロジェクトを題材にまちづくりの議論を展開している．その意味において，ハイアートに分類されないような，地域の文化的諸資源に着目した企業メセナについては，議論の余地が残されているといえよう．

これまでの議論から，研究課題の所在について次のように考えることができるだろう．まず，近年の企業メセナの地域志向や社会課題解決型アプローチの重視という新たな傾向を示す企業メセナを対象とした研究に萌芽的可能性を見出すことができること．その具体的な事例研究の対象として，いわゆるハイアートに分類されない地域の文化的諸資源に着目した企業メセナについて探究の余地が残されているといえる．

よって本稿では，具体的な地域課題へアプローチする企業メセナの実践に着目し，その中でも地域の文化的諸資源に関連した実践を展開する事例を考察の対象とする．そして，事例研究を通して，企業メセナが地域に対して果たした役割や実践面における特徴を明らかにしていくことにする．

4．事例抽出の視点と調査方法

はじめに事例抽出に関する視点について確認する．具体的には次に述べる，「活動の志向性」「企業の規模」「企業の立地」という三つの視点に合致

する事例を抽出することにする.

　まず,「活動の志向性」の観点については,地域の文化的諸資源に着目し,それとの関連から,地域の社会的課題の解決に向けたアプローチを志向するメセナ活動であること.この点は本稿の問題関心に起因する視点である.

　また,「企業の規模」という観点について,いわゆる上場企業のような資金や人材等の社内資源が比較的豊かにストックされていることが想定される大規模企業ではなく,中小企業に該当するような規模の企業に着目する.企業メセナは,いわゆる大企業の経営者層が中心となり,その哲学や具体的実践のあり方を先駆的に提示してきたことから,調査研究も大企業の企業メセナを取り上げるケースが多かったきらいがある.しかしながら,日本企業のほとんどは中小企業であり[6],メセナ活動の現状を把握する上では,担い手としての中小企業に着目する必要性も認められるところであろう.

　さらに,「企業の立地」という観点からは,企業メセナの実践フィールドについて,大企業が密集する三大都市圏以外の地域をフィールドとして設定し,とりわけ,その実践地域が企業の創業地であることを要件とする[7].それは,地域と接点をもつ企業メセナによる影響を考察する際,三大都市圏においては,中小企業が展開するメセナ活動の地域に対する影響の把握が困難であることが予め想定されるからである.さらに,創業地に着目するのは,社業の発展過程において何らかの意図や必要性から,地域との積極的な関係構築を試みる可能性が高いと想定される為である[8].

　以上,「活動の志向性」,「企業の規模」,「企業の立地」という三の視点を満たす事例として,本稿では,しずおか信用金庫とポラス株式会社のメセナ活動に着目することにする.調査方法については,メセナ活動に関わる担当者を訪問し,インタビューを行った[9].これに加え,各企業や企業メセナ協議会から提供された情報や資料などを参照した.

III.　事例1：ポラス株式会社の取り組み
—阿波踊りの普及活動—

　ポラス株式会社（1969年7月創業）は,住宅・不動産・建設に関する事業を展開しており,本社は埼玉県越谷市南越谷に位置している.1985年から「南越谷阿波踊り」をメセナ活動の一環として取り組んできた.徳島市阿波おどり,東京高円寺阿波おどりと並んで日本三大阿波踊りと称されるまでになった.2016年（第32回）には,75連の参加によって6000人が踊りを披露し,65万人の来場者があった.

1.　地域概況と地域課題

　越谷市は,江戸時代には宿場町,米穀類の集積地として栄えた.明治期には,東武鉄道が開通することで次第に近代化が進み,東武鉄道伊勢崎線やJR武蔵野線が開通するなどして,東京都心部との連絡性が高まり,急激な人口増加と市街化が進んだ[10].現在は,東京近郊の人口30万人を有する県南東部地域の中核都市である.

　急激な人口増加は,旧住民と新住民,あるいは新住民同士の繋がりの希薄さを生み出す要因にもなった.文化は,人々の生活や交流の蓄積の中から多様な形態を取りながら紡がれるものであるが,急激な人口増加の中にあって地域コミュニティの意識やその感覚を十分に育むことは困難であったといえる.

　地域は日光街道沿いに市街地を形成してきた歴史的背景もあり,越谷地域の文化的資源の集積は越谷宿（北越谷駅と越谷駅の中間）を中心としたエリアに集中している.その一方で,ポラス本社の所在地である南越谷・新越谷地域周辺は後発地域のため,文化的な空白地帯ともとれる状況にあることが,市民投票によって選定された文化的資源の分布状況からも示唆される[11].

　ポラスのメセナ活動の着眼点は,まさに,こうした文化的に脆弱な地域としての南越谷地域において,コミュニティの核となる文化を地域にいかに

創造するかという点にある．つまり，ここでの地域課題については，地域の核となる地域文化の創造という視点を提示できるであろう．

2. メセナ活動の展開
2-1. 活動の起こり

本社の所在する南越谷は，高度経済成長期に地方から都市部に労働力が移動する中で住宅供給が行われ，ベッドタウンとして急速に発展した．人口が急増する一方で，地域にはコミュニティという意識が十分に芽生えていない状況にあった．ポラス株式会社の創業者中内俊三氏は，住宅産業を興すに当たり地域密着型の姿勢を一貫して重視する経営理念に基づき，地域への関心，愛着，誇りをもってもらうことを願って，みんなが楽しめて参加できる徳島の阿波踊りの着想を得たのである[12]．実現に向けて数年がかりで道路使用許可を得，本場徳島から有名連を招待してようやく開催を実現した（ポラスグループ「住宅の星をめざして」編集委員会2002：46）．

2-2. 活動の展開

阿波踊りでは，踊り手たちのグループを「連（れん）」と呼ぶ．連は，同好の士・企業・大学・団体・地域等を単位に結成される．踊り手と鳴物（三味線・鉦・太鼓・横笛等）で構成され，規模は30〜100人程度と幅広い．参加連の合計数および観客数は共に年を追う毎に増加し，これに伴って会場も増加している状況にある（表1）．

開催年によって多少の変化があるものの，参加連総数における「招待連」，「お客さま連」，「地元連」の内訳をみると，その傾向において「地元連」と「お客さま連」の増加傾向を読み取ることができる．これらの変化からは，地元に阿波踊りという新しい文化が根付き，その担い手が地域内に着実に育ってきていること，さらには，地域近郊の人々に対しても阿波踊りへの参加の輪が広がりを見せていることが読み取れる．

長く阿波踊りに関わってきたポラス社員のM氏によれば，インフォーマルな場面でも連同士の自発的な交流が盛んに行われ，技術的な相互研鑽や地域の小規模な祭りへの参画，老人施設への訪問など，各連が独自に地域貢献を意識した活動を行っているという．こうした日常における交流が連同士や地域の人々とのつながりを強め，このような関係性の素地が地域の祭りを活性化させる原動力になっているのである．

阿波踊りの質的な側面については，本場徳島との交流を積極的に行っている．本場徳島の有名連（特に卓越した技術を持っている協会所属連のこと）から，着付け・踊り・鳴り物などについて直接指導を得て，技量に磨きをかけている．これは，本場徳島の洗練された阿波踊りに一歩でも近づきたいという強い向上心に支えられてのことである．

M氏によれば，回を重ねる毎に各連のパフォーマンスが向上していることを実感するという．阿波踊りとしてのクオリティが高められることで，より文化的資源の価値や魅力を向上させていると考えられる．徳島市長賞の創設（2016年）は，こうした技術向上に向けた強いインセンティブとなっている．自己研鑽による技能や魅力の向上が，ひいては，観客数や参加連の増加につながっているのである．

参加連の増加による催事の拡大は，運営体制の変化を引き起こしてもいる．当初は，ポラス社員で構成された「南越谷阿波踊り振興会（以下，振興会）」から，行政（市役所・警察・消防），地域の商店会，ポラスグループ等からなる「南越谷阿波踊り実行委員会」を設立している．振興会は，実働部隊の役割を担うこととなったが，2016年より一般社団法人化された．このように運営が地域に開かれる形で変遷している．

祭りを支える裏方にも地域と密着した関係性が垣間見られる．舞台裏ではポラス社員のみならず取引先の人々や地域の人々が，ボランティアとして交通整理，場内整理，警備等に奮闘している．祭りが終わってからも，深夜過ぎに会場周辺や近隣のゴミを拾い歩き，使用後のまちが使用前より綺

[研究ノート] 地域に展開する企業メセナの役割と特徴

表1　観光客数と参加連の推移

開催年		観客数	参加連総数＊	備考
1985年	第1回	3万人	11連（招4・地7）	
1986年	第2回	5万人	25連（招8・地17）	
1987年	第3回	10万人	23連（招7・地16）	阿波踊り教室を初めて開催しにわか連を結成
1988年	第4回	17万人	28連（招8・地20）	
1989年	第5回	22万人	30連（招8・地22）	
1990年	第6回	25万人	38連（招8・地30）	
1991年	第7回	27万人	36連（招7・地29）	
1992年	第8回	27万人	39連（招8・地31）	
1993年	第9回	27万人	41連（招8・地30・客3）	
1994年	第10回	35万人	45連（招9・地33・客3）	会場を西口まで拡大・前夜祭の開催
1995年	第11回	37万人	51連（招8・地35・客8）	
1996年	第12回	37万人	59連（招9・地42・客8）	
1997年	第13回	40万人	57連（招9・地39・客9）	
1998年	第14回	45万人	62連（招9・地44・客9）	
1999年	第15回	50万人	67連（招11・地44・客12）	
2000年	第16回	60万人	66連（招10・地44・客12）	
2001年	第17回	50万人	67連（招10・地44・客13）	
2002年	第18回	52万人	71連（招10・地46・客15）	
2003年	第19回	55万人	69連（招10・地44・客15）	駅前組踊り会場を設置
2004年	第20回	56万人	71連（招・10・地43・客18）	
2005年	第21回	57万人	65連（招6・地44・客15）	
2006年	第22回	57万人	68連（招10・地44・客14）	
2007年	第23回	57万人	63連（招7・地41・客15）	
2008年	第24回	41万人	62連（招6・地41・客15）	開催日両日雨天
2009年	第25回	58万人	65連（招9：地41・客15）	
2010年	第26回	60万人	67連（招8・地43・客16）	
2011年	第27回	48万人	70連（招8・地45・客17）	東日本大震災による節電のため前夜祭を中止
2012年	第28回	60万人	66連（招5・地45・客16）	
2013年	第29回	63万人	70連（招5・地47・客18）	南越谷駅前にモニュメントを設置
2014年	第30回	70万人	78連（招6・地51・客21）	南越谷阿波踊り実行委員，南越谷阿波踊り振興会にそれぞれ埼玉県知事より知事賞を授与される

＊参加連総数の内訳表記について
　「招」・・・「招待連」の略
　「地」・・・「地元連」の略
　「客」・・・「お客さま連／2011年度以降は近郊連」の略

　　　　　　出典：南越谷阿波踊り実行委員会，南越谷阿波踊り振興会（2014）『第三十回南越谷阿波踊り記念誌』に基づき筆者作成

麗になるよう，清掃が徹底されている．

　ここまで見てきたように，地域内外の市民を巻き込みつつ，その多くが一貫してボランティアベースの連携に基づき運営されている点に寄付行為によるイベント支援とは違った大きな特徴が見出せるのである．

2-3. 地域課題に対する貢献

　これまで見てきたように，祭りの知名度の向上と規模の拡大とにより，企業の主宰する催事は，より地域に開かれた運営体制へと変貌を遂げ，阿波踊りが地域内外に共有される文化的資源として定着化した段階にあると考えられる．

　これまでの実績により，南越谷阿波踊りの観光資源としての可能性も見出されてきている．越谷市の大きな催事と比較してみると，「越谷花火大会」は観光入込客数25万人（2015年），「田んぼアート」は同1万200人（同年），「北越谷桜まつり」は同15,300人（同年），「南越谷阿波踊り」は同70万人（同年）であることから，南越谷阿波踊りは名実ともに越谷を代表する催事に成長したといってよいだろう（越谷市2016：24-25）．

　メセナ活動以前には，阿波踊りは当該地域において全く縁のなかった文化的要素であることを踏まえると，地域での躍進と定着には目を見張るものがある．南越谷の駅には，阿波踊りのモニュメントや駅舎の柱やガラスなどに阿波踊りのラッピングが見られ，電柱にも阿波踊りの装飾があしらわれる等，今や阿波踊りがまちのアイデンティティを示すものとして積極的に発信されている．こうした点からは，一企業のメセナ活動が，新たな地域のアイデンティティ形成に大きく貢献してきたことを顕著に読み取ることができよう．

　地域文化の担い手の観点からは，特に教育現場に阿波踊りが浸透しつつある点が大きな変化である．2015年には，実行委員会と振興会が越谷市役所を通じて，体育祭など学校教育の場に阿波踊りの導入をプレゼンテーションした．この事が契機となり，地元連（ポラス社員や地域有志）が体育の

時間を4回使って生徒に技術指導し，越谷市立大袋中学校3年生110人が体育祭でその成果を披露するに至っている．また，南越谷小学校では「阿波踊りダンスクラブ」が創設され，第33回越谷市郷土芸能祭への出場が予定されている．さらに，南越谷に移転してきた叡明高校が，2016年に地元交流を目的に越谷叡明連を生徒だけで結成した．このように，教育現場の次世代を中心として，文化の担い手の顔が具体的に見え始めてきている．これらの変化は，新たな文化的再生産の基盤が地域に着実に形成されつつあることを示しているものと考えられる．

　以上のように，地域課題である地域の核となる地域文化の創造という点については，地域住民の共通した文化的蓄積がほとんど見られない状況にあったにもかかわらず，企業メセナの実践を通じて，阿波踊りの活動を地域内外に広げ，地域の核となる文化として地域に定着させ，それが地域のアイデンティティを形成する段階にあると考えられる．特に，教育現場への阿波踊りの浸透により，次世代が将来にわたって地域の文化的アイデンティティの形成を担っていく可能性を見出すことができる点は大きな成果であろう．これらのことから，企業メセナを通じて地域文化の創造に大きな貢献を果たしたと考えられよう．

IV. 事例2：しずおか信用金庫の取り組み
―地場産業に着目した活動―

　しずおか信用金庫（1931年1月創業）は，金融に関わる業務を展開しており，本店は静岡県静岡市葵区相生町に位置する．静岡市の地場産品ができるまでのプロセスをわかりやすく紹介した学習教材である『しずおか特産品解体新書』（2000年〜）の作成，および，地場産品をテーマにしてこどもたちのアイデアを試作品として現実化する「しずおか夢デザインコンテスト」（2003年〜）等の子どもを対象としたメセナ活動を展開している．

1. 地域概況と地域課題

　静岡市は，広域的視点からは首都圏と中京圏の中間に位置している．静岡県内ではほぼ中央に位置し，人口は約70万人である[13]．静岡市の産業は工業（17.1％）とサービス業（17.5％）が大きな割合を占めている（静岡市2015：13）．全国規模での位置を確認するため，製造品出荷額等全国順位から見ると，静岡県は2000年以降は5位以内で推移しており，日本有数のものづくり県としての姿が見えてくる[14]．とはいえ，一見好調に見える製造業も，地場産業という視点からその実態を探ると，必ずしもその見通しが明るいわけではない．

　ここでいう地場産業とは，「ある特定の地域において，地域の資源や労働力を背景にして，地域の歴史的・文化的な文脈を反映して産業化されたもの」という意味で用いている．このように地場産業は，地域に深く根付いた産業としての側面のみならず，持続可能な地域づくりや個性のある人づくりの基盤を形成する地域固有の精神文化という重要な側面を含んでいる（枝川2015：153；池上2017：217-218）．本稿における地場産業への主たる関心は後者である．

　さて，静岡市の地場産業の起こりを見てみると，徳川家康が駿府に入り城郭周辺を中心として，武家屋敷，工商人の居住地，宿場町（府中宿），寺社などの整備を行ったことにある[15]．即ち，駿府城，浅間神社，久能山東照宮などの大規模事業によって，宮大工，左官，建具職，飾り職，塗り師等の職人が集められたことが，現在の駿河漆器，駿河蒔絵，駿河雛具・雛人形，木製家具，サンダル・シューズ，プラスチックモデル等の地場産業を形成する起源となっているのである[16]．

　地場産業は，静岡市におけるこれからの戦略産業の柱である文化・クリエイティブ産業を牽引する上で重要な位置付けにある[17]．その反面，安価な輸入製品の増加により競争力が低下し，後継者不足や職人の減少などの課題も顕著となり，継承されない技能はそのまま失われてしまう状況にある．このように，地場産業はこれからの地域の戦略産業を担う重要な可能性を託される一方で，競争力，創造性，高付加価値の源泉となる地場産業の基盤そのものの弱体化の懸念は拭いきれない状況にある．

　しずおか信用金庫のメセナ活動の着眼点は，地場産業に着目し，衰退する地場産業をいかに活力あるものにするかという点にある．ここでの地域課題については，衰退する地場産業の潜在的可能性の再評価という視点を提示できよう．

2. メセナ活動の展開

2-1. 活動の起こり

　『しずおか特産品解体新書』が作成された背景には，先述のような静岡の地場産業の衰退という抜き差しならない状況がある．地域の現状を信用金庫の業務を通じて具に見聞きし，レポートの形で記録してきたのがしずおか信用金庫S氏である．現場の声や現状を肌感覚で掴んできたS氏は，地場産業に息づく技や産業そのものが急速に失われてしまう現状を目の当たりにし，子どもたちに現存する伝統工芸や技術を知ってもらうことの必要性を痛感した体験そのものがメセナ活動の原動力となっている．

2-2. 活動の展開

　2000年より『しずおか特産品解体新書』を学校の教材として活用される途が開かれ，静岡市内の全小学校の4，5年生を対象に約7,000冊を継続して配布している．その背景には，S氏が通常業務の中で既に教育現場との間に関係を構築していたという事情がある．

　同誌は，地場産品がどのような工程を経て完成していくのか，写真や説明を織り交ぜながら，1つの地場産品の概要が見開き1ページに収まるようにまとめられている．製品の特徴，作り方，用いられる材料，使われる道具，静岡で作られるようになった理由，業界でよく用いられる語，最も難しい点，業界の事業所数，出荷額など共通した項目によって構成されている．使用されている写真や文

章は全てS氏の手によるものである.

　S氏によると，冊子に掲載されているものの中には，既に技術を有した職人が不在となってしまった例も見られるという．このような現状を踏まえると，同誌は，子どもたちが地域の文化的・技術的な資源としての地場産業に関する知識の豊饒化と認知度の向上による再評価に貢献するという側面のみならず，地域に蓄積されてきた伝統技術や地場産品の有形無形の文化的諸資源を記録するアーカイブとしての役割を担っているといえる[18]．

　2003年からは，将来の地場産業の基盤づくりに役立つことなどを目的に，子ども達の「あったらいいな」というアイデアを地場産業の職人の技術を活かして実際に製作するという，子どもの夢を審査する「しずおか夢デザインコンテスト」を開催している．応募対象は，静岡市内の小学3～6年生で，厳正な審査により，「特別賞」10点，「優秀賞」20点，「地場産業奨励賞」30点が決定される．特別賞受賞作品については，地場産業界関係者と協議のうえ製作可能な試作品は展示会終了後に各受賞者にプレゼントされている（図1）．

　応募状況について見ると，第1回は323点，第2回には1458点，第3回には2,123点，第9回には5,040点，2017年の第15回には過去最高となる6,258点となり，応募点数は増加傾向にある．応募対象となる静岡市内の児童数は約23,400人で，全対象児童における応募比率は約22％に達することになる（静岡信用金庫事業サポート部2017）．

　コンテストは地域へどのように浸透しているのであろうか．広報は，チラシ，しずおか特産品解体新書，過去の受賞作品が掲載されたパンフレットのセットを市内の小学校へ配布するのみである．にもかかわらず，地域のコンテストとして成長した背景には，次に述べるように学校現場の理解が非常に大きい．

　S氏によれば，学校によっては授業として取り組みが行われ，学校で取りまとめて応募するケースも多く見られるという．教員が転勤先でも授業として取り組み，教育現場にコンテストが浸透していく面もあるという．信用金庫側は，信用金庫へ直接応募するよりも，なるべく学校から応募するように働きかけているという．これは，学校現場で教員が子どもたちと触れる機会を生み出すことが，コンテストの趣旨に対する理解や共感を広げる上で有効であると考えているためである．学校現場で取り組まれることで，各家庭にもコンテストの趣旨が浸透するという効果もあるという．このように学校現場がコンテストの定着に果たした役割は大きい．

　他方，職人と子どもたちとの交流も活動の重要

図1　展示スペースの試作品　　　　　　　出典：筆者撮影

な点である．特別賞に選ばれた作品は実際に，職人らとの協働によって製作される．作品化の過程では，出来る限り受賞者と職人が直接コミュニケーションをとり，製作に直接関わることができるように働きかけている．

製作にかけられる期間は3ヶ月で製作費の制約も設けられているため，職人は子どもたちのアイデアを具体的に形にするため，手持ちの技術をどのように駆使するか葛藤することも多い．しかし，それがかえって職人としての成長と啓発の絶好の機会ともなっている．というのは，子どもたちのアイデアは職人にとって普段は全く考えもつかないような刺激となり，それが職人としての新たな経験や知見となり，生業へのヒントやチャンスへとつながっていくからである．職人同士での協働では，新たな発想が展開する一方で，既存技術の再評価につながることもあり，重要な啓発の機会となっている点も見逃すことはできない．このように，地場産業の職人にとっても少なくない影響が見られるのである．

以上見てきたように，「しずおか夢デザインコンテスト」は，『しずおか特産品解体新書』で育まれた子ども達の地場産業の知識を基礎として，自らの斬新なアイデアを地場産品の製作に活かしている．これは，長年にわたって培ってきた地場産業の再評価にとどまらず，現代的な文脈から地域の地場産業の資源を再創造し，新たな価値を生み出す営みを促進する取り組みとしての側面をもつものであると考えられる．

2-3. 地域課題に対する貢献

しずおか信用金庫は，これらの諸活動を「地域資源循環型」のメセナ活動と位置付けている．『しずおか特産品解体新書』は，子どもたちに地場産業の成り立ちや地場産品が具体的にどのように完成に至るのかを学び，地場産業や地場産品の有している価値への認識を深めているといえる．「しずおか夢デザインコンテスト」では，地場産品に自らの斬新なアイデアを反映した製作の機会を通じて，地場産品の新たな可能性を提示している．

両者は別々に取り組まれてきたものの，地域の地場産業を掘り起こす役割を担う『しずおか特産品解体新書』と地場産品をテーマにしてこどもたちのアイデアを試作品にする「しずおか夢デザインコンテスト」は，潜在化しつつある資源を学び（知る），それを子どもの視点を生かして新たな価値を創造し（発見），実際の製作（体験）を通じて，地場産業や地場産品の価値の再評価と現代的な文脈に基づく価値創造を展開している．これらの活動が有効なツールとして相互補完的に機能することで，地域固有の地場産業の有する価値の見直しと再評価が促進されていると考えられる．その波及効果については，メセナ活動の主な対象者である児童を中心として，教育現場，家庭，地場産業を支える職人達へと確実に浸透している．

産業振興という観点からは，残念ながらメセナ活動による影響が地場産業の経済的発展に顕著な貢献を果たしているとは言い難い．しかしながら，地場産業の非経済的な側面として，持続可能な地域づくりや個性のある人づくりの基盤を形成する地域固有の精神文化の側面に着目するならば，メセナ活動が静岡市内の学校現場を中心として浸透し，歳月を経る中で，潜在化しつつある地場産業の技術的・文化的な資源の価値を認識している児童層に厚みが増してきていることの意義は小さくない．コンテストが開始から15年経過し，かつてコンテストに挑戦した児童が，信用金庫の職員となっているというエピソードからも伺えるように，地域の文化を担い得る人材が着実に芽を出しつつある．

以上のことから，地域に根ざした形で展開される諸活動は，子どもや地場産業の職人たちに好ましい影響を与えており，着実に地域に浸透してきているといえる．地域課題である衰退する地場産業の潜在的可能性の再評価という点に対しては，メセナ活動を通じた地場産業の再評価に加え，子どもの具体的なアイデアと職人の技術を活かすことで現代的な文脈から地盤産業の新たな価値や可能性を生み出すことに貢献しているといえる．

V. 考察
― 地域に果たした役割とその特徴 ―

　ここまで，実践の切り口において地域の文化的諸資源に着目しつつ，具体的な地域課題にアプローチする企業メセナの事例をみてきた．各事例が地域課題を解決したとの結論を導くことはできないが，地域課題の解消や緩和に向けて地域に少なからずの好ましい影響を与えていることが伺える．

　ここでは，研究課題のテーマ性に則して「地域の文化的資源への着目」と「地域課題へのアプローチ」という2つの補助的な視点を設け，企業メセナの実践が地域に果たした役割を検討した上で，地域の文化的諸資源に着目し，具体的な地域課題にアプローチする企業メセナの実践の特徴を明らかにする．

　まず，「地域の文化的資源への着目」という点についてである．文化資源は地域の歴史や暮らしと密接に関わりながら育まれており，文化資源と地域は相互依存の関係性にある．それゆえ，文化資源は当該地域に固有のものとして地域に蓄積されることで，地域の独自性や個性を生み出す源泉となる．このように，地域固有の文化資源は，地域づくりにおける多面的な活用による地域発展の根幹を形成する潜在的な可能性を有している．

　事例が示すように，メセナ活動を契機に企業活動を通じて地域に蓄積されてきた既存のフォーマル・インフォーマルな関係性のネットワークが，地域の文化的資源を生み出す新たな機能を担うネットワークとしての役割を果たしている．こうした点からは，従来の企業活動のネットワークが，メセナ活動を媒介として，新たに文化資源創造のネットワークへと転換される可能性を指摘できる．こうした点は，とりわけ創業地におけるメセナ活動の実践が大きなアドバンテージとなり得る可能性が示唆される．

　このように，地域固有の文化的諸資源に着目したメセナ活動は，地域の創造的発展を下支えする地域の文化的基盤を形成し，地域固有の文化的諸資源の活用可能性を高めることを通じて，地域の潜在的な成長力を育む積極的な役割を果たしていると考えられる．こうした文化資源への働きかけにより，地域の文化資源の豊饒化に寄与していると考えられる．

　次に「地域課題へのアプローチ」という点についてである．地域課題は多くの場合，その前提において単独の行為主体による解決は期待し難い状況下にあることから，課題解決に向けた協働の促進が志向されると考えられる．

　事例においても企業を中心とするネットワーク型の協働が見られた．そこでは，企業が地域の関係性の中で多様な実践主体を取り結ぶ結節点となり行為主体間のコーディネーターとして積極的な役割を担っている．とりわけここで重要なのは，必ずしもアーティストのような狭義の文化の担い手に限定されない，広義の文化の担い手を生み出している点である．なぜならば，地域に広く文化の担い手が地域に蓄積されることは，メセナ活動の持続可能性のみならず，文化的諸資源の持続可能性や運用可能性を高めることにつながることが期待されるからである．こうした協働のプラットフォームが，地域課題の解消や緩和に対して有効に作用したと考えることができる．

　しかし，それは単に協調的な関係性が形成されたということに留まらない．つまり，メセナの実践が多様な行為主体の社会参画を促進する機会を生み出しており，そこに参加する人々の間に生じる実践的な経験や情報が教育的効果を生み出している．こうした点が地域文化を担う人々に必要となる力量形成につながっていると考えられることから，人間発達の観点についても十分に考慮される必要があるだろう．

　さて，ここまでの知見を整理すると，企業メセナの地域に果たした役割については，①地域の創造的発展を下支えする文化的基盤の形成によって地域の潜在的な成長力高め，②メセナ活動を通じて地域のコーディネーターの機能を発揮することで，地域における協働のプラットフォームの形成を牽

引し，③協働のプラットフォームが，多様な行為主体の社会参画を促進し，そこから得られる経験や情報を通じた教育的効果による文化の担い手としての力量形成により，地域に文化の担い手層を形成・蓄積する役割を果たした点を指摘できる．

以上の議論から，地域の文化的諸資源に着目しつつ，地域課題へアプローチする企業メセナ活動の実態においては，その活動を通じて，文化創造の基盤となるインフラストラクチャーを地域に構築することで文化的資源の拡大的再生産の循環を生み出し，地域の独自性や個性に依拠した地域の潜在的成長力を育む文化主体としての積極的な役割を果たしていると考えられる．このように実践事例は，地域の創造的発展の原動力を生み出す公共性の高い社会的実践としての展開を見せており，素朴な「文化支援」から「芸術・文化振興による社会創造」という新たな局面へと活動の内実が高度化している点を指摘できる．こうした点に，昨今の企業メセナの実践における大きな特徴の一面を見出すことができよう．

VI. おわりに

本稿は，実践面における活動志向性の変化が見受けられる一方で，企業メセナの実践事例に対する研究蓄積や学術的知見の蓄積が乏しい状況に鑑みて，地域志向性をもつ企業メセナの実践事例を通して，地域に果たした役割を検討し，その実践における特徴を明らかにすべく議論を展開した．

その結果，事例研究からは，メセナ活動を通じて，地域に文化創造の基盤となるインフラストラクチャーを形成することで文化的資源の拡大的再生産の循環を生み出し，地域の独自性や個性に依拠した地域の潜在的成長力を育む文化主体としての積極的な役割を果たしていることが示された．こうしたことから，企業メセナの実践は，地域の創造的発展の原動力を生み出す公共性の高い社会的実践として展開されており，素朴な「文化支援」から「芸術・文化振興による社会創造」という新たな局面へとその活動の内実が高度化していること

が示された．かかる点に，昨今の企業メセナの実践における大きな特徴の一面を見出すことができる．

今後は学究の場において，企業メセナ活動の高度化の観点から，企業が唱道する地域の固有性を活かした新しい地域文化の創出事例の掘り起こしを進め，地域の文化実践主体としての企業の可能性を多面的に検討することが望まれる．こうした研究基盤の整備を急ぐ一方で，企業メセナの実践に関わる評価やその手法など，具体的な政策デザインを展望した議論も求められるところであろう．

［補記］本稿の事例研究については，公益社団法人企業メセナ協議会「メセナ・アソシエイト（外部研究員）」としての調査研究成果の一部を大幅に加筆修正した上で活用したものである．尚，本稿における記述の誤りについてはすべて筆者の責任である．

注
1 例えば根木昭は，企業メセナを企業による文化支援と理解した上で，5つの支援類型を示し，企業メセナが着実に定着していると指摘している（根木昭2001：141–143）．
2 例えば，文化財政策の観点から民間ファンドによる文化財保護に対する支援の活発化への「期待」が指摘されている（川村恒明ほか2002：32）．この他，最新の研究動向を踏まえつつ論じられたものでは，やや踏み込んで，公・私の間を横断する包括的な支援の枠組みの構築が望まれるとの言及が見られるが，具体的な姿が描き出されているまでには至っていない（佐藤良子2016：86–87）．この他，企業メセナを文化経済学の思想や理論モデルの観点から論述した研究も見られる．例えば，（池上惇ほか1998：第6章），（金武創・阪本崇2005：第8章第1節）を挙げることができる．
3 例えば，研究上の拠って立つ相違点の一つの切り口として，文化経済学のように創造的な活動が「経済活動の源泉」となる側面に注目しようとする立場や文化政策学のように創造的な活動が「社会活動の源泉」となる側面に注目しようとする立場が考えられる．文化活動の多様性や多面性を素描するための方法や理論などのパースペクティブは学問領域によってそれぞれの独自性を有しているものの，両者は現代社会における文化活動の可能性を多面的に探究するという立場を共有しており，その意味で相互の学問領域は補完的なものであるといえる．本稿は，企業の文化活動の一つの表現形態であるメセナの実践につき，その社会的役割を中心に考察を進める立場にある．
4 こうした背景に，CSR概念の拡大や企業経営におけるステークホルダーの重要性に対する認識の高まりと密接な関わりがあると考えられる．

5　いうまでもなくこれは，支援や助成に対する研究意義が低下したことを意味しない．むしろ，支援や助成の充実と定着化により，芸術文化を取り巻く環境が充実し，その後に展開する実践の高度化を支える関係にあると考えることもできる．その意味で「社会創造」という側面は，その前段階としての支援や助成の成果が熟してきたことによって引き起こされてきた，新たな局面であると考えることもできよう．

6　大企業は約1.1万者で企業全体の0.3％を占め，中小企業は380.9万者で99.7％を占めている（経済産業省中小企業庁中小企業調査室2017）．

7　ここでは厳格に創業の際のかつての本社所在地を意味するのではなく，よりゆるやかに本社や中心的役割を果たす拠点を取り巻く地域としてとらえている．

8　係る点は，原田による「企業の地域政策」という考え方を反映している．企業の地域政策とは，「企業が立地するか戦略的に重視している地域社会において，自らの経営活動に支障を及ぼすと見られる地域関係上の対立や摩擦，緊張などの諸要因を解消し，さらに積極的には自社の企業方針が地域社会に円滑に受容され，協力を獲得する目的でなされる一連の地域活動計画とその実践内容」のことである．こうした観点からすると，企業によるメセナ活動は文化的アプローチに基づく「企業の地域政策」の一環として位置付けることが可能であろう（原田1981：132-142）．

9　しずおか信用金庫については，2017年2月15日にメセナ活動に一貫して携わっている業務サポート部S氏を訪問しインタビューを実施した．また，ポラス株式会社については，同年2月22日に長くメセナ活動に携わっておられる経営企画部経営企画室広報チームM氏を訪問しインタビューを実施した．

10　1960年に49,585人，1970年に139,368人，1980年に223,241人，1990年に285,259人，2000年に308,307人，2010年に337,498人と大幅な人口増加が見られる．これらの数字は越谷市に関する国勢調査に基づくものである．

11　1982年に実施されたアメニティ八景は，市内の好ましい環境のうち，今後もその保全を図るシンボルとして市民投票によって選定されたものである．また，1993年に実施された景観20選では，うるおいと魅力ある都市空間の創造を図り，景観への関心をもってもらうために，越谷らしい美しい風景を写真による一般公募で行い，市民投票で20ヶ所を選定したものである．これによれば，越谷駅を中心として多くの文化的資源が見られるのに対し，南越谷近辺では見当たらない．

12　創業者の出身は徳島県である．

13　静岡市による平成29年4月公開分に基づく．

14　静岡県（2017）「工業統計調査から見る静岡県の工業」，<https://toukei.pref.shizuoka.jp/shoukouhan/page/20160729_yomoyama.html>（参照2017-7-10）

15　徳川氏が入城する前においては，戦国大名である今川氏が，商業の保護育成，城下の整備，領内の検地などに取り組むことで基礎的な城下町の姿を整える役割を担った．

16　静岡市（2017）「静岡市の地場産業『事始』」，<http://www.city.shizuoka.jp/000_004158.html>（参照

2017-7-10）

17　静岡市における「戦略産業」とは，①世界的に市場拡大が見込まれる産業，社会的必要性が高まっている産業，②特長的な地域資源を活かした同市のブランド力を高める産業，③同市が持つ立地上のポテンシャルを活かせる産業を指す（静岡市2015：40）．

18　尚，『しずおか特産品解体新書』は，しずおか信用金庫の新入職員の研修にも活用されているという．

参考文献

池上惇・植木浩・福原義春編（1998）『文化経済学』有斐閣ブックス．

池上惇（2017）『文化資本論入門』京都大学学術出版会．

枝川明敬（2015）『文化芸術への支援の論理と実際』東京藝術大学出版会．

金武創・阪本崇（2005）『文化経済論』ミネルヴァ書房．

河島伸子（2001）「文化政策のマネジメント」後藤和子編『文化政策学―法・経済・マネジメント―』有斐閣コンパクト．

河島伸子（2002）「文化政策としての企業メセナ」上野征洋編『文化政策を学ぶ人々のために』世界思想社．

河島伸子（2016）「企業メセナ」文化経済学会編『文化経済学―軌跡と展望―』ミネルヴァ書房．

川村恒明監修・著，根木昭，和田勝彦編著（2002）『文化財政策概論―文化遺産保護の新たな展開に向けて―』東海大学出版会．

経済産業省中小企業庁中小企業調査室（2017）『2017年版中小企業白書概要』．

公益社団法人企業メセナ協議会（2016）『2015年度メセナ活動実態調査〔報告書〕』．

古賀弥生（2004）「地方都市における文化政策の主体に関する考察―福岡市の事例から―」『文化経済学』第4巻第2号．

古賀弥生（2006）「地方都市における企業メセナ活動とアートNPOとの連携に関する考察」『文化経済学』第5巻第1号．

古賀弥生（2008）『芸術文化がまちをつくる―地域文化政策の担い手たち―』九州大学出版会．

越谷市（2016）『越谷市観光振興計画―新たな"こしがや"都市型観光―』．

佐藤良子（2016）「文化政策の予算」根木昭，佐藤良子『文化政策学要説』悠光堂．

静岡県（2017）「工業統計調査から見る静岡県の工業」，<https://toukei.pref.shizuoka.jp/shoukouhan/page/20160729_yomoyama.html>（参照2017-7-10）

静岡市（2015）『第二次静岡市産業振興プラン』．

静岡市（2017）「静岡市の地場産業『事始』」，<http://www.city.shizuoka.jp/000_004158.html>（参照2017-7-10）

しずおか信用金庫（2016）『しずおか特産品解体新書』．

しずおか信用金庫事業サポート部（2017）『しずおか信用金庫NEWSRELEASE』1月25日発行．

社団法人企業メセナ協議会編（2003）『メセナマネジメント』ダイヤモンド社．

社団法人企業メセナ協議会編著（2005）『いま，地域メセナがおもしろい』ダイヤモンド社．

都市整備部都市計画課（2011）『越谷市マスタープラン』越谷市

根木昭（2001）『日本の文化政策―『文化政策学』の構築に向けて―』勁草書房.

原田勝弘（1981）「進出企業の地域政策の展開と問題点」舘逸雄編『巨大企業の進出と住民生活』東京大学出版会.

ポラスグループ「住宅の星をめざして」編纂委員会（2002）『住宅の星をめざして―中内俊三物語―』.

三浦典子（2010）『企業の社会貢献と現代アートのまちづくり』溪水社.

南越谷阿波踊り実行委員会，南越谷阿波踊り振興会（2014）『第三十回南越谷阿波踊り記念誌』.

[Abstract]

The purpose of this paper is to clarify the roles and features of the social practices of community-oriented corporate mecenat played in the community. In recent years, corporate mecenat forms a trend of community-orientation and its activities aims to approach the social issues related to a local community. As a result of conducting the case studies of corporate mecenat, companies were found to create an eco-system of expanded reproduction of cultural resources by forming the infrastructures underlying cultural creation in the community through mecenat activities. Thus, it has become clear that corporate mecenat plays an active role as a cultural entity nurturing the growth potential of each region. It can be pointed out that their features can get developed as social practices with a nature of high publicness that creates the driving forces of regional development. Finally, it is concluded that the practice of corporate mecenat has been advanced to a new level of social creation.

Keywords: Corporate Mecenat, Community-oriented, Cultural Recourses, Advancement

政策評論
Reviews

干場辰夫

[政策評論] 文化政策における「文化」概念の問題

文化政策における「文化」概念の問題

The Issues of Concept of "Culture" in Cultural Policy

元 昭和音楽大学 　干場　辰夫
HOSHIBA Tatsuo

［要　旨］

　「文化」という言葉の意味は多様であり，時に曖昧でもある．本稿は，この文化概念の歴史的変遷をたどり，文化概念の整理を行い，7つの意味に分類した．

　その分類を基準として，日本の文化政策の理念（文化権，基本法）や政策各領域（芸術文化，文化財，国語，宗教，著作権，国際，文化産業，等）において，いかなる文化概念が照応しているかを検証した．

　各領域で前提とする文化概念が，いかにバラバラに用いられているかを確認したうえで，そこから生じる問題を考察し，文化における「創造性」と「共有性」という要素を重視する文化概念を提示した．

キーワード：文化の概念，文化政策，芸術，文化財，文化権，創造性

Ⅰ．はじめに

　「文化」という言葉は，日常的な使用のみならず，公的な文書や学術的な論議においても，その意味するところは多様であり，時に曖昧でもある．文化政策の分野においても，政策の対象となっている文化の概念は，政策ごとに異なっているといってよい．さらにそうした文化概念の多義性は，文化政策の理念や目的にまで，一義的な規定をもたらすことを困難にしている．文化概念のあまりの多様・多義性故に，一義的な定義を許さない側面があるともいえよう[1]．

　文化政策の議論のなかで，文化概念が多様・多義のままに放置されているといってもよい現状に鑑み，本稿の目的は，第一に，多様な文化概念の大まかな整理分類を行うことであり，第二に，日本の文化政策の理念や各領域で，いかなる文化概念が照応しているかを検証することにある．そのうえで，筆者の暫定的な文化概念の定義を提起したい．

Ⅱ．文化概念の整理

1. 文化概念の歴史的変遷（素描）

　多様な文化概念を整理分類をする場合，まずは文化という概念の歴史的な生成・変遷をたどることが必要である．いくつかの論考を参照しながら，文化概念の歴史的変遷をたどってみよう．なおここでは文化の厳密な概念史を説こうとしているのではなく，さしあたって文化概念の整理分類が可能になる限りでの素描に過ぎないことを強調しておきたい．

　R．ウィリアムズによれば，文化の語源はラテン語の colere（「住む」「耕す」「守る」「敬い崇める」）で

あり，そこから派生した cultura（「耕作・手入れ」）が，英語の culture となって15世紀初めまでに英語に入ったいう．その主要な意味（文化の初期の概念）は，自然の動植物を対象とし，その成長と改善を意味する「自然の生育物の世話」「養育」（植物＝作物の栽培，動物＝家畜の飼育）であった（ウィリアムズ 2011：139）[2]．

　元来は自然（動植物）に適用された文化概念が，16世紀の初め以降，人間にも適用されるようになり，「人間の養育」および「人間の発達の過程」といった意味に広がる（ウィリアムズ 2011：140）．そこに含意されているのは，人間の「精神形成（精神の涵養や修養）」「知的能力の開発」，それをもたらす「教育」であり，その結果としての「教養」（「教育によって育成された精神の状態」）いう意味も含まれてくる．

　18世紀になると，文化概念は人間のみならず社会に対しても適用されるようになる．上記のような「人間の発達の過程」である精神形成およびその結果としての教養という意味に加えて，「文明化・教化」された状態になっていく「社会全体の過程」，「社会改良の一般的過程」およびその帰結（＝文明と同義）という意味を獲得するのであり（ウィリアムズ 2011：142），自然（動植物）から人間へ，人間から社会へと拡大適用され，現代の用法の基礎となる決定的変化がおこったのである（ベネットほか 2011：94）．

　18世紀半ば以降，芸術家と職人の区別，ファイン・アーツといった観念を伴いながら，近代的な芸術観が確立してくる．文化概念はこの芸術観と結びつくのである．前述のように，文化は人間の精神の発達過程としての意味を持つが，それでは人間はどこに向かって発達していくのか，どこに向かって精神形成をするのか，という問題が生じる．これに対して，人間の精神の高い完成の基準を示すのが芸術作品だとする芸術観が成立してくるのである．芸術の経験とは自己改善の経験であり，粗雑な人間が，均衡と調和を持つ芸術作品により高い精神形成を期待されることになる．文化（＝芸術）は人間の「完全性の基準」となるのである（ベネットほか 2011：95）[3]．

　他方，18世紀後半から，ドイツで文化概念に関する重要な変化が起こる（ドイツ語の変化——Cultur から Kultur へ——も伴う）．ヨーロッパ中心の普遍的な歴史観（単線的な発展史観）を批判するドイツ・ロマン主義は，J. G. ヘルダーのいうように，様々な国や時代，社会集団は，それぞれ多様な独自の有機体であって，単線的な発展段階ではないと主張する．19世紀半ばには，こうした諸集団，諸民族の多様性は，G. F. クレムの民族誌的著作によってより具体的に説かれる．諸集団の個性としての文化いう文化概念が作り出されるのである．それは，普遍的な「文明」に対する個性としての「文化」の提起ともいえる．

　さらには，フォン・フンボルトにより，物質的なものである文明に対して文化は高度な精神的の活動とその所産とであるとして，文明の機械的，抽象的合理主義とその「非人間性」が批判され，文明と文化は対立するものとされたのである（以上，ウィリアムズ 2011：142-144）．

　日本では「文化」とは元来，漢語由来の「武力を用いないで人民を教化する」ことの意味で用いられてきたが，芸術を含めた高度な人間精神の活動や所産という意味のドイツの文化（Kultur）概念が，大正期の知識人たちに受容され，漢語の文化概念とともに，戦時中も生き続け，戦後にまで及んでいる（柳父章 1995：8-10）．

　19世紀半ば以降，ヨーロッパ諸国の植民地経営の経験から新たな文化概念が生み出される．ヨーロッパ人にとって植民地の新奇な「未開社会」の生活様式を収集・整理し，理解する必要から，人類学が発達してくる．「人類学の父」といわれるイギリスのE. B. タイラーは，その著『原始文化』の中で，ヘルダー，クレム以来の諸集団の個性としての文化を英語に導入し，諸集団の生活様式の総体という文化の定義を確立する[4]．ただしタイラーは未開から文化（文明と同義）へという進化論的見方を持っていたのだが．

　20世紀初頭以来，「アメリカ文化人類学の父」といわれるF. ボアズによって，この文化概念が，進化論

的見方を排除する形でアメリカ文化人類学に導入される．ボアズによれば，「文化は，コミュニティの社会的習慣として表れたもの，自己の集団の習慣から影響された個人の態度，これらの習慣に規定された人間行動の産物を含んでいる」（A. L. Kroeber & C. Kluckhohn 1963：82）とされる．現代の社会科学における主要な文化概念がこの流れを汲むにいたるのである．

　20世紀半ば以降，社会諸科学はそのディシプリンを厳密化してくる．文化が生活様式総体であるならば，文化は社会そのものであり，社会と文化の区別はないことになる．社会学と文化人類学との区別はあいまいになり，とりわけアメリカの社会学者や文化人類学者にとって社会と文化を区別する必要に迫られるのである．そこから社会の表層的な習慣や制度，態度や行為の違いが何に由来するか，その由来するところの観念に注目し，その観念の体系を文化とする文化概念が形成される．社会学者のT. パーソンズや文化人類学者のA. L. クローバーにとって，文化とは「人間の行動を形づくる要因としての，価値，観念，さらにはその他のシンボル的に有意味なシステム」であり，社会とは「個人や集合体間の相互行為の関係システム」として，文化と社会は区別されるのである（丸山 2010：32）．意識，行動，客体を含む生活様式総体のなかでも，基底的次元である意識の次元に注目し，文化とは，「人間に固有の記号を介して蓄積された知識や情報，ないしは観念の総体」とする現在の社会学や文化人類学の文化概念につながっていくのである（丸山 2010:16）[5]．

2. 文化概念の諸定義

　前節で文化概念の歴史を概観したが，そこから文化概念をいくつかに分類することができる．まずタイラー以来の最広義の文化概念として，生活様式（way of life）の総体という定義である．例えば日本で最もスタンダードな文化人類学のテキストの一つである祖父江孝男の『文化人類学入門』には，「文化とは後天的・歴史的に形成された，外面的および内面的な生活様式の体系であり，集団の全員または特定のメンバーにより共有されるもの」という定義が採用されている（祖父江 1990：40）．ここでは便宜上その文化概念を，Ⅰ【生活様式】と表記したい[6]．

　第二の文化概念は，こうした「生活様式」が高度化，洗練化，卓越化していることを意味し（文明とほぼ同義），18世紀以来の定義である．例えば三省堂の『大辞林（第三版）』では，文化とは「世の中が開け進み，生活が快適で便利になること」と記す．日本では，そこから転じて「便利な」「新式の」「ハイカラな」といった意味にも使われ，「文化住宅」「文化鍋」「文化包丁」という言葉に表れている．ここでは便宜上それを，Ⅱ【高度な生活様式】と表記する．

　第三の文化概念は，既述の社会学と文化人類学の対象の区別に対応している．「内面的」なものと「外面的」なものの双方を含む生活様式総体のなかでも，基底的次元である「内面的」な意識の次元に着目し，表層的な行動・態度や制度，産物（所産）が何に由来するのか，その由来するところの観念を文化ととらえる．文化とは，「人間に固有の記号を介して蓄積された知識や情報，ないしは観念の総体」（丸山 2010：16）という定義となる[7]．以上の文化概念をここでは便宜上，Ⅲ【観念体系】と表記する．

　第四の文化概念は，この観念体系自体が高度化，洗練化，卓越化していることを意味する．人間の観念の世界の中でも，知的・精神的活動である「高度な」宗教（そこから生ずる「高度な」道徳），学術（学問と思想，およびその応用，そのための教育），芸術等の活動とそれらの所産を指して文化と呼ばれる．典型的には学術と芸術であるといってよいだろう．ドイツ・ロマン主義以来の，物質的所産である文明に対して精神的所産である文化という，文明と文化の対立に対応している．この高度な精神的な活動とその所産という意味での文化概念を，ここでは便宜的に，Ⅳ【高度な精神活動】と表記したい．

以上，四つの文化概念の相関は，縦軸に高度化の方向を，横軸には内面化の方向をとった図1（基本型）となる．

　この相関図は基本型といえるが，それぞれの型はさらにいくつかの文化概念を含んでいる．Ⅰ【生活様式】という文化概念から，特定集団（国，時代，地域，様々な集団等）が持つ個性やアイデンティティに注目した場合，他の集団とは区別された生活様式の個性を文化だとする概念が成立する．日本文化，中国文化，黒人文化，若者文化……等々と呼ぶ文化概念である．この文化概念は，基本的にはⅠ【生活様式】に含まれるが，自集団の他集団との差異化（集団の内部に対しては統合機能をもつ）を重視する点で第五の文化概念といえよう．それをここでは便宜的に，Ⅴ【特定集団の個性】と表記したい．

　次にⅣ【高度な精神活動】については，人間そのものに注目した場合，高度な精神活動の結果としての人間そのものの高度化，洗練化，卓越化，及びその帰結としての教養を文化をする16世紀以来の文化概念がある[8]．

　さらには，18世紀，イギリス道徳哲学の影響のもとに，洗練された良き趣味の向上によって教養を蓄えることは，精神を向上させ，ひいては人格の陶冶につながるという形で，教養と人格は結びつくのである．当時の興隆する市民階級の啓蒙主義的な道徳的倫理的な考え方が背後にあると言えよう（荒川2002：59）．「文化程度が

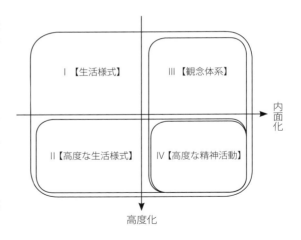

図1　文化概念の相関関係（基本型）　　出典：筆者作成

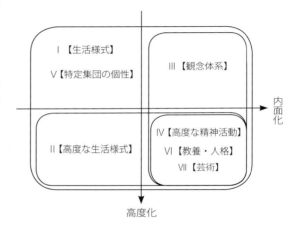

図2　文化概念の相関関係（発展型）　　出典：筆者作成

高い，低い」という言い方にも表れるが，身につけるべき教養，完成に向かうべき人格としての文化概念である．ここではこの第六の文化概念を便宜的に，Ⅵ【教養・人格】と表記したい．

　最後に最狭義の文化概念として，Ⅳ【高度な精神活動】のなかの芸術のみを意味する文化概念がある．現在の文化政策ではこの文化概念が最も普及したものであり，世界中の文化担当の省庁の管轄は，芸術をメインとしている．芸術はもともとは音楽，美術，文学，舞踊，演劇，建築等を意味したが，現在ではこうしたいわゆる高級芸術（fine arts）のみならず，前衛的な芸術，メディア芸術，伝統芸能や大衆芸能を含むものとされ，それとともにその表記も「芸術」よりも「芸術文化」ないし「アーツ」という言葉が使われようになった（山崎2009：30）．ここではこの第七の文化概念を便宜的に，Ⅶ【芸術】と表記したい．

　これまでの文化の定義を概略的に以上の七つに整理分類したが，その相関を図2（発展型）に示した．

III. 文化政策における文化概念

1. 文化政策の理念における文化概念

　国政における文化政策の理念は，一般に文化権の概念と文化に関する基本法に表明される．

　日本では未だ基本的人権として確立していない文化権は，本来，公共政策としての文化政策を推進する根拠であり，文化権の内容は，文化政策の根本理念として表明されるべきものである．文化権の存在を認めそれを確立しようとして，日本では，これまで文化権を日本国憲法から根拠づけようとする努力が続けられてきた．本稿は文化権の根拠づけに関する議論を直接に扱うものではないため，誌面の制約上，そうした議論をフォローすることは避けるが（そうした議論については，さしあたり小林 2004, 椎名 1991, 中村 2016, 根木 2010, 正木 2009），文化権に関する従来の議論の最大の問題は，文化権の前提である「文化とは何か」という文化の定義が明確になされてはいないという点にあり，そのことが文化権論議がなかなか成熟しえない根本的原因になってきたといえよう．まさに「文化」概念の未確定が大きな課題となっている．

　たとえば小林真理によれば，従来の公法学の領域では文化概念を「人間の内面的な精神活動」（本稿の整理によれば Ⅳ【高度な精神活動】）として扱ってきたが，文化の主要領域として，① 教育，② 学問，③ 芸術を特定し，①を教育行政，②を学術行政の対象として，③の「芸術を核にして広がりを持つ概念」を文化行政の対象として，「とりあえず」「最狭義に文化を解するところから出発する」（小林 2004：33-34）としている．小林は，その後の叙述でユネスコなどの国際的動向を紹介しながら，文化政策における文化概念が拡大していることを論じ，「文化政策の対象となる文化概念が社会生活総体における多面的な接点でとらえ直され」てきたとして，文化権に関しても「同様に広範な文化概念を内包させている」（小林 2004：50）とする．しかし「社会生活総体との多面的な接点」という表現を使いながら，依然として文化概念の定義が置き去りにされたままであり，文化概念はⅦ【芸術】に集中（文化権＝芸術権）している感が強いといえよう[9]．

　ともあれ文化権を導くためには，既述のように文化概念の定義がまず必要な前提条件であり，文化を定義することなく，文化権そのものを明確に規定することは困難であろう．可能なのは，文化領域を特定し，個別的な文化権として，「文化財享有権」[10]，「芸術創造享受権」[11] といった権利を設定していくことでしかない．その意味では一つひとつの「文化的な諸権利」としてのみ存在が可能であって，個別的なものを含む文化権そのものの概念は成立しがたい．従って，個別的な文化権ではなくより包括的な文化権を設定しようとするならば，個別的な文化権の列挙をもってするしかない．例えば，小林真理はドイツの連邦共和国基本法や各州憲法の「文化権」の規定を参照しながら，文化権の条項規定の大要を，①「芸術の自由」，②「芸術振興あるいは文化振興」に関する規定，③「芸術家の保護」，④「文化的生活への参加」，⑤「文化的風習の保護」，⑥「文化的少数者の保護」であると紹介している（小林 1998：9-12）．このうち①から③の前提とする文化概念は主としてⅦ【芸術】であり，④が前提としているのは明確ではないが，Ⅱ【高度な生活様式】あるいはⅣ【高度な精神活動】と推測され，⑤⑥はⅠ【生活様式】あるいはⅤ【特定集団の個性】であろう．以上のように列挙しているように，いくつかの文化概念が混在しているといえよう．より包括的な文化権を設定しようとするならば，なお多様な個別的な文化権のリストが必要とされる．憲法上，文化権を基本的人権として位置づける場合には，一義的な文化権の定義が必要であり，文化概念の明確な定義がなければ，人権としての文化権の規定が困難であり続けることになる．

　次に文化に関する基本法制についてである．それが文化芸術振興基本法として制定されたのは，よう

やく2001年になってのことであり，ここにはじめて日本の文化政策の根拠法が制定された．その前文に文化芸術の意義・課題・法制定の趣旨を明記し，文化政策の理念が表明された．ここではその前文に表れている文化概念がいかなるものかを検討することにしたい[12]．この法律は2017年6月16日に，「文化芸術基本法」と名称を変えて改正されたが，その改正は本稿の主旨に係るものではない．なおこの改正については，筆者は別のところで，「文化芸術基本法の成立──文化芸術振興基本法改正の背景・過程・改正内容・残された課題」（干場2017）と題して論じている．

　前文の［第1段落①］には「文化的な環境の中で生きる喜びを見出すことは，人々の変わらない願いである」とあるが，「文化的な環境」については明確な意味が明示されていない．［第1段落②］では「文化芸術は，人々の創造性をはぐくみ，その表現力を高める」とする．ここにおいては，文化概念は，創造力をはぐくみ，表現力を高めるのが文化だとする点で，Ⅳ【高度な精神活動】であると考えられる．［第1段落③］では「（文化芸術は）人々の心のつながりを……提供する」とあるが，ここでも文化概念は不明確である．［第1段落④］では「（文化芸術は）相互に理解し尊重し合う土壌を提供し，多様性を受け入れることができる心豊かな社会を形成する」とあるが，様々な集団や社会の持つ固有な文化の多様性を理解，尊重するという点から見れば，Ⅴ【特定集団の個性】の意味であると考えられる．［第1段落⑤］では「更に，文化芸術は，それ自体が固有の意義と価値を有する」とするが，ここでの文化概念も不明確である．［第1段落⑥］は「（文化芸術は），それぞれの国やそれぞれの時代における国民共通のよりどころ」であり，「自己認識の基点となり，文化的な伝統を尊重する心を育てる」とあるが，ここでの文化概念はⅤ【特定集団の個性】であると考えられる．［第2段落］は「（文化芸術の役割が）心豊かな活力ある社会の形成にとって極めて重要な意義を持つ」とするが，ここでの文化概念は物質的，経済的なものではなく，精神的な充足を満たすという意味だと推測され，そこにおける文化概念は，Ⅳ【高度な精神活動】であると考えられる．

　この前文には，主語が「文化芸術」となっており，「芸術」がすべての主語になっているのであるが，以上みてきたように，ここには前提とする文化概念はⅣ【高度な精神活動】を中心としながらも，不明確な箇所もあり，またいくつかの異なる文化概念がバラバラに織り込まれていて，どのような文化概念を前提としているかが明示されずに論じられているといえよう[13]．

2. 文化政策の諸領域における文化概念

　これまでの文化政策は，日本のみならず世界的にも，芸術の振興と文化財の保護という二つの領域を中心に行われてきたし，現在においてもこの二大領域が中心にあるといってもよい．しかし実際には他の領域も文化政策の対象とされており，本章では，日本の文化政策の主要な各領域を概観し，そこではどのような文化概念が前提となっているかを個別に見てみよう[14]．

　第一に芸術文化政策であるが，それは芸術文化活動の奨励・援助を中核として，芸術文化活動の基盤の整備，芸術文化活動の場や鑑賞の機会の提供，芸術家等の育成，芸術鑑賞者の開発といった施策がなされている．そこで前提となっている文化概念とはメディア芸術，大衆芸術，芸能をも含んだⅦ【芸術】であることは論をまたない．

　第二の文化財政策は，文化財の保存と活用，これらに関わる人材の育成等を目標とするが，文化財の種類は多種多様であり，前提となる文化の概念は，文化財の種類により異なる．例えば建築，絵画，彫刻，工芸等の「有形文化財」主にⅦ【芸術】であるが，建築の中の民家や産業・交通・土木施設等は，Ⅰ【生活様式】（あるいはⅣ【高度な精神活動】）であり，典籍，古文書，考古・歴史資料は，主として学術の分野

が対象とするものであって，Ⅳ【高度な精神活動】という文化概念が前提とされている．また「無形文化財」は，伝統的な演劇，音楽，工芸技術等であり，ここでの主な文化概念は，Ⅶ【芸術】である．「民俗文化財」は，Ⅰ【生活様式】という文化概念を前提としたものである[15]．「記念物」については[16]，それらが前提とする文化概念は主としてⅠ【生活様式】であるが，「名勝地」や「動物，植物，地質鉱物」のような自然物では，人間が，例えば信仰の対象，鑑賞の対象，学術上の価値等から選択し多くの人々に共有された自然物であり，それは文化物となる．すなわちⅣ【高度な精神活動】としての文化に対応したものといえよう．「文化的景観」や「伝統的建造物群」も主としてⅣ【高度な精神活動】としての文化である．「文化財の保存技術」や「埋蔵文化財」は，それぞれが対象とする文化財に対応する文化概念が相当するものと考えられる．

　次に第三の「国語政策」と第四の「宗務行政」についてである．本来，一つの社会や集団にとって，宗教はその集団の世界観や価値観を根本的に規定する文化であり，言語はその集団固有の最重要なコミュニケーション手段であって，両者ともにその集団に属する人々の思考や行動の枠組みである．その意味で言語と宗教は，当該集団の最も基底的な文化であるといえよう．それらは典型的なⅢ【観念体系】としての文化と言える[17]．

　第5の「著作権政策」についてであるが，著作権とは，著作権法第2条の第1に，その定義として「思想又は感情を創作的に表現したものであつて，文芸，学術，美術又は音楽の範囲に属するものをいう」とされ[18]，これらはその定義に明記されているように，それぞれが芸術，学術を主とするⅣ【高度な精神活動】としての文化といってよい．

　第6の「国際文化政策」は，芸術文化の国際交流，文化財保護に係る国際的な協力や貢献，著作権の国際的ルールづくりへの参画などを第一の柱とするが，そこにおける文化概念は，それぞれ芸術文化政策，文化財政策，著作権政策における既述の文化概念である．国際文化政策のもう一本の柱として，「日本文化の発信」があるが，「日本文化」とは日本という社会（集団）の生活様式総体の特徴や個性を意味するものであり，Ⅱ【特定集団の個性】としての文化概念を前提としている．

　第7の「文化産業政策」については，上記の文化諸政策が日本ではおおむね文化庁が管轄しているが，文化産業の管轄は，主として経済産業省である．文化産業とは，おおむねヴィジュアル・アーツ，音楽，舞台芸術，博物館・美術館，映画，放送，出版，建築，デザイン等であり，その他，広告，ＩＴ・ソフトウエアー・ゲーム，工芸，文化遺産・自然遺産，図書館，食が挙げられる場合もある[19]．本稿は，文化産業の諸分野を特定する目的ではないので，これ以上の論及は不要であるが，これら産業群において前提とされている文化概念はいずれもⅣ【高度な精神活動】であるといえよう．

　最後に「自治体文化政策」についてであるが，それは上述の六つの政策と同列にならべられることはもちろんできない．各自治体もまた芸術文化政策と文化財政策を中心に国際文化政策や文化産業政策など多様な政策を独自に行っている．なかでも自治体文化政策の最大の特徴を挙げれば，文化（文化資源）を活用した「まちづくり」にあるといえよう．ここで「まちづくり」とは，コミュニティや地域の再生，地域振興や活性化など地域の中心的課題を，文化資源を用いて，市民が中心となって取り組む総合的な政策である．いわゆる「創造都市」政策もその一環として捉えられよう．そこでの文化とは，「文化によるまちづくり」のために活用できる文化（文化資源）ならばなんでもよく，あらゆる文化（＝Ⅰ【生活様式】）を含むものである．実際上も，歴史的建造物，文化施設等を中心に，芸術文化はもちろん民俗文化（財）を含むあらゆる文化資源を活用した「まちづくり」政策が行われている[20]．

　以上，文化政策の各領域を概観してきたが[21]，肝心の文化そのもの概念が必ずしも明確に規定される

ことなく，また明示されることなく，論者により（公的な文書においても）それぞれバラバラに異なる意味を暗黙の前提としながら議論がなされてきたといえよう．

IV．結びにかえて
―文化概念の再定義に向けての試み―

もちろん文化政策は，あらゆる公共政策[22]と同様，現実の社会的課題を解決するための必要から生ずるのであって，文化の概念から設定されるものではない．まず社会的課題の認識があり，その課題を解決するための手段として政策がある．したがって現実の文化政策においては，必ずしも文化概念の確定は必要ではなく，解決すべき社会的課題と関わる文化領域の特定（「政策対象としての文化概念」）で済むことになる．これまでの文化政策において文化概念の定義がそれほど必要とされてこなかったのも頷ける．

しかし文化政策を学問の対象とするとき（文化政策学），現実の文化政策のみを考えればよいものではなく，より広く深い視野をもったより普遍的な学問の広がりと深化が求められるであろう．そうした学が逆に現実の文化政策の「導きの糸」にもなるからである．であるならば文化政策学も，あらゆる学問と同様に，その対象と方法を明確化するとともに，その前提である基本概念の定義は必要不可欠であり，その最大の基本概念が「文化」であることは論を待たない．

あらためて文化政策および文化政策学における文化概念とは何か，という本論のテーマにもどれば，既に述べたように文化概念は多様であるが，これらの諸概念はまったく別々なものではなく，どの概念にも共通する文化の基本的な要素がある．その第一が「創造」という要素である．いずれの文化概念においても，自然のままの生物的（遺伝的）な意識や行動ではなく，自然に抗して，人間が創造したもの，変革したもの，さらには表現されたものが文化であり，まさに創造（人間が自然に抗して創りだす）が文化の核心といってよい．

学術作品や芸術作品だけではなく，今日ではごくありふれた見方や考え方，知識や規範，技術や制度，施設や機器等を含む生活様式であっても，長い歴史的射程の中で見るとき，それらがはじめて出現したときは，当時の「高度な精神活動」によって，まさに新しく「創造」されたものであった．

しかし個々に考え出され「創造」されただけでは未だ文化ではない．創造されたコトやモノが一定の集団の人びとに共有されてはじめて文化となる．卑近な生活様式だけではなく，学術や芸術もそれらが一定の人々の間に受容され共有されてはじめて文化となるのである．文化の第二の基本的要素は，この「共有」という点にある．しばしば「文化とは人間と人間とを結ぶ絆である」と定義されることがあるが，それはこの共有という要素に注目した定義であろう．コトやモノが共有化されるためには，人々の間の様々な相互の「交流」を必要とする．学術については学習や討論，批判が，芸術については鑑賞や体験，批評が，相互「交流」の一形態であろう[23]．こうした「交流」である，表現，上演，展示，参加，討論，体験，教育，学習，鑑賞，共感，伝承，批判，批評等々は，「コミュニケーション」と一括できる．その意味で文化を成り立たせるためには，「創造」と，「コミュニケーション」を通した「共有」という要素が重要であるといえよう．

共有化されたコトやモノは蓄積されて一種の伝統（個々のコトやモノに注目すれば「文化財」といえる）となるが，他方においてそうした文化は，世界観や価値観，見方や考え方，行動や営為の枠組みとなって集団内の人々を拘束し強制するものにもなる．図3はそうした文化のサイクルを示したものである．

従来の文化政策の主流の議論ではIV【高度な精神活動】という文化概念を前提として，そこから学術，

教育，芸術という特定の分野を限定し，中でもそこから学術・教育を除いたⅦ【芸術】を主として取り扱ってきた．

しかし既述のごとく，現実の文化政策が多様であり，文化概念を狭く限定すれば，抜け落ちる領域が出てくること，またユネスコの活動におけるように文化政策の世界的動向（日本においても）として文化概念を広くとらえる傾向にあること，さらにはその概念を最広義にとることによって，多様な社会的課題に対応可能となり，有効な政策となりうること，以上の点を勘案すれば，文化概念を狭くとらえるのではなく，社会学や文化人類学等と同

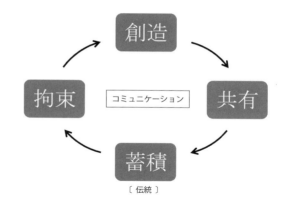

図3　文化のサイクル

様，まずはⅠ【生活様式】としての最広義の文化概念を採用することが前提であるように考えられる．しかも今日ではありふれえたⅠ【生活様式】であっても，長い歴史的射程の下に見れば，それが創造された時代にあっては，まさに知的・精神的な活動（「高度な精神活動」）による創造とその所産であった（現在の文化創造と文化財との区別は時間的な差に基づくものにすぎない）．その意味では，文化とはすべて「高度な精神活動」による創造とその所産ということができる．

したがって，従来の公法学が前提としてきたⅣ【高度な精神活動】という文化概念の対象とした特定の分野（学術，芸術等）への限定を取り払い，文化とは，「よりよい生活を求め[24]，いつの時代であれ，生活様式全般に渡って，人間の（高度な）精神が創造し，一定集団の間で共有されたもの」としておおまかに定義することが可能だと思われる[25]．

以上が筆者の暫定的結論ではあるが，少なくとも文化を論じるにあたっては，多様な意味を持つ文化の中で，どのような意味で文化を論じているのかを，まず自覚化することが必要であろうし，とりわけそれを明示することが必要であろう．

注
1　文化概念の定義に関してよく挙げられるのは，クローバー及びクラックホーンの総括的整理（A.L.Kroeber & C.Kluckhohn 1963）であるが，そこには161の定義が紹介されている．しかし同じものの他の側面や異なった表現の定義も多く，実質的な定義はそれほど拡散しているわけではない．
2　なお文化概念の歴史的概観に関するこの節は，主として（特に前半部分）R．ウィリアムズの『完訳　キーワード辞典』（ウィリアムズ 2011）の「文化」の項に依り，それを筆者なりに再構成したものであるが，他の参考文献はその都度示した．
3　19世紀半ば以降，この高い精神形成を社会全体に浸透させようとして発達したのが，図書館，博物館，美術館，コンサートホール等の文化施設であった（ベネットほか 2011：95）．
4　タイラーによれば，文化とは，「知識・信仰・芸術・法律・習俗・その他，社会の一員としての人の得る能力と習慣とを含む複雑な全体である」（タイラー 1962：1）とされる．
5　クローバー及びクラックホーンも，文化の数多くの定義にもかかわらず，「おおよその合意に近い」定義として，彼ら自身，文化とは「象徴によって獲得され伝承された行動のパターンおよび行動のためのパターンからなり，人間諸集団を弁別する達成物を構成し，人工的な体現物を含む．文化の本質的な核は，伝統的な（歴史の中で派生し選別された）諸観念，とりわけ諸観念に伴っている諸価値からなる」としており（A.L.Kroeber & C.Kluckhohn 1963：66），生活様式全体よりも，より内面的な観念・価値体系を重視した定義を採用している．
6　この定義は，文化の次元としては，観念，世界観，価値観，道徳観，理念，記憶，等の「内面的」な意識の次元を含むとともに，それが「外面的」に表れた技術，制度，組織，ルール，仕組，交流，生産，営為，等の行為の次元，およびその所産の次元としての施設，建物，設備，機器材，生産物，成果物，作品，等をすべて含むのである．

また文化の分野としては，衣・食・住，言語，宗教，社会（親族・経済・政治・法），口頭伝承，芸能・芸術，医療，福祉，教育，環境，等々，自然に適応するために，あるいは自然に抗して，生物的な遺伝的要素から独立して，人間が作り出したものの総体の分野に及ぶ．その意味では，いくらでも列挙可能なものであり，全体を明確に表すことができず，理論的に精確なものではありえない．

7　観念の中でも，「価値観」（およびそれに基づく「規範」）を最も基底的な要素であるものと重視すれば「文化とは人間によってつくられる価値の総称」（中川 2001：16）であるという定義（文化とは価値体系）にもなる．あるいは観念の中でも，文化の創造と共有にとって本質的な要素であるコミュニケーションを行うための言語的・非言語的シンボル（象徴）を重視すれば，「文化は，象徴に表現される意味のパターンで，歴史的に伝承されるものであり，人間が生活に関する知識と態度を伝承し，永続させ，発展させるために用いる，象徴的な形式に表現され伝承される概念の体系を表している」という現代の文化人類学者，C.ギアーツの定義（文化とは象徴体系）になる（ギアーツ1987：148）．

8　教養の理念とは，マシュー・アーノルドのいう「この世で知られ，語られてきたもののなかで最上のものに精通すること」（ベネットほか2011：93）となるのである．

9　また日本だけでなく，世界人権宣言の第27条［文化的権利］でも，「文化的権利」を「すべての人は，自由に社会の文化生活に参加し，芸術を鑑賞し，及び科学の進歩とその恩恵にあずかる権利を有する」と規定しているが，芸術と学術（科学）を強調し，「文化生活」の意味内容は明確ではない．
　　従来の公法学のように文化概念をⅣ【高度な精神活動】とする場合，あるいは多くの文化政策研究者が主たる関心とするⅦ【芸術】とする場合，たとえば民俗文化財の保護，マイノリティ文化の保護など，それ以外の文化概念の内容は文化政策の対象として基礎づけられないということにもなる．
　　なお正木桂は文化概念を①「生存文化」，②「生活文化」，③「芸術文化」に分類し（正木2009：103-104），それぞれに「生存的文化権」「生活的文化権」「芸術的文化権」を対応させようとするが，そもそも「生存」だけでは動植物と同様，「自然」であって「文化」ではない．また「芸術文化」に限定することによって他の様々な文化を欠落させることになっている点が問題である．
　　また以上の議論と関係するが，日本では憲法25条は「生存権」と表現され，その内容は「生存維持を保障される権利」に加え，それ以上の「文化的生活を保障される権利」を含むものとされているが（中村2016：48-50），厳密な意味では，後者の権利を含む場合は，もはや「生存権」と表現するのは適切ではない（あえて言えば「生活権」であろう）．「生存」だけなら，「自然」に属するものであり「文化」ではないからである．もっとも「生存権」という表現は既に広く流通しているが．

10　浜松市の伊場遺跡に対する県史跡指定解除の取消しを巡り，1974年から始まった伊場訴訟（椎名1991：7-11）において提起されたのは，「文化財享有権」という個別的な文化権であった（最高裁は具体的権利として「文化財享有権」を否定したが）．

11　根木昭は，憲法13条「幸福追求権」を根拠とする「文化芸術創造享受権」を提起している．しかもそれは文化芸術振興基本法第2条第3項前段「文化芸術を創造し，享受することは人々の生まれながらの権利」に規定されているとする．
　　「文化芸術」という表現はきわめて曖昧であり（その点については，次の脚注参照），「文化」が曖昧なままであることに鑑み，「文化芸術創造享受権」という表現はなお曖昧なままであり，ここでは個別的な文化権として「芸術創造享受権」と表現した．

12　同基本法のタイトルには「芸術文化」ではなく「文化芸術」という表現が使われている．公的には，この表現は同基本法において初めて用いられた．いわば新造語である「文化芸術」という語に対しては，野田邦弘等の批判がある（野田2014：69）．野田によれば，「芸術文化」という語は，「文化」の一分野である「芸術」を指すが，「文化芸術」という語は，「芸術」の一分野である「文化」を指すことになり，抱合関係から考えて論理矛盾をはらむ用語であるとする．実際，これまで「○○文化」という表現は，文化の一分野としての「○○」とする使用法であり，従来の使用法に矛盾する．
　　これに対して，根木昭によれば，「文化芸術」とは，〈様々な分野の文化＋芸術〉であり（根木2010：93），芸術を前面に出した方が良いとの配慮から「文化芸術」という表現に落ち着いたとする（根木2015：16）．本法が議員立法で制定されたものであり，各党がそれぞれの案を持ち寄り政党間の交渉・妥協の結果として「文化芸術」という表現が用いられたと推測している（根木2010：93）．この表現はもはや定着しているとはいえ，適切な表現とは言い難く，文化概念の未確定による欠陥が，ここにもあらわれている．

13　なお，同法が前提としている文化概念については，根木昭によれば，「文化芸術の振興に関する基本的な方針」（これまで第1次～第4次まで出されている：以下，「基本方針」と略記）に表現されている「人間が理想を実現していくための精神の活動及びその成果」であるとしている（根木2015：16）．この定義は，「理想を実現していくための」という語が見られるが，おそらく戦前日本，特に大正期に流行した新カント派のドイツ文化哲学の影響によるものであろう（中村2016：46）．この「理想」をどのように解釈するかが問題であるが，この定義自体は，本稿のⅣ【高度な精神活動】に該当していると考えられ，従来の公法学の定義を踏襲しているものといえよう．とはいえ実際には，以上に示したように，この法律が前提とする文化概念はもっと多義的である．

14　前もって右頁に文化政策の諸領域における文化概念を示しておきたい．

15　民俗文化財については，近年，民俗学の立場から様々な批判がなされている．文化財の指定が，本来変化する民俗を特定時期の特定形態を指定することで，それが規範化し変化を阻止するように働くこと，民俗文化財を指定することで民俗を序列化すること，かつ低ランクとされた民俗は切り捨てられること，多様な地域文化が国民文化という名のもとに一元的に再編

[政策評論] 文化政策における「文化」概念の問題

附表　文化政策の諸領域における文化概念

政策領域	政策対象	政策対象（細分化）	主な文化概念
芸術文化政策	芸術文化		Ⅶ【芸術】
文化財政策	(1) 有形文化財	① 建造物, 美術工芸品等	Ⅶ【芸術】
		（そのうち民家, 産業・交通・土木施設等）	Ⅰ【生活様式】ないし Ⅳ【高度な精神活動】
		② 古文書, 歴史資料等	Ⅳ【高度な精神活動】
	(2) 無形文化財		Ⅶ【芸術】
	(3) 民俗文化財		Ⅰ【生活様式】
	(4) 記念物	① 遺跡 （→「史跡」）	Ⅰ【生活様式】
		② 名勝地 （→「名勝」）	Ⅲ【観念体系】
		③ 動植物・地質鉱物 （→「天然記念物」）	Ⅲ【観念体系】
	(5) 文化的景観		Ⅰ【生活様式】ないし Ⅲ【観念体系】
	(6) 伝統的建造物群		Ⅰ【生活様式】ないし Ⅳ【高度な精神活動】
	(7) 文化財の保存技術		それぞれの文化財に対応
	(8) 埋蔵文化財		それぞれの文化財に対応
国語政策	国語		Ⅲ【観念体系】
宗務行政	宗教法人		Ⅲ【観念体系】
著作権政策	著作権		Ⅳ【高度な精神活動】
国際文化交流	(1) 文化交流・協力	芸術文化, 文化財, 著作権, 等	上記のそれぞれの政策に対応
	(2) 日本文化の発信		Ⅴ【特定集団の個性】
文化産業政策	文化産業		Ⅳ【高度な精神活動】
自治体文化政策	まちづくり		Ⅰ【生活様式】

され, 地域文化の多様性が捨てさられること, 等々の批判である. 民俗文化財に関する論考は多いが, 学会誌『日本民俗学』は, そうした研究動向を随時紹介している. 橋本2001, 才津2006, 村上忠喜2014である.

16　「記念物」は, ①遺跡（指定された遺跡は「史跡」と呼ばれる）, ②名勝地（指定されれば「名勝」と呼ばれる）, ③動物, 植物, 地質鉱物（指定されれば「天然記念物」と呼ばれる）に分類されている. ①の遺跡とは貝塚, 古墳, 都城跡, 城跡, 旧宅等であり, ②の名勝地は庭園, 橋梁, 峡谷, 海浜, 山岳等であり, ③の動物, 植物, 地質鉱物は自然物である.

17　この分野では, 文化政策の対象となる範囲は自ずから限られている. 言語は政府がかってに創造・改変することができるものでもなく（調整しうるのみ）, また宗教は個人の内面に関わるものであって, 政府が介入できるものではないからである（文化芸術振興基本法でも, 宗教については触れられていない）.

　　したがって現実の国語政策としては, 「常用漢字表」「現代仮名遣い」など, 国語表記の目安を定めたり, アイヌ語や沖縄方言といった消滅の危機にある言語・方言の保存等といった施策に限定され, また宗教については, 宗教法人の管理事務や宗教統計調査等の宗務行政に限定されている（宗務行政は, 文化芸術振興基本法ではなく, 文部科学省設置法第4条85項で記されているに過ぎない）.

18　著作権法の第10条で著作物の例示として, 以下のものが列挙されている.
　　一　小説, 脚本, 論文, 講演その他の言語の著作物
　　二　音楽の著作物
　　三　舞踊又は無言劇の著作物
　　四　絵画, 版画, 彫刻その他の美術の著作物
　　五　建築の著作物
　　六　地図又は学術的な性質を有する図面, 図表, 模型その他の図形の著作物
　　七　映画の著作物
　　八　写真の著作物
　　九　プログラムの著作物

19　経産省ではもともとは文化産業という名称ではなく, 「コンテンツ産業」という名称で政策化されたものであり, メディア・コンテンツ（音楽, アニメ, 映画, 番組放送, マンガ, 出版, ゲーム）を中心にファッションや食などを含む産業群であった. その後, この分野で注目を集めたのは, イギリスの文化・メディア・スポーツ省による「創造（クリエイティブ）産業」とい

う概念の採用であり，その定義を「個人の創造性や技能，才能を起源とし，知的財産の生成や活用を通じて，富や雇用を創出する潜在力を持つ産業群」として，13の産業分野を挙げている．

　以後，各国は「文化産業」，「創造産業」，「文化・創造産業」等の名称を用いて文化産業政策を展開しているが，各国が文化産業として設定する産業分野は，必ずしも一致するものではない．ニッセイ基礎研究所の世界10か国の調査によれば（ニッセイ基礎研究所2016：3-4），10か国すべてに共通する産業分野は，ヴィジュアル・アーツ，音楽，舞台芸術，博物館・美術館，映画，放送，出版，建築，デザインの9分野であり，その他，広告，IT・ソフトウエアー・ゲーム，工芸，文化遺産・自然遺産，図書館，食を挙げている国々もある．

20　先の脚注とも関連するが，まちづくりのための民俗文化（財）の活用という点で，とりわけ1992年の通称「お祭り法」（「地域伝統芸能等を活用した行事の実施による観光及び特定地域商工業の振興に関する法律」）の制定以来，民俗学の立場から多くの批判がなされてきた．例えば観光利用のための民俗（祭りや民俗芸能）の変形や疑似創出といった「フォークロリズム」の問題などである．多くの論考があるが，さしあたっては日本民俗学会2003．

21　この他にも日本の文化政策では，文化勲章等の各種顕彰（Ⅳ【高度な精神活動】），アイヌ文化の振興（Ⅴ【特定集団の個性】）なども実施されている．

22　公共政策の定義については，標準的な公共政策論のテキストの定義をまとめた中川幾郎の定義を参照．中川によれば，「公共政策」とは，「政治機関によって指し示された，ある目的を達成するか，または問題（課題）を解決するために，環境諸条件を変更することや対象集団の行動に変更を加えようとする意図のもとに，これに向けて働きかける政府活動（手段）の案」（中川2009：66）とする．

23　またいったん共有化された文化についても，子供や，その社会や集団への新規参入者は，当該社会や集団の基本的文化（特に価値と規範，基礎的知識と見なされるもの）を身に付ける（「共有」する）ことが必要であり，それは「社会化」と呼ばれ，教育や伝承等がその方法である（その意味で教育は文化の下位概念である）．

24　先に見た「基本方針」の文化の定義で表現された「人間が理想を実現していくため」という表現はその一面に過ぎないであろう．

25　文化の定義との関係で，文化政策の理念と文化権について触れておきたい．文化にとって「創造」と「コミュニケーション」が基本的要素であるとするならば，文化政策の理念とは，極めて抽象化したレベルで言えば，あらゆる生活領域に渡り，すべての人びとに対して①「創造」環境の整備と②「コミュニケーション」環境の整備を支援することになるであろう．この点については，日本における文化政策学を形成してきた論者の中に，例えば次のような「文化政策」の定義が見られた．文化政策とは「創造環境を整備するための公共政策であり，地域社会や都市，あるいは企業や産業のなかにある文化資源を再評価して，創造環境の中に位置付ける」政策である（池上惇他2001：12）．「コミュニケーション環境」も「創造環境」に含まれるとすれば，本稿の文化政策の定義もこうした定義に戻ったものともいえよう．

　また文化権に関しても，本稿に即して言えば，文化権とは①「創造」と②「コミュニケーション」の機会が保障されること，ということになるだろう．この点についても，文化政策学の主導的な論者である中川幾郎は文化概念を最広義にとり（本稿のⅠ【生活様式】），文化権を①「表現」，②「伝達（コミュニケーション）」，③「学習」の機会が保障されることにあるとして，これを社会権としての文化権の実質的内容としている（中川2001：27）．ここで中川のいう「表現」とは，「創造」の一面であり，また中川のいう「学習」については，「コミュニケーション」の一形態と考えることができる．したがって文化権の内容は①「創造」，②「コミュニケーション」の保障となり，本稿の結論と合致するといえよう．

　ここでの文化政策の理念および文化権ともに抽象度が極めて高いが，現在の文化政策が対象とする課題は，すべてこの「創造」と「コミュニケーション」に関わり，今後もこの点に関わる新たな課題が見出されていくことになろう．

参考文献

荒川裕子（2002）「芸術文化と社会」，上野征洋編『文化政策を学ぶ人のために』世界思想社，pp. 50-64．

池上惇ほか編著（2001）『文化政策入門　文化の風が社会を変える』丸善．

ウィリアムズ，R.著，椎名美智ほか訳（2011）『［完訳］キーワード辞典』平凡社．

川村恒明監修・著，根木昭・和田勝彦編著（2002）『文化財政策概論——文化遺産保護の新たな展開に向けて』東海大学出版会．

ギアーツ，C.著，吉田禎吾ほか訳（1987）『文化の解釈学Ⅰ』岩波書店．

小林真理（1998）「文化法研究の視座 —「文化基本法」の原則—」，文化経済学会〈日本〉『文化経済学』第1巻第2号，pp. 7-15．

小林真理（2004）『文化権の確立に向けて』勁草書房．

才津祐美子（2006）「「民俗」の「文化遺産」化をめぐる理念と実践のゆくえ」，日本民俗学会『日本民俗学』第247号，pp. 169-194．

椎名慎太郎（1991）「文化権の構造と特性」，山梨学院大学『法学論叢』第20号，pp. 1-28．

祖父江孝男（1990）『文化人類学入門　増補改訂版』中央公論社．

タイラー，E. B.著，比屋根安定訳（1962）『原始文化——神話・哲学・宗教・言語・芸能・風習に関する研究』誠信書房．

中川幾郎（2001）『分権時代の自治体文化政策』勁草書房．

中川幾郎（2009）「第2章　芸術文化と政策　はじめに——政策と行政」，小林真理・片山泰輔監修・編『アーツ・マネジメント概論（三訂版）』水曜社，pp. 66-68．

中村美帆（2016）「憲法25条「文化」の由来と意味」，日本文化政策学会『文化政策研究』第9号，pp. 38-54．

ニッセイ基礎研究所 (2016)『文化産業の経済規模及び経済波及効果に関する調査研究事業報告書』(平成27年度文化庁委託事業).
日本民俗学会 (2003)『日本民俗学』「特集〈フォークロリズム〉」第236号.
根木昭 (2010)『文化政策学入門』水曜社.
根木昭 (2015)「文化政策の「二元構造」とその基礎となる「文化」概念の再構成について」,音楽芸術マネジメント学会『音楽芸術マネジメント』第7号, pp. 13-22.
野田邦弘 (2014)『文化政策の展開——アーツ・マネジメントと創造都市』学芸出版社.
橋本裕之 (2001)「狭められた二元論 —民俗行政と民俗研究—」,日本民俗学会『日本民俗学』第227号, pp. 253-266.
ベネット, T. ほか編, 河野真太郎ほか訳 (2011)『新キーワード辞典』ミネルヴァ書房.
干場辰夫 (2017)「文化芸術基本法の成立——文化芸術振興基本法改正の背景・過程・改正内容・残された課題」昭和音楽大学『研究紀要』vol. 37, pp. 96-114.
正木桂 (2009)「文化権の憲法上の根拠に関する一考察 —憲法的議論の困難性から出発して—」,日本文化政策学会『文化政策研究』第3号, pp. 102-113.
丸山哲央 (2010)『文化のグローバル化——変容する人間社会』ミネルヴァ書房.
村上忠喜 (2014)「文化財」,日本民俗学会『日本民俗学』第277号, pp. 129-148.
柳父章 (1995)『一語の辞典 文化』三省堂.
山崎稔惠 (2009)「第1章 芸術文化と社会」,小林真理・片山泰輔監修・編『アーツ・マネジメント概論 (三訂版)』水曜社, pp. 30-64.
Kroeber, A, L. & Kluckhohn, C.(1963), *Culture — A Critical Review of Concepts and Definitions*, 1952 (Vintage Books, New York, 1963).

[Abstract]

The meaning of the word "culture" is varied and sometimes even ambiguous, too. In this research, I tried to retrace the historical evolution on the culture concept and to put it in order, dividing it into seven different meanings.

Based on this subdivision, I verified which concept could correspond to the philosophy of cultural policy (cultural rights, fundamental laws) and to each policy area (arts, cultural property , language, religion, copyright, international matters, cultural industry etc.).

After having confirmed how the cultural concepts assumed in each area has been used diverse, I consider the problems arising from it and present a cultural concept that emphasizes elements of "creativity" and "shareability" in culture.

Keywords: Concept of culture, Cultural policy, Art, Cultural property, Cultural rights, Creativity

事例報告

Reports

花田勝暁

ブラジルの連邦メセナ法：ルアネー法
―その仕組みと問題点―

Mechanism And Problems of Law Rouanet:

A Law to Incentivate Cultural Projects in Brazil

東京外国語大学大学院 博士課程／世界の音楽情報誌月刊ラティーナ　花田　勝暁

HANADA Katsuaki

［要　旨］

　小さな政府論が台頭し，財政削減が行われた1980年代に世界的に寄付税制への関心が高まり，ブラジルでも1986年から連邦規模の寄付税制が制定された．現在まで，ブラジルの文化政策において，寄付税制は政府の中心的な政策の1つであり，現行の連邦メセナ法はルアネー法と呼ばれている．本報告では，ルアネー法の普及の歴史，規模の変化等を紹介をしながら，ルアネー法について分析する．その際，ルアネー法が運用されるには，①文化プロジェクトを企画する文化プロデューサー②プロジェクトを審査する政府③プロジェクトを支援する企業という3つの役割の異なる主体が関わることに焦点をあてて，同法の意義と問題点を報告する．また，ルアネー法に関わる近年の重要事項として，ルアネー法を悪用した汚職事件や，ルアネー法をより適正に活用することを目的に企業が積極的に取り組んでいる「公募」の動きについても紹介する．

キーワード：寄付税制，租税優遇政策，メセナ，文化プロデューサー，ブラジル，公募，文化政策，ルアネー法

Ⅰ．はじめに

　「新しい公共」を支える財源として，近年日本でも，民間からの寄付を促進するための税制が拡充され，注目されている．公益財団，公益社団，認定NPO，学校法人，社会福祉法人などへの寄付に対して，2011年から，所得税の税額控除制度が導入された．

　寄付税制への世界的な関心が高まったのは小さな政府論が台頭し，財政削減が行われた1980年代であった．公益活動を支える制度としてアメリカ型のタックス・インセンティブが注目された．本稿では，制度に関わる主体が他の国の制度よりも多く，また，税の控除の割合が他の国より高いという特徴を持つブラジルの文化・芸術への寄付税制の「ルアネー法（Lei Rouanet）」[1]を紹介する．

　ブラジルで，最初に文化に対する連邦規模の寄付税制が制定されたのはジョゼ・サルネイ（José

Sarney）政権の時代の1986年で，サルネイ法（Lei Sarney）が制定された．しかし，同法を悪用した不正が数多く4年間の運用の後に廃止された．不正の大きな原因は，申請者を簡単な登録を元に管理する管理システムにあった．汚職の温床となり，使い道のわかっていない資金の存在が次々に明らかになった[2]．

　サルネイ大統領の後，1990年に新自由主義の政策を進めたフェルナンド・コロル（Fernando Collor）が大統領になると，新自由主義の政策を進め，貿易の自由化，外資導入と公営企業の民営化を行う「コロル計画」が行われ，政府の文化関係機関も全て廃止された．文化関連の財源がなくなり，サンパウロ市で，文化プロデューサーや芸術団体が文化のための租税優遇政策の立案のために動き出し，1990年12月にサンパウロ市の文化支援に対するメセナ法であるメンドンサ法（Lei Mendonça）[3]が制定されることとなった．

メンドンサ法を参考に，連邦レベルで文化支援を奨励するために制定されたのが，ルアネー法である．同法は，サルネイ法で顕在化してした問題点を正す必要があり，行政によるプロジェクト審査と各プロジェクトの予算審査の透明化が求められ，プロジェクトの登録と内容の分析，決算報告が必要となっている．

本稿では，第Ⅱ章では，ルアネー法の運用には複数の主体が関与することに着目しながら基本的な仕組みと，その普及について概説する．第Ⅲ章では，運用する中で見えてきた課題と意義について論じる．

Ⅱ．ルアネー法の仕組みと普及

1．ルアネー法の仕組み

ルアネー法によるメセナのメカニズムは，制度の運用のために以下の3つの異なる主体が関与することによって特徴づけられる．

① 文化プロデューサー / 芸術文化団体：国家に文化プロジェクト[4]を申請する．プロジェクトを実行する

② 政府：支援されるプロジェクトを承認し，プロジェクトの実行と資金の運用を監査する

③ 企業・個人：承認されたプロジェクトに資金を提供し，政府から所得税の控除を受ける[5]

他の国の文化支援では，非営利組織への寄付に対する寄付税制が定められていることが多いが，

ルアネー法では，政府はプロジェクト毎に支援が相応しいか判断する．そのプロジェクトを行う団体は，非営利組織に限らない．プロジェクトの申請が政府の審査を通るには質の高いプロジェクトが必要となるが，文化プロデューサーはプロジェクトを企画し政府に支援を申請する．支援が承認され企業から資金が提供されれば，プロジェクトを実行する．これらのことを行うのが文化プロデューサーの役割である．芸術文化団体の中にいて，その団体の活動を企画する場合もあるが，芸術文化団体に所属せずに独立してプロジェクトを企画する文化プロデューサーも多い．組織ではなく各プロジェクトが支援の対象になることから，独立した文化プロデューサーの活躍が可能になり，また必要とされてきた．

ある文化プロデューサー / 芸術文化団体が文化プロジェクトを考案してから，実際にどのようにプロジェクトが実現するのかを図1に示す．

図1にあるように，ルアネー法に先行したサルネイ法が汚職で廃止されているので，予算や会計に関して，文化省による慎重な調査が行われる仕組みになっている．また，審査する国家文化奨励委員会のメンバーは公募によってきまる．応募できるのは，文化省が指定した文化機関からの推薦を受けた人物で，プロジェクトの選定に対する謝礼はなく，交通費と食費は支給となる．7人の委員（titular）と14人の代理委員（suplente）の計21人が選ばれるが，選出においては，それぞれの専門

---

(1) 文化プロデューサーや芸術文化団体がルアネー法の扱っている分野での芸術・文化プロジェクトを考案
↓
(2) 出演者，場所，スタッフなどを具体化し実際にかかるであろう予算を計算し申請の準備をする
↓
(3) 申請する（現在申請は全て，文化省が用意した申請用サイトから）
↓
(4) プロジェクトの予算や技術の面を文化省職員が精査し，正しければ国家文化奨励委員会（Comissão Nacional de Incentivo à Cultura / CNIC）の審議にかけられる
↓
(5) ルアネー法の適用に相応しいと認められた場合，文化省の発表を確認して資金集めが可能になる
↓
(6) 企業や個人の資金提供者を探し，資金を集める
↓
(7) 文化プロジェクトの実行
↓
(8) 会計報告

図1　ルアネー法を利用する芸術・文化プロジェクトをどのように実現するのか　　　（出典：筆者作成）

分野が考慮されるだけでなく，全国から選ばれるように済んでいる地域も考慮される．会議の開催地は，首都ブラジリアだけでなく，2回に1回はブラジルの各地域を巡回する．

2. ルアネー法の普及

本節では，ルアネー法がどのように普及したかを紹介する．

ルアネー法は，1991年末に成立したが，同法に対する社会的な認知は低く，1992年から1994年の間には，個人からの支援はなく，72の企業が同法を通じた文化支援を行っただけだった．普及まで多くの困難が伴ったものの，次第に文化活動の新たな推進力を担うようになっていった．

1995年にフェルナンド・カルドーゾ（Fernando Cardoso）が大統領に就任すると，文化大臣にフランシスコ・コヘア・ヴェフォート（Francisco Correa Weffort）が任命された．文科省の中に，文化支援局（Secretaria de Apoia à Cultura）が設置された．ヴェフォートの在任期間，政府は，文化に関わる新たな政策の導入や立案についての議論や提案を行なわなかった．ルアネー法と視聴覚作品法（Lei do Audiovisual）[6]という2つのメセナ法の仕組みを仕上げるための期間だった．多くの国営企業を民営化したことに代表されるカルドーゾ大統領の導入した新自由主義の政策とも，この方向性は一致していた．

ヴェフォート文化大臣だけでなくカルドーゾ大統領や各大臣も，メセナ活動を企業に促した．特に大きな役割を果たしたのは，当時の通信大臣だったセルジオ・モッタ（Sérgio Motta）であった．彼の働きによって，当時成長著しかった通信部門の多くの企業がメセナに取り組み始めた．政府の重要人物によるメセナへの後押しは，各州や各自治体の指導者を刺激し，多くの自治体がメセナに関する法整備を行うこととなる．

1999年にヴェフォート大臣の下，ルアネー法は改正された．改正の目的は，文化支援に関わる民間企業の行動を促進し，かつ文化プロデューサーや芸術文化団体が民間の資金を獲得する機会を増やすことにあった．プロジェクトの審査は脱官僚化し，申請者側も支援者側もルアネー法の仕組みへより早くアクセスできるようになった．文化プロデューサーの職業化も後押しされることとなった．また，この時の改正で支援額に対して100％の控除が受けられるプロジェクトの条件が追加された．ヴェフォート大臣が任期中の文化省の基本姿勢は，ブラジル文化の全ての多様性や複雑性の上に生じる様々な必要性に応えることができるような資金面での単一の文化支援システムを確立することだった（Moisés, José Álvaro 2001）．

2003年にカルドーゾ政権から労働者党のルイス・イナシオ・ルーラ・ダ・シルヴァ（Luiz Inácio "Lula" da Silva）政権に変わると，文化大臣には，音楽家であるジルベルト・ジル（Gilberto Gil）が就任した．ジル大臣は，民間も巻き込んだ大きな議論の後に，2006年に法令5761号でルアネー法の改正を行った．2008年の退任までに彼が行ったことは，文化省が取り扱う"文化"の範囲を広げ，また文化省の行動の範囲を広げたことにある．ルアネー法をブラジルの文化政策の中心的政策として捉え，同法を普及させてきた努力の成果があり，文化プロジェクトに対する支援額は，2010年まで増加傾向を保ち，それ以降は13億レアル前後で推移している（図2参照）．

本章の第1節では，文化プロデューサー／芸術文化団体と企業という異なる役割をもつ民間を巻

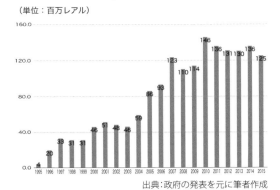

図2　ルアネー法による支援額の推移

き込むことで，ルアネー法は多様な文化を支援することが期待された仕組みをもち，本章の第2節では，政府もその普及に取り組んできたことをみてきた．

政府は，企業に税制面での寛大な恩恵を提供したが，単発的なものとしてではなく，企業が国内の文化の発展により多くの資金を投入するような環境が生まれることを政府は期待していた．ルアネー法は，文化活動の創造を目指して政府と文化プロデューサーと企業の間の協調する意識（uma mentalidade coletiva favorável）（Calabre, Lia 2009）ができるような状況の創出を目指していたが，実際にそのような意識の共有は可能であったのだろうか．次章では，まず，ルアネー法の運用に関わる実際の数量データに依拠し，ルアネー法の意義と課題を考えることとする．

III．ルアネー法の意義と課題

1．ブラジルの文化支援システムの中心的役割

2013年，2014年，2015年に，ルアネー法を通じて行なわれた文化支援の金額は，それぞれ，約13.0億レアル[7]，約13.8億レアル，約12.5億レアルである．2015年の文化省の予算は，約33億レアルなので，およそ文化省の予算の3分の1の金額に比肩する．2007年に12.3億レアルと，初めて10億レアルを超えてから，支援金額が10億レアルを下回っていない．2000年代後半には，文化省の予算の約半分に比肩する金額が，ルアネー法を通じて民間の資金が文化支援に回っていた．このことは，ブラジルの文化政策において，額の面からもルアネー法が中心的な政策であることがわかる．2015年には，3154件のプロジェクトが，同法の資金援助によって行われ，ブラジルの文化支援システムの大きな一角を占めている．

2．ルアネー法の課題

ルアネー法の運用を経るにつれて問題点が明らかになってきた．それは，政府，企業，文化プロデューサー / 芸術団体の中で，恣意的に資金を提供するプロジェクトを選ぶことができる企業の立場が，3者の中で一番の決定権を持ってしまうことである．それによって生じている具体的な問題点のうちここでは，①ルアネー法の承認を受けても企業からの支援を受けるのは容易ではない　②支援されるプロジェクトが大都市に偏るということについて，以降で，数量データに依拠し考えていきたい[8]．

2-1．文化省からルアネー法の承認を受けるのは困難か

次の図3は，申請プロジェクト数と承認プロジェクト数の推移と，申請プロジェクトのうち承認されたものの割合である．申請プロジェクト数は，申請者の裾野を広げるプロジェクトを政府や企業が行っていることもあり，年毎の増減が激しいが概ね増え続けていたが，2015年，2016年と申請数が減っている．承認プロジェクト数は，リーマンショックの影響の強かった2009年に一度減るが，2011年までは概ね増え続け，それ以降緩やかに減少している．申請プロジェクトのうち承認されたものの割合については，2016年までの総申請数に対する総承認数の割合は55％で，近年5年での平均は60％となっている．

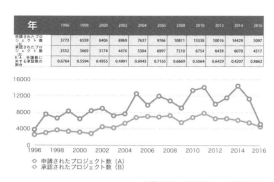

出典：政府の発表を元に筆者作成

図3　プロジェクトの申請数と承認数の推移

2-2．企業から支援を受けるのは困難か

次に検討したいのは，文化省からルアネー法の適用が承認されたプロジェクトが，実際に企業に

支援されるのが困難かどうかの問題である．次の図4は，承認プロジェクト数と支援プロジェクト数の推移と，承認プロジェクトのうち支援されたものの割合である．

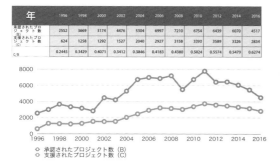

出典：政府の発表を元に筆者作成

図4　承認プロジェクト数と支援プロジェクト数の推移

　支援されたプロジェクト数は，リーマンショックの影響で2000年代末に一度減少しているが2010年に盛り返し，2011年まで増加した．しかし，それ以降少しずつ減少している．承認プロジェクトのうち支援されたものの割合は，2000年代までは4割を切ることも多かったが，2010年代は5割以上となっており，2016年には初めて6割を超えた．政府から承認を受けたプロジェクトが，実際には支援を受けられないというケースは減ってきている．

2-3．地域間格差

　支援されているプロジェクト数の地域差を考察することで，企業の姿勢の問題に迫りたい．表2は，各地域の支援プロジェクト数の推移と，総支援プロジェクト数（全国）に対する各地域の支援プロジェクト数の割合である．

　ブラジルは，国内に「南北問題」を抱えている．貧しいのは北部，北東部で，豊かなのは，南東部と南部である．文化支援は公平にされるべきであるが，表2より明らかな南東部への偏りがあり，北部，北東部への支援は少ない．この問題に関して人口が南東部に多いことが指摘されることがあるが，

表2　各地域の支援プロジェクト数の推移と，総支援プロジェクト数（全国）に対する各地域の支援プロジェクト数の割合

年	1996	2001	2006	2011	2016
中西部	35	75	130	143	70
北東部	24	91	222	301	170
北部	2	7	46	28	28
南東部	321	796	2015	2,462	1717
南部	69	244	511	828	849
全国合計	451	1213	2924	3752	2834
中西部／全国	0.078	0.062	0.044	0.038	0.025
北東部／全国	0.053	0.075	0.076	0.080	0.060
北部／全国	0.004	0.006	0.016	0.007	0.010
南東部／全国	0.712	0.656	0.689	0.654	0.606
南部／全国	0.153	0.201	0.175	0.221	0.300

出典：政府の発表を元に筆者作成

2016年の時点でもまだ南東部には人口比に比して多くのプロジェクトが支援されている．表3で2016年の地域別の人口と，人口比，2016年の全国に対する各地域の支援プロジェクト数の割合を一覧にする．

　南東部には，ブラジル最大の都市であるサンパウロ市と，2番目に人口の多いリオデジャネイロ市があり，確かにブラジルの総人口に対する割合も4割超と高いが，それでもルアネー法により行われているプロジェクトは南東部に偏っていることは，［B-A］の項目によりはっきりする．この数値が多い程，人口比に対してルアネー法の恩恵が大きく，数値が小さい程，ルアネー法の恩恵が少ない．

　数値が「プラス」なのは，南東部と南部だけで，他の3地域は「マイナス」である．例示した2016年に関して，北東部への支援が極端に少ない．

　企業の姿勢の問題に戻ろう．このような偏りが生じる理由であるが，まず1つに企業の本社の多くが南東部にあり，遠くで行われるプロジェクトよりも近くのプロジェクトを支援する．また，もう1点，多くの企業はプロジェクトを支援したことによる「見返り」を求めていることによる．企業にとっての「見返り」の最も大きなものは，支援したプロジェクトに企業のロゴが現われることで企業のイメージ向上することである．サンパウロ市や

表3　各地域の支援プロジェクト数の推移と，総支援プロジェクト数（全国）に対する各地域の支援プロジェクト数の割合

地域	中西部	北東部	北部	南東部	南部
人口	15660988	56915936	17707783	86356952	29439773
総人口に対する各地域の人口比（A）	0.07599	0.27618	0.08593	0.41904	0.14286
全国総数に対する各地域の支援プロジェクト数の割合（2016年）（B）	0.0247	0.05999	0.00988	0.60586	0.29958
B－A	- 0.05129	- 0.21619	-0.07605	0.18682	0.15672

出典：政府の発表を元に筆者作成

リオデジャネイロ市という大都市でプロジェクトを行われるプロジェクトでは，小さな都市でのプロジェクトより，より確実な「見返り」があると考えている．つまり，大都市でのプロジェクトはより多くの人に企業のロゴが見られる機会であると考えている．より確実な「見返り」のある南東部のプロジェクトを支援することを選んでいるのである．プロジェクトを承認するところまでは政府がコントロールできるが，承認されたプロジェクトの中から選ぶのは企業であり，企業の決定権が大き過ぎる．

以上，2－1．から2－3．で，数量データに依拠しつつ，①ルアネー法の承認を受けても企業からの支援を受けるのは容易ではない②支援されるプロジェクトが大都市に偏るというルアネー法の課題を検証してきた．このあとⅢ－3．は，2016年に行なわれた不正行為に対する大規模な捜査，Ⅲ－4．では，企業が租税優遇政策を利用することを前提に行なっている公募を利用する文化支援について議論したい．

3．ルアネー法を利用した不正行為

2016年6月28日，連邦警察（Polícia Federal）は，連邦総会計監査院（Controladoria Geral da União）と共同で，ルアネー法に関わる不正行為の捜査のため，第一回目のボカ・リヴリ作戦（Operação Boca Livre）を行い，サンパウロ，リオデジャネイロ，連邦直轄地区（ブラジリア）で，14人が逮捕され37件の家宅捜索が行われた[9]．捜査に中心になったのは，イベントの企画会社のベリニ・クルトゥラル・グループ（Grupo Bellini Cultural）[10]であった．連邦警察は2017年2月，第一回目の捜査に関する最終レポートを連邦公共省（Ministério Público Federal）に提出した．レポート内で，ベリニ・クルトゥラル・グループに協力した企業として10の企業の名前を挙げている[11]．同グループを中心とした一連の不正で5千8百万レアル以上の損失があったと，連邦警察は見積もっている[12]．

レポートは，文化省の審査と監査の甘さに言及する．特に，ルアネー法の制定された1992年から2013年までの審査と監査の甘さを指摘している．その期間，資金の提供側は会計監査されることがなく，そのことが不正行為を許すことに繋がった．文化省の職員がその責任に対して不誠実であったと，レポートは冒頭で指摘している．

連邦警察は，ベリーニ・クルトゥラルと共謀していた企業，不正の手助けをした企業を特定し，関わっていた多くの個人も特定した．これらの企業や個人は，100以上のプロジェクトで，文化省からルアネー法の適用を受けていた．

不正に関する調査は2014年末に始まり，2015年の10月から連邦警察の情報局の担当となり捜査が本格化した．捜査のきっかけとなったのは，2013年に文化省が行った監査で，監査結果を国家透明性管理総監督省へ報告，同総監督省は連邦警察に報告し，警察のよる捜査の必要性が浮上してきた．

捜査の責任者であった連邦警察のメリッサ・マシミノ・パストール（Melissa Maximino Pastor）によると，捜査の中で，大企業側が便宜・利益の供与を要求してきたと，異口同音に言っていたの

が興味深いという.

とても興味深いのは，文化マーケットに見えない法があったということが，異口同音に言われていることです．文化プロデューサーは，文化プロジェクトへの支援を保証してもらうために，大企業からの違法な便宜・利益の供与を約束したり，要求に応じたりしなければいけなかった．ルアネー法の目的は文化へのアクセスを民主化することである．法の一番の目的はこの点である．企業は文化プロジェクトに投資すると，企業は4パーセントの所得税分まで，所得税の免除を受けることができる．それはすでに大きな利点である．文化プロジェクトに企業の名前が掲載されることで広報活動となるからである．（メリッサ・マシミノ・パストール｜連邦警察）

レポートによると，ベリーニ・グループの中枢部で起訴された人々は，企業が便宜・利益の供与を要求したと話している．例えば，プロジェクトへの支援との交換条件として，大勢の客を迎える企業の年末のパーティーに有名な歌手が出演することなどが要求されたという[13]．

捜査で名前の上がったいくつかの企業は，不正の額とされる金額をすぐに納税したが，文化プロジェクトに向けられるべき公的資金が，意図的な不正行為により文化に使われなかったことが問題である．捜査責任者のメリッサはこのようにコメントしている．

私たちは単なる脱税を捜査しているのでありません．彼らは，文化プロジェクトに向けられるべき公的資金で，私的イベントや企業内部のイベントを意図的に行いました．これらの企業は，資金を不正に使うためにベリーニ・グループと画策し，ルアネー法の目的を反故にしました．それは，単に税金を納めれば済むということではありません．不正の意

図のもと，公的な資金で私的なイベントを行ったのです．今回の公的資金の不正の利用は，公庫への損害ということだけはありません．ルアネー法の文化を民主化するという第一の目的が，長年の間，果たされていなかったということなのです[14]．市民は，文化的権利を行使する機会を失っていました．もし不正がなければ，どれだけの公立学校の子供たちが，ルアネー法で認められていたプロジェクトでの演劇の上演を見ることができていたというのでしょうか？大企業が不当な恩恵を享受するために，文化プロデューサーが資金を流用し，これらの子供たちは文化へアクセスすることができませんでした．（メリッサ・マシミノ・パストール｜連邦警察）

ボカ・リヴリ作戦を受けて，文化省はルアネー法で行なわれた文化プロジェクトに関する監査の状況を改善することが求められている[15]．文化省は会計処理の分析をするために監査法人と契約する可能性を探るとともに，会計処理のシステムを，より効率的で，時代に合ったシステムにするために動き出している．

4. 企業が主導する公募の動き

第2節でみてきたような点が問題視される中，ルアネー法の改正が議論されてきた．第3節で取り上げたような，不正な便宜・利益の供与を発端とする不正行為がある中で，企業が自らルアネー法の本来の目的に叶うべく「公的な視点」を取り入れた形で，支援するプロジェクトを決定する動きが出て来た．それは，ペトロブラス（ブラジル石油会社）が99年にスタートした公募（Edital）の仕組みである（Benedetti, Lárcio 2014）．

公募の仕組みが，租税優遇法の課題の解決策の1つであると，文化支援に力を入れる企業の代表格であるインスチトゥート・ヴォトランチンのアナ・エレーナ・ヂ・モライスもこのように発言している．

企業による社会／文化／スポーツ・プロジェクトへの支援は，近年ブラジルにおいて確立してきています．社会的責任の実践においてと同様に，企業のイメージ戦略においても，重要なものとなっているというのは，大げさではありません．しかし，この分野がより専門化されていくにつれて，大半の支援者が現在でも直面する問題は，プロジェクトの選択が，計画や内容の良さ，公正さといったものに，結びつくことを保証するための，メカニズム／技術／手段の選択です．この問題は，租税優遇法に由来する資金を使用するときに，特に重要です．租税優遇法を利用することが，企業の責任を拡張するからである．このときに，公募の採用が，ある1つの代替策となりえます．

（アナ・エレーナ・チ・モライス・ヴィシンチン［Ana Helena De Moraes Vicintin］｜インスチトゥート・ヴォトランチン副代表）

ルアネー法は，企業が支援する文化プロジェクトを決定する際に，自分たちに有利なプロジェクトを選ぶことにより，問題を抱えながら運用されている．そんな中，一部の企業は，現状のルアネー法の中でより公正で効果的な文化支援を行うことを目指し，企業側がプロジェクトを公募し始めた．

最初に始めたのは，金額においてもブラジルで最も文化支援に投資してきたペトロブラスで[16)]，1999年からスタートした．それから15年間で，政府系企業に限らず多くの企業が公募の仕組みを取り入れた．現在，公募を行っている代表的な企業は，ナトゥーラ（Natura）[17)]，BNDES，Oi，Correio，Votorantim，Banco do Nordeste，Claro，Eletrobras，Cultura Inglesa，Comgás，Banco do Brasil，Porto Seguro，EDP，O Boticário，CSN，Vivo，Anglo American，Caixa，PepsiCo，Azul，Banrisul，Lojas Renner といった企業で，業種も多岐に渡る．

最初に公募の仕組みを作るに当たっては，ブラジル市民基金（Vitae - Fundação Brasil Cidadão）の公募の仕組みなどを参考にした（Benedetti，Lárcio 2014）．

公募の中には，先にルアネー法の審査を通過していることが申請の条件になるものもあるが，政府が公募の仕組みを認めており，企業の公募に通った後でルアネー法に申請にしてもよいものもある．また，連邦レベル以外にも，文化への租税優遇政策が，州レベル，市レベルである地域もあるが，これらを組み合わせた公募を行っている企業もある．

公募の仕組みを通じて実現されるプロジェクトには，質が高く意義深いプロジェクトが多く，ルアネー法の仕組みに批判的な層からも評価されており，文化大臣として，ルアネー法の改正に本格的に取り組んだ元文化大臣のジュカ・フェヘイラ（Juca Ferreira）も下記のように高く評価して，芸術・文化に関して専門的に関わる人が増えている傾向を歓迎している．

公募を行ったことは，企業だけでなく政府の組織にも，この選出の仕方が，文化プロジェクトの質の評価や質の向上をもたらし，選出の客観性を強化し，えこひいきや優遇を減らし，等式の両側の専門家を生む傾向があるということを示した．専門家とは，企業（或は公的機関）の側では，文化の世界によく通じた専門家であり，また，他方の専門家とは，アーティスト，キュレイター，文化プロデューサーが専門家化することである．

（ジュカ・フェヘイラ｜元文化大臣）

IV. 考察

ブラジルの文化政策は，ルアネー法や2014年に開始したカルチャー・ポイント・プログラム（Programa Cultura Viva）[18)]などを通じて，独自の方法でより民主的でより多元的な文化支援を実現するために試行錯誤してきている．1991年12月

のルアネー法の施行から25年以上を経たが，本稿Ⅲでみてきたように，ルアネー法をとりまく環境も大きく変わってきた[19]．

第Ⅲ章2節では，支援されるプロジェクトに地域的な偏りが生じるといった問題が，企業が恣意的に支援するプロジェクトを選択することができることに起因するということを論じた．第Ⅲ章3節では，ルアネー法の利用した不正行為とその捜査「ボカ・リヴリ作戦」を扱ったが，ルアネー法を利用して文化支援に対して所得税の減税を受ける企業が，さらに強欲に不正な便宜・利益の供与を要求したことが，不正行為に繋がっていったという背景が垣間見られる．「ボカ・リヴリ作戦」のレポートにより，不正行為が可能だった主たる原因として，プロジェクト終了後に提出される会計処理の書類に対する文化省の監査の甘さが指摘された．ルアネー法に先行した文化に対する租税優遇政策であるサルネイ法は不正の温床となったことを理由に廃案になった．ルアネー法は不正を防ぐことを念頭において設計されたはずだが，不正行為が行なわれてしまっていた．今後，繰り返さないように監査の方法について見直し，信頼を回復する必要がある．

第Ⅲ章4節では，前節とは反対に，所得税の控除を受けて文化支援を行う以上，同法の文化へのアクセスを民主化するという目的により叶うような文化支援を行う方法として公募を採用した企業の取り組みを紹介した．

ルアネー法を廃止し政府による直接支援を多くしようとする動きもあり，代替案が一度でき上がったが，国会内の委員会での議論が進まず，ルアネー法の施行が続いている．特徴ある文化・芸術への寄付税制であるルアネー法を今後も継続して研究し，ルアネー法の意義と問題点を更に調査・分析していきたい．

注

1 Lei nº 8.313, de 23 dezembro de 1991. ルアネー法という名前は，時の文化局の長官（Secretário da Cultura da Presidência da República）であったセルジオ・パウロ・ルアネー（Sérgio Paulo Rouanet）の名前に由来している．

2 110億レアルの使い道のわからない資金が，サルネイ法を通じて投資されたという見積もりもある（Calabre, Lia 2009）．

3 Lei.n.10.923, de 30 de dezembro de 1990. メンドンサ法は，サンパウロ市が前もって認定した文化プロジェクトへの支援に対して，都市不動産所有税（Imposto sobre a Propriedade Predial e Territorial Urbana：IPTU）とサービス税（Imposto Sobre Serviços de Qualquer Natureza：ISS）を控除できるという仕組みを持っている．メンドンサ法という名前は，中心的に動いた当時の市会議員マルコス・メンドンサ（Marcos Mendonça）の名前に由来している．

4 助成対象とされる芸術分野は，ルアネー法の第25条に定められており，以下の分野が対象になる．以下は，ルアネー法の第25条の内容である．
第25条：文化的性質をもち支援を受けるのを目的に法人又は個人から申請されたプロジェクトは，芸術表現，製作方法，ブラジルの文化遺産の保存と保護，文化領域の研究に寄与することを目的としなければならない．また一般的な国民が，芸術や文化の価値についての理解を深める手段に貢献しなければならない．
Ⅰ - 演劇，ダンス，サーカス，オペラ，パントマイムまた同様な舞台芸術
Ⅱ - 映画・映像製作，写真，録音など
Ⅲ - 報告書なども含む印刷物
Ⅳ - 音楽
Ⅴ - 彫刻，絵画，版画，ポスター，切手など
Ⅵ - 民話や民芸
Ⅶ - 文化遺産
Ⅷ - 人文科学
Ⅸ - 非商業的な教育的で文化的なラジオあるいはテレビ番組

5 控除額についてはルアネー法の第18条と第26条に定められている．
・政府の設置した委員会の認定を受けた文化プロジェクトに資金を提供した場合，所得税の控除を受けることができる．
・控除の割合には第18条か第26条の2種類あり，第18条が適用されるか第26条が適用されるかは，ルアネー法の適用の審査を受ける中で，国家文化奨励委員会が決定する．
・第18条が適用されれば，控除率100％であり，第26条が適用された場合，法人の場合30％（後援の場合）または40％（寄付の場合），個人の場合は60％（後援の場合）または80％（寄付の場合）と同額の所得税を控除できる．後援と寄付の違いは，寄付の場合は，支援していることがプロジェクトの広報時に明示されない．
・第26条の場合，支援した金額は経費として計上できる．（第18条は，全額が所得税の控除になるので経費にはな

らない）

・納付すべき所得税に対する控除額の合計が，法人の場合は4パーセントを越えてはならず，個人の場合は6パーセントを越えてはならない．

6 正式名称は法律第8,685号（Lei nº 8685, de 20 de julho e de 1993）．視聴覚作品法は，セルジオ・ルアネー（Sergio Rouanet）文化大臣の後任であるルイス・ホベルト・ド・ナシメント・イ・シルヴァ（Luiz Roberto do Nascimento e Silva）文化大臣の在任期間に，制定された．長編映画の支援への租税優遇を定めている．

7 1レアル＝0.321616米ドル｜2017年2月10日

8 なおここでの論考では，1995年から2016年までのデータを元に論考．

9 ボカ・リヴリ作戦は，2016年10月27日に第2回の一斉捜査が行われ，29件の家宅捜索が行なわれた．
本項は，下記のニュースサイト（2017年7月10日閲覧）を中心に，筆者がまとめたものである．
http://politica.estadao.com.br/blogs/fausto-macedo/pf-indicia-29-por-rombo-de-r-30-milhoes-via-lei-rouanet/
http://istoe.com.br/transparencia-abre-processo-contra-empresas-por-fraudes-na-lei-rouanet/
http://www1.folha.uol.com.br/ilustrada/2016/06/17864 82-empresas-do-grupo-bellini-ja-captaram-r-806-milhoes -pela-lei-rouanet.shtml

10 Bellini Amorim, Antônio Carlos が代表を務めるイベント会社．

11 レポートは，Notredame, KPMG, Lojas Cem, NYCOMED PHARMA (Takeda), Grupo Colorado, Cecil S/A, Scania, Roldão, Demarest Advogados, Laboratório Cristália の代表や従業員がかかわっていたと指摘している．

12 不正行為の具体的な方法としてこのような具体例が挙げられている：過大請求，架空のサービスや製品に関する請求書，相似したプロジェクトの一方を行わない，不当な便宜・利益供与として企業向けイベントを行う．

13 「文化プロデュサーの間での競争はとても激しかった．もし要求に応じなければ，どのプロジェクトへの支援も獲得できないという状況が生じていた．捜査によってそのことがわかりました．大企業は不誠実な目的で，支援の契約を結ぶようになっていた」（メリッサ・マシミノ・パストール｜連邦警察）

14 ルアネー法の第25条に一般的な国民が，芸術や文化の価値についての理解を深めることに貢献する文化プロジェクトを支援すると規定されている．

15 第1回目のボカ・リヴリ作戦当時の文化大臣のホベルト・フレイリ（Roberto Freire）が大臣に就任する際，ルアネー法の所得税免税の仕組みによる18631のプロジェクトがまだ会計処理の分析が済んでいないことが判明した．

16 企業が支援する文化プロジェクトを透明性の高い公募の仕組みで選ぶ取り組みは，1999年に，Significa（PR会社）のイアコフ・サルコヴァス（Yacoff Sarkovas）が，ペトロブラスに提案したことから始まった．ペトロブラスがブラジルにおける石油の独占企業でなくなった後，ペトロブラスは，仕組みを近代化し，より透明性を高めること

を模索していた．ブラジルにおける石油当時，ペトロブラスは最大の支援企業であったが，関係者からの多くの要望が個別に対応されていて，内部での制度的な基準や，質への判断はなかった．このようなことがすぐになくなることはなくても，減らすことはできると，技術的な有益さによってのみでなく，あるメッセージになればいいということで，公募の仕組みは取り入れられた．

17 公募の選考に関する例としてナトゥーラ（化粧品企業）を例に紹介する．選考の際に重要になることは下記の3段階に分け評価する．
・重要度3　内容の良さ／文化的な重要性／可視性
・重要度2　流通の可能性／革新性／アクセスの民主性
・重要度1　包容性／実現性／予算と支援額の関係
選考は，一般投票の過程も踏みながら，下記のように進む．
① 募集要件を満たしているかの審査 ② ナトゥーラの公募が要求している内容にどの程度添っているかの審査．評価の高かったプロジェクトが次の専門家による審査委員会に送られる ③ 外部の専門家による審査委員会による．参加した専門家の名前は，結果の発表時に公表される ④ 公的証明書の提出．提出が終わると，一般投票で選ばれるものに関しては，一般投票を行う ⑤ ナトゥーラの役員と相談役による審査．ナトゥーラのイメージに合ったものかどうか審査される ⑥ 最終面接 ⑦ 各文化支援法での承認 ⑧ 契約

18 公募によって選出された文化活動拠点（Pontos de Cultura）を中心に文化活動を行うプログラム

19 2003年から2010年までのルーラ政権期には，ルアネー法の改正の議論が本格化し，ルーラ政権期の最後の文化大臣であったジュカ・フェヘイラは，代替の法案「Procultura」を議会に提出した．しかし，委員会での議論が進まず，現在もルアネー法が施行されている．

参考文献

Alonso, Arlete de Lourdes. (2002) "Marketing Cultural: Um Estudo Sobre a Produção Cultural a Partir das Leis de Incentivo em Uma Sociedade de Mercado." São Paulo, Universidade de São Paulo Escola de Comunicação e Artes

Calabre, Lia. (2007) "Políticas Culturais no Brasil: balanço e perspectivas." Salvador, UFBa

————. (2009) *Políticas Culturais no Brasil. Rio de Janeiro*, EDITORA Fgv

Cesnik, Fábio de Sá.(2007) Guia do Incentivo à Cultura. 2a edição , São Paulo, Editora Manoel

Machado Neto, Manoel Marcondes.(1999) "Marketing Cultural-Características, Modalidades e seu uso como Política de Comunicação Institucional." São Paulo, Universidade de São Paulo Escola de Comunicação e Artes

Ministério da Cultura - MinC <http://www.cultura.gov.br/>（参照 2017-2-1）

————.「*Reforma da Lei Rouanet*」<http://blogs.cultura.gov.br/blogdarouanet/>（参照 2014-2-1）.

————.「*Salicnet*」<http://sistemas.cultura.gov.br/salicnet/Salicnet/Salicnet.php>（参照 2017-2-1）

Moisés, José Álvaro.(2001) "Estrutura Institucional do Setor Cultural no Brasil" *Cultura e Democracia*, Rio de Janeiro, Edições FUNARTE

Sarney, José.(2000) "Incentivo à Cultura e Sociedade Industrial." Cultura e Desenvolvimento. ed. Weffort, *Francisco Corrêa, Vol.3. Cadernos do Nosso Tempo Nova Série*, Rio de Janeiro, Edições Fundo Nacional de Cultura, pp. 27-44.

[Abstract]

In the 1980s when a small government theory emerged and the fiscal reduction was done, interest in the donation tax system gained worldwide, and in Brazil the federal tax donation tax system was enacted from 1986. To date, in Brazilian cultural policy, the donation tax system is one of the government's central policies. The current Federal Mecenat law is called Rouanet Law. In this report, I introduce the history of Ruane 's dissemination, changes in scale, etc and analyze the Ruane's law. Focusing on the involvement of three different entities with different roles, I report the significance and problems of the law. Three different entities are the following: cultural producer (plan cultural projects), government (review cultural projects) and company (support cultural projects). In addition, as an important matter of recent years related to Rouanet Law, I will also introduce corruption incidents that exploited Rouanet Law and movements of "public offering" which companies are positively working on to make better use of Rouanet Law.

Keywords: Donation tax system, Fiscal reduction, Patronage, Cultural producer,
Brazil, Public offering, Cultural policy, Rouanet Law

文化政策研究　第11号　2017

日本文化政策学会（2007年6月30日設立）について

■ 日本文化政策学会設立趣意書

　2005年11月，「文化政策研究大会2005 in 浜松」（主催：文化政策研究大会2005 in 浜松実行委員会，静岡文化芸術大学大学院文化政策研究科）が開催され，20名以上の研究者・実務家によって多彩な研究発表が行われ，活発な議論が行われました．日本にはすでに，1990年代に文化経済学会〈日本〉，日本アートマネジメント学会，文化資源学会，日本ミュージアムマネジメント学会，社会文化学会等，文化政策と深い関連を持つ学会が設立され，活発に活動を行っています．また，日本公共政策学会，政策分析ネットワーク等，公共政策系の学会等でも文化政策が分科会等のテーマとして取り上げられる機会が増えてきています．こうした中，これらの組織と連携しつつも，「文化政策」という，国や地域の歴史・文化を踏まえ，学際的なアプローチを必要とする独自の研究領域を，日本において確立し発展させていくことの重要性が，同大会参加者の中で強く共有されました．そこで，同大会の実行委員会メンバー等を中心に，将来的な学会設立を目指し，文化政策に関する研究発表の場を提供するための団体として「文化政策研究会」を設立することになりました．

　文化政策研究会は，2006年12月に東京大学等において研究大会を開催し，国外からのゲストを招いてのシンポジウム，講演，及び，20名を超える会員の研究発表等を踏まえて活発な議論を行いました．これらを総括する最終日のシンポジウム「文化政策研究の最前線」の参加者によって，文化政策研究を発展させていくための学会設立の機が熟したことが確認されたことから，このたび，日本文化政策学会を設立することにいたしました．

　具体的な活動としては，

　1) 研究成果を交流させ，研究と教育に生かす公開の研究大会の開催．

　2) 学会誌の刊行．

　3) そのほか本会の目的を達成するために必要な事業．

を中心に，本会の目的である，文化政策研究の発展と普及及び，文化政策研究に関心を持つ人びとの交流を図っていきます．

　　　　　　　　　　　　　　　　2007年5月15日

■ 日本文化政策学会 第4期役員
　　　　（任期2016年4月1日～2019年3月31日）

顧　問：青木 保，池上 惇，中川幾郎

会　長：熊倉純子

副会長：片山泰輔，藤野一夫

理事長：小林真理

理　事：伊藤裕夫（元富山大学），太下義之（三菱UFJ リサーチ＆コンサルティング），鬼木和浩（横浜市），片山泰輔（静岡文化芸術大学），河島伸子（同志社大学），川村陶子（成蹊大学），菅野幸子（AIR Lab（エアラボ）／元国際交流基金），熊倉純子（東京藝術大学），小島 立（九州大学），小林真理（東京大学），阪本 崇（京都橘大学），佐々木 亨（北海道大学），直田春夫（NPO 政策研究所），曽田修司（跡見学園女子大学），友岡邦之（高崎経済大学），野田邦弘（鳥取大学），馬場憲一（法政大学），桧森隆一（北陸大学），藤井慎太郎（早稲田大学），藤野一夫（神戸大学），藤原恵洋（九州大学），松本茂章（静岡文化芸術大学），宮崎刀史紀（京都市音楽芸術文化振興財団），吉澤弥生（共立女子大学），吉本光宏（ニッセイ基礎研究所）

監　事：岩瀬智久（静岡県），柴田英杞（日本芸術文化振興会），吉田隆之（大阪市立大学）

[学会] 研究大会報告

年次研究大会

■ 日本文化政策学会　第11回年次研究大会
2017年9月17日（日）・18日（月）
会場：北海道大学
研究大会テーマ：
「文化政策の可能性と課題」

◆ 大会スケジュール

9月17日（日）
　8：30　受付開始
　9：00～10：45　分科会Ⅰ　A～E
11：00～13：00　公開ラウンド・テーブル
　　　「文化法制について考える」
14：00～15：30　企画フォーラム
15：45～17：45　公開シンポジウム1
　　　「文化の胆力が拓く希望創造都市―少数派
　　　からの挑戦―」
18：00～20：00　懇親会

9月18日（月）
　8：15　受付開始
　9：00～10：45　分科会Ⅱ～A, C～E
　　　※分科会Ⅱ～Bのみ8：30～10：50
10：45～12：45　分科会Ⅲ　A～E
12：45～13：45　ポスターセッション（コア・
　　　タイム）
12：45～13：45　理事会（理事のみ）
13：45～14：15　総会
14：30～16：30　公開シンポジウム2
　　　「文化事業に関する評価の再検証」

◆ 9月17日（日）

● 分科会Ⅰ

○ 分科会Ⅰ－A「自由討論1」
　座長：太下 義之（三菱ＵＦＪリサーチ＆コンサ
　　　ルティング）

会場：W101

① 佐藤 良子（昭和音楽大学），武濤 京子（昭和音楽
大学）「The Association of Arts Administration
Educators(AAAE) の活動：アートマネジメント
教育の歴史と国際ネットワーク」
　　討論者：石川 緋名子（静岡文化芸術大学研究
　　　員）

② 陸 善（法政大学大学院政策創造研究科博士後
期課程）「韓国における高齢者文化芸術教育―
オルシン文化プログラムを中心に―」
　　討論者：太下 義之（三菱ＵＦＪリサーチ＆コン
　　　サルティング）

③ 小島 立（九州大学）「『ストリートアート』に法は
どのように向き合うべきなのか？」
　　討論者：小林 真理（東京大学）

○ 分科会Ⅰ－B「地域とアート：経済, 市民参加,
　　　運営基盤 1」
　座長：吉田 隆之（大阪市立大学）
　会場：1番教室

① 藤原 旅人（九州大学大学院芸術工学府博士後
期課程）「芸術創造を支援する市民の主体性に
関する研究―中動態概念を用いたアートボラン
ティアの分類から―」
　　討論者：吉田 隆之（大阪市立大学）

② 三宅 美緒（北海道大学大学院文学研究科博士
課程）「500m 美術館ボランティアの変遷」
　　討論者：柴田 尚（北海道教育大学）

③ 柴田 尚（北海道教育大学）「ヌーヴォーシルク
とワイナリー」

165

討論者：松本 茂章（静岡文化芸術大学）

○分科会Ⅰ-C「市民社会と地域資源」
　座長：吉澤 弥生（共立女子大学）
　会場：2番教室

①落合 志保（立教大学大学院社会学研究科社会学専攻修士課程）「森林ボランティアの活動が地域住民に与える影響―NPO 秩父百年の森を事例として―」
　　討論者：吉澤 弥生（共立女子大学）

②岩井 千華（九州大学大学院芸術工学府）「図書館の文化活動への市民参加の意義と課題」
　　討論者：本田 洋一（大阪市立大学研究員）

③古池 嘉和（名古屋学院大学）「多治見市における産業・文化資源活用政策の一考察―オリベスト構想を例に―」
　　討論者：野田 邦弘（鳥取大学）

○分科会Ⅰ-D「劇場を考える」
　座長：柴田 英杞（日本芸術文化振興会）
　会場：5番教室

①大橋 加奈（静岡文化芸術大学文化庁補助事業プロジェクト研究員），宮治 磨里（静岡文化芸術大学文化庁補助事業プロジェクト共同研究員）「全国の自治体文化財団における経営実態とその変化要因―『SUAC 芸術経営統計』をもとに―」
　　討論者：佐々木 亨（北海道大学）

②徳永 高志（NPO 法人クオリティアンドコミュニケーションオブアーツ代表）「近代日本における劇場観の変遷」
　　討論者：柴田 英杞（日本芸術文化振興会）

③山口 真由（劇団7度）
「『公共圏としての劇場』の理論的再検討―公共圏

の複数性と文化施設／劇場の関係を踏まえて」
　　討論者：伊藤 裕夫（日本文化政策学会理事）

○分科会Ⅰ-E「都市の文化政策」
　座長：藤井 慎太郎（早稲田大学）
　会場：6番教室

①曽田 修司（跡見学園女子大学）「カナダ・ケベック州の文化政策と CINARS」
　　討論者：藤井 慎太郎（早稲田大学）

②李 知映（東京大学政策ビジョン研究センター特任研究員／関東学院大学助教）「伝統芸能の産業化―韓国貞洞（ジョンドン）劇場の『ミソ(MISO)』を事例として―」
　　討論者：杉浦 幹夫（アーツカウンシル新潟）

③長嶋 由紀子（東京大学大学院人文社会系研究科研究員）「フランスの『都市政策』における文化政策の課題変化」
　　討論者：曽田 修司（跡見学園女子大学）

●公開ラウンドテーブル

テーマ：「文化法制について考える」
会場：W201，W202
登壇者：
　伊藤 裕夫（日本文化政策学会理事）
　鬼木 和浩（横浜市）
　川井田 祥子（鳥取大学）
　小島 立（九州大学）
　中川 幾郎（日本文化政策学会顧問）
　長津 結一郎（九州大学）
　中村 美帆（静岡文化芸術大学）
　馬場 憲一（法政大学）
　吉本 光宏（ニッセイ基礎研究所）
モデレーター：小林 真理（東京大学）

[学会] 研究大会報告

●企画フォーラム（4企画）

（1）「芸術文化振興による地域活性化をめざして
　　―長野県大町市の事例から考える―」
　　会場：2番教室
　　企画代表者：マルコス・ペルシチ（東京大学大
　　　学院人文社会系研究科文化資源学研究専
　　　攻文化経営学コース博士課程）

（2）「多様な人々を受け入れる劇場をつくるために
　　～文化政策の視点からアプローチする『劇場の
　　アクセシビリティ』
　　会場：1番教室
　　企画代表者：萩原 昌子（NPO 法人シアター・
　　　アクセシビリティ・ネットワーク副理事長）

（3）「文化政策史とは何か―近代東アジア文化政
　　策史の視点から―」
　　会場：5番教室
　　企画代表者：大蔵 真由美（東海学院大学短期大
　　　学部）

（4）「自治体文化財団のマネジメントとガバナンス
　　―自治体と自治体文化財団の関係のあり方―」
　　会場：6番教室
　　企画代表者：高島 知佐子（静岡文化芸術大学）

●公開シンポジウム 1

テーマ：「文化の胆力が拓く希望創造都市―少数
　　派からの挑戦―」
会場：W103
登壇者：
　　磯田 憲一（公益財団法人北海道文化財団）
　　松岡 市郎（東川町 町長）
　　早坂 純夫（剣淵町 町長）
　　加藤 知美（認定 NPO 法人アルテピアッツァび
　　　ばい〈美唄市〉）

瀬川 謙二郎（NPO 法人ふらの演劇工房〈富良
　　野市〉）
室谷 元男（江差いにしえ資源研究会〈江差町〉）
司会：河島 伸子（同志社大学）

◆ 9月18日（月，祝日）

●分科会 Ⅱ

○分科会 Ⅱ－A「自由論題 2」
　座長：片山 泰輔（静岡芸術文化大学）
　会場：W101

①藤原 惠洋（九州大学）「小池新二における戦前
　期『造形政策』提唱と戦後デザイン政策構想へ
　の継続性」
　　討論者：伊藤裕夫（日本文化政策学会理事）

②梅原 宏司（近畿大学講師）
「南原繁の文化国家論について―『文化とは何を
　指していたのか』―」
　　討論者：川武田 康孝（国際交流基金）

③猿田 かほる（立教大学大学院社会学研究科博士
　前期課程）「ダンスプレイヤーの社会学的考察」
　　討論者：太下 義之（三菱 UFJ リサーチ＆コン
　　　サルティング）

○分科会 Ⅱ－B「地域とアート：経済，市民参加，
運営基盤 2」
　座長：熊倉 純子（東京藝術大学）
　会場：1番教室

①赤松 洋子「2010 年代の一地方都市におけるア
　ート NPO と公共ホールとの協働―茨城県つく
　ば市の事例より―」
　　討論者：桧森 隆一（北陸大学）

②神保 富美子（公益財団法人さいたま市文化振興

事業団）「劇場，音楽堂等における文化ボランティアに関する一考察」

　　討論者：吉澤 弥生（共立女子大学）

────────────────────

③石垣 尚志（東海大学）

「映像制作ワークショップにおける共創と創造性—『札幌国際芸術祭2017CM映像制作ワークショップ』を事例として—」

　　討論者：岡田 智博（一般社団法人クリエイティブクラスター）

────────────────────

④桧森 隆一（北陸大学）「『アーティスト未満』の研究〜浜松市鴨江アートセンターの事例から」

　　討論者：熊倉 純子（東京藝術大学）

────────────────────

○分科会Ⅱ−C「制度運用の実際／組織運営の持続性」

　座長：友岡 邦之（高崎経済大学）

　会場：2番教室

────────────────────

①小林 真理（東京大学）「指定管理者制度以降の民間企業展開と財団の役割変化」

　　討論者：友岡 邦之（高崎経済大学）

────────────────────

②鬼木 和浩（横浜市）「自治体設置美術館における行政的価値と美術的価値の最大化〜指定管理者制度運用の可能性に関する考察〜」

　　討論者：長嶋 由紀子（東京大学人文社会系研究科研究員）

────────────────────

③岩瀬 智久（静岡県庁）

「文化施設評価の現状と文化政策評価の課題—静岡県の事例から—」

　　討論者：吉本 光宏（ニッセイ基礎研究所）

────────────────────

○分科会Ⅱ−D「文化財保護の本質とその政策の姿 1」

　座長：馬場 憲一（法政大学）

　会場：5番教室

①須田 英一（法政大学）「文化財としての『考古資料』概念の形成と展開」

　　討論者：土屋 正臣（藤岡市役所）

────────────────────

②高久 彩（九州大学大学院地球社会統合科学府修士課程）「明治初期の博物館分類における『史伝部』とその『歴史観』—博物館内外にみられる明治政府の『歴史叙述』の分析を通して—」

　　討論者：須田 英一（法政大学）

────────────────────

③森屋 雅幸（都留市教育委員会）「地域の文化財保存・活用とコミュニティに関する研究—山梨県指定文化財旧尾県学校を事例として—」

　　討論者：藤原 惠洋（九州大学）

────────────────────

○分科会Ⅱ−E「文化を通じた地域づくり 1」

　座長：野田 邦弘（鳥取大学）

　会場：6番教室

────────────────────

①松本 茂章（静岡文化芸術大学）「芸術家の定住をめぐる文化政策試み—東京一極集中から地方都市へ—」

　　討論者：野田 邦弘（鳥取大学）

────────────────────

②加藤 康子（北海道大学大学院国際広報メディア観光学院博士課程）「都心の新たなプレイヤーとしての趣味縁の拠点〜群馬県前橋市と北海道札幌市の事例から〜」

　　討論者：吉田 隆之（大阪市立大学）

────────────────────

③吉峰 拡（九州大学大学院修士課程）※台風による航空機欠航のため発表キャンセル「創造的人材の移動と集積がもたらす地域再生への影響—大分県竹田市の参与調査を通して—」

　　討論者：滋野 浩毅（京都産業大学）

────────────────────

●分科会 Ⅲ

────────────────────

○分科会Ⅲ－A「社会的課題と芸術：文化政策的観点から」
座長：伊藤 裕夫（日本文化政策学会理事）
会場：W101

①國盛 麻衣佳（小田原短期大学）「三井三池鉱山に従事した与論島民の文化活動に関する研究」
　討論者：伊藤 裕夫（日本文化政策学会理事）

②長津 結一郎（九州大学）「芸術と社会包摂をめぐる受容に関する一考察：映画『記憶との対話～マイノリマジョリテ・トラベル，10年目の検証～』上映会をめぐって」
　討論者：川井田 祥子（鳥取大学）

③谷地田 未緒（東京藝術大学）「地域文化資源を活用した教育プログラムに関する考察──マレーシアにおけるアーツ・エドとコタ・キナを事例に」
　討論者：友岡 邦之（高崎経済大学）

○分科会Ⅲ－B「文化政策と評価」
座長：吉本 光宏（ニッセイ基礎研究所）
会場：1番教室

①関 鎮京（北海道教育大学），金 英柱（韓国国際芸術大学）「韓国の『文化影響評価制度』」に関する現状及び今後の展望」
　討論者：岩瀬 智久（静岡県庁）

②熊谷 薫（アートマネージャー）「日本国内の地域アートプロジェクト及び芸術祭における評価の現在」
　討論者：片山 泰輔（静岡文化芸術大学）

③中村 美亜（九州大学）「文化事業における価値創造の評価」
　討論者：吉本 光宏（ニッセイ基礎研究所）

○分科会Ⅲ－C「文化とナショナリズム」
座長：河島 伸子（同志社大学）
会場：2番教室

①松本 郁子（東京大学大学院人文社会系研究科文化資源学科博士課程）「カナダ　文化政策前史　マッセイ委員会とキリスト教会─カナダ合同教会による『文化』の再考─」
　討論者：河島 伸子（同志社大学）

②南田 明美（神戸大学大学院国際文化学研究科博士課程）「Arts with the Community?：シンガポールの Arts Gallery @ Taman Jurong で住民委員会がコミュニティ・アートに出会うとき」
　討論者：菅野 幸子（AIR Lab）

○分科会Ⅲ－D「文化財保護の本質とその政策の姿 2」
座長：藤原 恵洋（九州大学大学院）
会場：5番教室

①土屋 正臣（藤岡市役所）「文化財保護行政から歴史まちづくり行政へ─京都府宇治市を事例として─」
　討論者：古池 嘉和（名古屋学院大学）

②井村 直恵（京都産業大学）「歴史的商店街の維持・発展と政策の役割：京都錦市場を例に」
　討論者：馬場 憲一（法政大学）

○分科会Ⅲ－E「文化を通じた地域づくり 2」
座長：小林 真理（東京大学）
会場：6番教室

①槇原 彩（東京藝術大学大学院音楽研究科音楽専攻音楽文化学研究領域芸術環境創造博士課程）「地域コミュニティ・ソングからみる新たなコミュニティ観の形成に関する研究《長野県歌「信濃の国」》の受容状況から」

討論者：小林 真理（東京大学）

②滋野 浩毅（京都産業大学），川那辺 香乃（BRDG）「閉校再利用施設におけるアートプロジェクトの実践的研究―京都府京丹波町旧質美小学校『423アートプロジェクト』を事例として―」
　　討論者：熊倉 純子（東京藝術大学）

③本田 洋一（大阪市立大学客員研究員）「大阪音楽文化の蓄積と特色―オーケストラの役割：都市空間の活用と音楽文化ホール運営」
　　討論者：杉浦 幹夫（アーツカウンシル新潟）

●公開シンポジウム2

テーマ：「文化事業に関する評価の再検証」
会場：W103
登壇者：
　　小田井 真美（札幌国際芸術祭2014評価検証会）
　　佐藤 麻紀子（六本木アートナイト（2016）実行委員会）
　　北村 淳一（三重県総合博物館）
　　源 由理子（明治大学）
司会：佐々木 亨（北海道大学）

●ポスターセッション 発表一覧
　　会場：W102

丹野 智世（同志社大学大学院経済学研究科博士前期課程2年）「『KYOTO』から広がるパブリックディプロマシー―文化庁の京都移転を見据えて―」

水野 日香梨（東京大学大学院人文社会系研究科文化資源学研究専攻修士2年）「現代日本におけるコスプレイベントの展開と課題」

川嶋 六（東京大学大学院人文社会系研究科文化資源学研究専攻修士1年）「札幌市の文化行政の変遷」

谷地田 未緒（東京芸術大学国際芸術創造研究科）「カンボジアにおけるアートマネジメントプログラム開発の試み―現地アートNPO視察と芸術大学でのワークショップ報告―」

鈴木 健吾（東京大学大学院人文社会系研究科文化資源学研究専攻修士課程）「アイヌ文化政策史―ポロトコタンから国立アイヌ民族博物館へ―」

荒井 浩（東京大学大学院人文社会系研究科文化資源学研究専攻）「公立地域博物館の存在意義に関する考察―社会におけるより良い認識獲得のための事業とは―」

真鍋 沙由未（筑波大学大学院人間総合科学研究科世界遺産専攻）「1870年から1929年までの日本の文化財保存意識の変遷について」

鈴木 麻祐子（明治大学）「センサを用いた，小規模地域アートイベントが当該地域店舗に与える経済効果の測定手法の提案」

投稿規定

■日本文化政策学会機関誌
『文化政策研究』第12号　応募要項

2018年4月
編集委員会委員長
片山泰輔

1. 投稿資格

日本文化政策学会の会員. 共著論文の場合は筆頭著者が会員であることが必要です. また, 投稿申し込み時において, 2017年度分までの会費の滞納がないことが条件となります.

なお, 学生会員の方が投稿する場合は, 必ず大学院の指導教員に本投稿に関する指導を受けたうえで, 指導教員の許可を得て投稿を行ってください. 指導教員から指導を受けられないやむを得ない事情がある場合は, 投稿時申し込み時にその旨をお知らせください.

2. 投稿対象等

以下の4分野の投稿を受け付けます. あらかじめ, どの分野の投稿かを明記のうえ応募してください.

(1) 論文

文化政策に関する学術論文. 先行研究を踏まえたうえで, 学術的にオリジナリティのある結論を科学的に導いている論文. いわゆる「原著論文」とみなされるもの.

(2) 研究ノート

文化政策に関する学術的な論稿であり, 先行研究を踏まえ, 萌芽的なアイディアや重要な調査結果の提示が認められるが, 明確な結論を導き出すに至っていないなど, (1) の「論文」の完成までには至らないもの.

(3) 政策評論

今日の文化政策に関して実務家の視点などから書かれた評論文. 明確な主張があるが, 学術論文のような先行研究の検証や論理的・実証的分析による根拠付けを行なっていないもの.

(4) 事例報告

今日の文化政策に関わる現場における事例を, 現場の視点から紹介する報告文.

〈共通事項〉

上記の (1) から (4), いずれも未発表のものが対象となります. 未発表とは, すでに著書・報告書等として出版 (市販していない場合も含む) されたもの, 他誌に掲載されたもの, 及び, 他誌に投稿中のもの以外を指します. 外国語で発表したものを日本語に翻訳した場合も既発表とみなします.

3. 投稿様式

日本語による論稿で, 投稿分野ごとに以下の字数以内とします. なお, 注, 参考文献リストは制限字数に含めません.

(1) 論文：20,000字

(2) 研究ノート：15,000字

(3) 政策評論：12,000字

(4) 事例報告：12,000字

〈共通事項〉

・図表は原則として1枚につき400字で換算してください.

・本文とは別に800字以内の日本語要約を添付してください.

・匿名の査読者が査読する際に, 執筆者が特定されないように, 投稿原稿には投稿者の氏名・所属等を記入しないでください. また, 本文中に, 執筆者を特定できるような記述も行わないでください (例 「すでに拙稿で示したように・・・」等の表現).

4. 掲載までの流れ

(1) 査読

すべての投稿論文について，編集委員会が委嘱した2名以上の研究者等による匿名の査読を行います．査読結果を踏まえて，編集委員会により掲載の可否が決定されます．その際，投稿時の希望投稿分野とは異なる投稿分野で採択されることもあります．

査読に関しては，投稿分野ごとに以下の点が重視されます．

「論文」：学術論文としての完成度．

「研究ノート」：学術論稿としての完成度．

「政策評論」「事例報告」：テーマの現代的意義，
　　　　　内容の正確さ，わかりやすさ．

(2) 修正

多くの場合，査読結果にもとづき，投稿者に修正を依頼しますので，指定された期限までに修正を行ってください．なお，査読者の指示によって修正を行った結果，投稿時の制限字数を超えることは許容します．

また，査読者の指示によって修正を行った場合には，どこをどのように修正したのかがわかるように別紙で修正事項についての説明（修正報告書）を添えてください．

(3) 再査読，掲載可否の通知

修正結果にもとづき，編集委員会で採択，不採択，あるいは再修正の判定が行われます．その際，再度，査読者に査読を依頼する場合があります．

(4) 掲載に向けての修正

掲載が決まった投稿者には，掲載に向けて機関誌の体裁にあわせた加筆修正をお願いすることになります．

※査読のほとんどは，会員のボランティアによって支えられています．通常，査読者に依頼をしてから3〜8週間程度の日数がかかりますことをご理解ください．

5. スケジュール

・投稿申込期限　　2018年5月31日（木）17時必着
・投稿期限　　　　2018年7月10日（火）17時必着
・査読結果通知　　2018年9月下旬〜11月中旬頃を予定
・発行予定　　　　2019年5月

※申し込みや，原稿の提出があった際には，編集委員会から電子メールで返信を行います．返信が届かない場合はお問い合わせください．また，予定の査読期間がすぎても連絡がない場合もお問い合わせください．メール不達のトラブルがしばしば発生しています．

6. 掲載料ほか

掲載された場合には，完成誌の1ページあたり800円の掲載料をいただきます．本誌では，抜き刷りは原則として作成していません．書店でご購入いただき，出版環境の改善にご協力いただきますようお願いいたします．なお，掲載された投稿者には会員として配布される1部とは別に，掲載誌3部を贈呈します．

7. 提出先と方法

投稿申し込み期限までに，論文タイトルと概要（400字以内）を，電子メールにて編集委員会までお送りください．

執筆した原稿は，投稿期限までに，添付ファイルとして電子メールで送付してください．ファイルの形式は pdf 形式でお願いします．なお，原稿には氏名や所属等，執筆者が特定できる情報を記載しないようにしてください．学生会員の方は「投稿に際してのチェックリスト」を確認し，チェック欄にチェックをいれ，投稿原稿とともにお送りください．

『文化政策研究』編集委員会事務局
　e-mail：journal_jacpr@yahoo.co.jp
　430-8533 静岡県浜松市中区中央2-1-1
　　　静岡文化芸術大学 片山泰輔研究室内

[学会] 編集後記

■編集後記

まずは，第11号の発行が遅れてしまったことをお詫び申し上げます．昨年度に一つの節目となる第10号を発行したことから，今号からは編集委員会のメンバーを一部交代するとともに委員の人数を増強しました．さらに第1号から編集委員としてご尽力いただいている阪本委員に副委員長を務めていただくとともに，第7号以来事務局業務を担っていただいてきた石川会員に加えて，事務局担当者を会員の中から公募し，新たに高橋会員にも加わっていただき，2名体制で臨むことで編集委員会の体制を強化しました．

内容面では今回も会員からの意欲的な投稿が多くあり，充実した学会誌とすることができました．

一方，実務家会員からの投稿が少なくなってきていることも気になる点です．当学会は政策を扱う学会であることから，研究者のみならず実務家会員の皆さんの発信・交流の機会として学会誌を位置付けています．学会誌上でも現場からの声が活発に展開されることを期待します．

現実の政策における大きな動きとして2017年6月に基本法の改正がありました．今号では巻頭の企画として，僭越ながら編集委員会委員長として基本法改正の意義と展望について書かせていただきました．日本の文化政策の基盤となる法律の改正を契機に，学会内外の議論がますます活発になることを期待しています． （片山泰輔）

編集委員　片山泰輔（委員長），阪本崇（副委員長），井上敏，小泉元宏，小島立，佐藤良子，友岡邦之，藤井慎太郎
　　　　　　編集委員会事務局：石川緋名子，高橋かおり

文化政策研究　**第11号**　**2017**　**Cultural Policy Research vol.11**　2018年6月30日発行
ISBN 978-4-902078-51-0　　ISSN 1883-1168

編集　『文化政策研究』編集委員会
　　〒430-8533　静岡県浜松市中区中央2-1-1　静岡文化芸術大学文化政策学部 片山泰輔研究室内
　　Phone/Fax 053-457-6186　e-mail journal_jacpr@yahoo.co.jp

発行　日本文化政策学会
　　〒113-0033　東京都文京区本郷7-3-1　東京大学大学院人文社会系研究科 文化資源学研究室内
　　Phone/Fax 03-5841-1251　e-mail jacpr_office2013@yahoo.co.jp
　　URL: http://www.jacpr.jp/

制作・発売　美学出版
　　〒164-0011　東京都中野区中央2-4-2　第2豊明ビル
　　Phone 03-5937-5466　Fax 03-5937-5469　e-mail info@bigaku-shuppan.jp

印刷・製本　創栄図書印刷株式会社　　デザイン　右澤康之

※定価は裏表紙に表示してあります．　※本学会の許可なく，複写・転載・電子媒体等への入力を禁じます．
　　　日本文化政策学会　The Japan Association for Cultural Policy Research©　Printed in Japan 2018